失去的十年：

解读日本经济长期停滞的谜团

[日] 小川一夫　著

甄东梅　译

中国科学技术出版社

·北 京·

NIHON KEIZAI NO CHOKI TEITAI JISSHO BUNSEKI GA AKIRAKA NI SURU
MECHANISM written by Kazuo Ogawa
Copyright © 2020 by Kazuo Ogawa. All rights reserved.
Originally published in Japan by Nikkei Business Publications, Inc.
Simplified Chinese translation rights arranged with Nikkei Business Publications,
Inc. through Shanghai To-Asia Culture Co., Ltd.

北京市版权局著作权合同登记 图字：01-2021-7318

图书在版编目（CIP）数据

失去的十年：解读日本经济长期停滞的谜团 /（日）
小川一夫著；甄东梅译 . — 北京：中国科学技术出版
社，2022.5（2025.4 重印）
    ISBN 978-7-5046-9564-2

    Ⅰ . ①失… Ⅱ . ①小… ②甄… Ⅲ . ①经济—研究—
日本 Ⅳ . ① F131.3

中国版本图书馆 CIP 数据核字（2022）第 070918 号

策划编辑	杜凡如　杨汝娜	**责任编辑**	孙倩倩
封面设计	创研设	**版式设计**	锋尚设计
责任校对	焦　宁	**责任印制**	李晓霖

出　　版	中国科学技术出版社
发　　行	中国科学技术出版社有限公司
地　　址	北京市海淀区中关村南大街 16 号
邮　　编	100081
发行电话	010-62173865
传　　真	010-62173081
网　　址	http://www.cspbooks.com.cn

开　　本	880mm×1230mm　1/32
字　　数	256 千字
印　　张	9.625
版　　次	2022 年 5 月第 1 版
印　　次	2025 年 4 月第 2 次印刷
印　　刷	北京盛通印刷股份有限公司
书　　号	ISBN 978-7-5046-9564-2/F·1004
定　　价	79.00 元

1990年以来，日本的经济发展面临着诸多挑战。20世纪90年代，日本经济陷入了被称为"失去的十年"的长期低迷困境。2000年，日本经济开启了从"失去的十年"中逐步恢复的进程，但之后再次遭受2008年9月美国投资银行雷曼兄弟宣告破产引发的全球金融危机、2011年日本东北部海域的地震引发的特大海啸以及2020年暴发的新冠肺炎疫情的影响，经济复苏的萌芽再次被无情扼杀。

此外，随着出生率的下降、老龄化程度的不断加深，人们对现行社会保障制度的可持续性深感担忧。老龄化已经成为日本经济内在的结构性不确定性因素。

目前，日本经济仍然笼罩在不确定性的重重面纱之下，由此带来的"闭塞"感仍旧挥之不去。

本书旨在通过对日本经济长期持续低迷的原因进行实证分析，进而阐明日本经济长期停滞不前的发生机制。

到目前为止，已经有很多有关日本经济长期低迷原因的研究，我本人也不断地通过实证分析，探寻日本经济自20世纪90年代陷入低迷的原因。其中我关注的是资产负债表型衰退假说，即由于贷款人和借款人的资产负债受损导致长期低迷的一种说法。随着资产泡沫的破灭，金融机构持有的很多贷款资产都变成了不良债权，同时作为债务人一方的企业或家庭也陷入了债务过多的窘境。资产负债表型衰退假说认为，金融机构、非金融企业、家庭的资产负债受损，对各经济主体的经济活动产生了负面影响，从而导致日本经济的低迷。

20世纪90年代，这一假说是解释日本经济衰退的强有力假说，但是进入21世纪后，各经济主体的资产负债状况都有了很大的改善。

如果资产负债表型衰退假说仍然具有解释效力，那么进入21世纪之后，日本经济就应该出现复苏的迹象。但是，多项统计指标显示，日本经济依旧低迷。如果资产负债表型衰退假说不能很好地解释2000年以后日本经济的低迷现象，那么其替代假说又应该是什么呢？基于到目前为止的实证研究，在本书中，我提出了一个新的假说并希望验证其有效性。

我认为，人们对未来形成的长期预期对于长期低迷的发生起着重要作用。自英国经济学家凯恩斯在《就业、利息和货币通论》（*The General Theory of Employment, Interest and Money*）中提出未来预期对设备投资的重要性以来，众多的研究者已经认识到这一点。但是迄今为止，并没有学者将长期预期作为引发日本经济长期低迷的主要原因展开研究。

本书有三个主要特征。

第一个特征是将企业对日本经济长期前景的预测与设备投资率的长期变动趋势联系在一起。本书的实证分析表明，即使进入21世纪，企业对日本经济长期发展前景的预测并未改观，这也与设备投资的低迷有关。

第二个特征是探明企业对未来产生悲观预测的原因。根据影响经济长期增速预测决定因素的实证分析结果得知，企业在对日本经济前景进行长期预测时，比起供给因素更重视需求因素，尤其关注消费增长率。

第三个特征是论证出现消费不振的发生原因。实证分析结果表明，近年来，随着家庭对社会养老制度脆弱性的认识逐步提高，出现了控制消费、扩大预防性储蓄的倾向。

将这三个特征综合在一起考虑，日本经济长期低迷的发生原因就浮出水面。由于人们对社会养老制度脆弱性的认识不断提高，加剧了家庭对未来不确定性的担忧，导致了消费低迷。同时也导致企业对日本经济前景的长期预期趋于悲观，也使以设备投资为首的企业行为更加谨慎、保守。

我敏锐地意识到，需要对20世纪90年代经济低迷的发生机制进行实证分析，而且也从这个角度开展了研究。2003年出版的《大萧条经济分析：阐明日本经济的长期低迷》是对我当时研究成果的总结，本书可以看作其续篇。在阅读本书的过程中，如果各位读者能够跟随我研究的脚步，分享你们对某些问题的看法，我会感到非常荣幸。

在研究过程中，我非常注重倾听数据的声音，捕捉现实的动态。了解各种数据特性、运用数据进行诉说这种实证分析方法，并没有出现在计量经济学的各种教科书中。我曾在日本神户大学经济学研究科、国际合作研究科，大阪大学社会经济研究所，关西外国语大学外国语学院进行过研究。在研究期间，得到了各大学的多位前辈和同事们的悉心指导，并与他们进行了充分探讨，最终形成了我的研究风格。

我在神户大学经济学研究科工作期间，新庄浩二和斋藤光雄两位荣誉教授，作为我的导师给予了我极大的帮助。特别是斋藤教授，不仅将计量经济学的分析方法传授于我，还在经济统计数据的收集、加工和对计量结果的分析等方面对我进行了悉心指导，内容涵盖了实证研究的各种方法，为我现在的研究奠定了坚实基础。

另外，神户大学的荣誉教授德津一郎，自和我共同研究乔根森模型[1]以来，除了在学术研究上和我进行广泛探讨，他也成了我最值得信赖的朋友，在工作、生活中都给予了我很多的帮助。

我迄今为止的研究活动也得到了很多人的支持和帮助，特别是杰拉德·亚当斯（美国宾夕法尼亚大学教授）、花崎正晴（日本埼玉

---

[1] 乔根森模型（乔根森理论）是美国经济学家戴尔·乔根森（D. W. Jogenson）于1967年在《过剩农业劳动力和两重经济发展》（*Agricultural surplus and Development of Dualism*）一文中提出的，依据新古典主义的分析方法创立的一种理论。——译者注

学园大学教授）、林文夫（日本政策研究大学院大学特聘教授）、本多佑三（日本大阪学院大学教授）、查尔斯·堀冈雄二（日本神户大学教授）、星岳雄（日本东京大学教授）、饭星博邦（日本东京都立大学教授）、池田新介（日本关西学院大学教授）、简·雅各布斯（荷兰格罗宁根大学副教授）、北坂真一（日本同志社大学教授）、阿瑟·肯尼克尔（美国斯通社会—经济不平等中心研究员）、宫尾龙藏（日本神户大学教授）、小川英治（日本东京经济大学教授）、小野善康（日本大阪大学特聘教授）、斋藤美香（国际货币基金组织西非二部副部长）、关田静香（日本京都产业大学副教授）、濑古美喜（日本武藏野美术大学教授）、埃尔默·斯特肯（荷兰格罗宁根大学教授）、铃木和志（日本明治大学荣誉教授）、竹中平藏（日本东洋大学教授）、玉冈雅之（日本神户大学教授）、谷崎久志（日本大阪大学教授）、植杉威一郎（日本一桥大学教授）、若杉隆平（日本新潟县立大学教授），在此再次表示最诚挚的谢意。

此外，我在大阪大学研究生院小川研修班毕业后，也经常接受来自学术界众多教授的知识洗礼，如岗村和明（日本广岛修道大学教授）、万军民（日本福冈大学教授）、田中孝宪（日本关西大学教授）、蟹雅代（日本帝塚山大学副教授）、岗达志（澳大利亚莫纳什大学副教授）、今井健太郎（日本关东学院大学讲师），这些对于我持续进行研究活动都是巨大的鼓励。

构成本书基础内容的研究，有幸能够在美国联邦储备委员会、国际货币基金组织，以及日本的福冈大学、一桥大学、经济产业研究所、神户大学、东京大学、横滨国立大学等获得公开发表的机会，而且也收到了很多专家学者的有益评论，在此对各位再次深表谢意。

构成本书基础内容的研究收到了研究经费资助，在此也深表谢意。同时，也要对欣然提供定量分析所需数据的日本金融广报中央委员会、庆应义塾大学面板数据设计与分析中心再次致谢。

　　本书各章中有一些内容是基于已经发表的论文为基础创作的。为了使各章内容衔接更加顺畅，在成书过程中对上述论文内容进行了大幅修改和修订。再次对日本经济新闻社同意将论文以这种方式收录在本书中表示感谢。

　　在本书出版之际，日本经济新闻社的编辑田口恒雄先生也给予了大力的支持，特别是在百忙之中对原稿进行了仔细阅读，提出了许多改进意见，在此再次对田口先生的深刻理解和热情深表谢意。

　　最后，谨以此书献给在日常研究生活中给予我精神支持的妻子容子和3个孩子爱子、慧人、慈人，以及一直以来温柔守护我们的岳父秋山尝一、岳母秋山胜子（已故），我的父亲清巳（已故）、母亲喜美子（已故）。

目录

绪论

　　2008年9月，因美国投资银行雷曼兄弟公司破产导致了全球金融体系失灵，世界经济经历了严重的衰退，全球陷入了金融危机。为摆脱金融危机造成的影响，各国中央银行都实行了大胆宽松的政策，但此后经济复苏步伐却十分缓慢。以美国财政部前部长劳伦斯·萨默斯的长期萧条理论为开端，各国学者围绕着经济长期萧条的发生原因展开了激烈的讨论，但至今未形成定论。

　　日本的经验为探讨经济长期低迷的发生机制提供了重要启示作用，是因为欧美国家的长期低迷期只有十余年时间，而日本经济的低迷期从20世纪90年代初泡沫经济破灭开始计算，已经持续了近30年。在此期间积累了足够多的数据，因此能够对低迷的发生机制以及对策等进行客观地分析。另外，日本经济也同欧美国家一样，遭受了全球金融危机的严重冲击。

　　本书旨在通过实证分析，阐明日本经济21世纪以来停滞不前的原因。

　　我们来概括一下本书的主要研究结果。在日本经济长期低迷的发生机制方面，企业的长期预期发挥着重要的作用。即使进入21世纪，企业对日本经济的长期发展前景仍持悲观态度，并因此导致企业的行为趋于保守。从员工非正式录用逐步取代正式录用可以看出，通过节约成本创造利润这样的重组型活动已成为常态，设备投资活动持续低迷。设备投资低迷这类需求不足，导致生产设备老化，从长期来看，也与生产效率增速放缓密切相关，从供给层面加剧了低迷。

　　我们也对企业悲观预测的形成原因进行了定量分析。结果表明，企业产生悲观预测的原因不是生产力增长等供给因素，而是需求因素，特别是消费增长率低。此外，通过研究发现，导致消费不振的背景包括家庭对社会养老制度脆弱性的认识不断提高，以及随之而来的不确定性的增加。也就是说，家庭为了降低对社会养老制度的不安全感，开始增加预防性储蓄。同时，消费不振也导致了企业的悲观长期预测，使企业在进行设备投资时更加慎重，最终导致了日本经济停滞不前的结果。

基于以上原因，政策方面的意义十分明确。最重要的是要营造良好的就业环境，无论男性还是女性，在他们有需要的时候，使其都能够作为正式员工被录用。作为正式员工被录用的家庭，能够从长远角度制订和执行他们的消费储蓄计划，而且为应对未来不确定性进行预防性储蓄的动力也会降低。对于政府来说，重建国民可信赖的社会养老体系成为一项长期挑战。通过实行这些政策，彻底消除弥漫整个社会的"闭塞"感，才能使日本经济从长期停滞不前的困境中解脱出来。

• 20世纪90年代日本经济与资产负债表型衰退假说

20世纪90年代的日本陷入了被称为"失去的十年"的经济困境。20世纪80年代中后期产生的资产泡沫在20世纪90年代宣告破灭，自此日本经济出现了严重的衰退迹象。滨田宏一、崛内昭义将经济低迷的原因分为四类，包括日本经济存在的结构性问题（结构性问题理论）、财政政策错失时机导致的失败（财政政策因素理论）、金融政策诱发通货紧缩的失败（金融货币政策因素理论）、不良债权早期处理的失败导致银行机能低下（银行机能低下因素理论）。其中，银行机能低下因素理论的延伸论点认为，贷款人和借款人资产负债受损导致了经济的长期低迷，也就是资产负债表型衰退假说。日本城市地价价格指数自1990年9月达到峰值后，在2005年3月探底，在那期间近15年时间都在持续下跌。由于地价的暴跌，金融机构持有的许多贷款资产全部转化成为不良债权，同时作为债务人一方的企业或家庭，由于债务总额超过资产总额，陷入了债务过多的窘境。

经济主体的资产负债受损时，会通过各种方式对其经济活动产生负面影响。我们知道，在资本市场不完备的情况下，债务人的资产负债状况会影响其筹集外部资金的成本。如果债务人和债权人（银行）之间存在信息不对称，外部融资成本和内部融资成本之间就会出现"外部融资溢价"的背离。外部融资溢价反映了在收集债务人信息并监视其行动时产生的成本，以及因道德危机产生的成本。此外，外部融资溢价为可抵押净资产与借款人未偿还债务之比的递减函数。所以，当出现地价下跌等负面冲击，导致借款人的资产负债受损时，由于外部融资溢价的上升，外部融资成本也会上升，债务人的经济活动就会受限。

银行的资产负债状况也会对经济活动产生影响。如果产生不良债权，导致银行的资产负债受损，会通过以下两种方式对经济活动产生影响。第一种方式，银行资产负债受损会对其放贷行为产生影响，进而对借款人的行为产生影响。在银行已经产生不良债权的情况下，为了防止不良贷款数量增加，银行会对与贷款相关的活动进行严格审查，而且还会强化贷款发放后的经济监控行为，这就会提高与贷款相关的边际成本，对贷款产生负面影响。第二种方式，为了处理不良债权，银行内部需要投入大量资源，因此对新增贷款的审查、监测活动会出现延迟，导致放贷的减少。此外，为了修复已受损的资产负债情况，银行会投入大量资源，这就导致为客户提供的各种金融服务（管理咨询、人员派遣、委托业务、公司债券承销、结算服务等）的质量下降，也会对顾客的经济活动产生影响。

我们基于金融机构、非金融企业、家庭的微观数据进行了定量分析，通过分析得知，资产负债表型衰退假说能够对20世纪90年代日本经济的持续低迷做出强有力解释。有关对银行放贷行为的影响，我们发现，不良债权的增加主要以大型银行为主，向中小企业以及非制造企业发放贷款的现象减少了。

关于对企业行为的影响，我们发现，20世纪90年代，金融机构或者非金融企业出现资产负债受损时，对影响企业长期发展能力的设备投资、用工情况、研发投资活动（R&D投资[①]）等产生了抑制作用，而且这种趋势在中小企业中表现尤其明显。

关于消费行为，我们基于日本总务省《全国消费调查》的数据，对泡沫经济破灭后，家庭债务余额对消费产生的影响效果进行了实证分析。结果显示，泡沫经济破灭后的1994年和1999年，住房土地相关的债务余额除以基于市场价格的住宅土地资产，得到的负债率（*DEBT*）对消费行为产生了显著的负面影响。

• 资产负债表型衰退假说能否解释日本经济的长期低迷？

资产负债表型衰退假说如果能够作为解释20世纪90年代日本经济衰退的强有力假说，那么是不是也可以用来解释21世纪以后日本经济的表现呢？我们可以确认的事实是，21世纪以后经济主体的资产负债状况有所改善。

图0-1显示的是1998年3月至2019年3月，日本金融机构的不良债权率，即贷款风险管理余额除以贷款余额的比例。各大银行（包括城市银行、原长期信用银行、信托银行）的不良债权率在2002年3月达到顶峰（9.42%）后出现了急速下降，2019年前后维持在1%左右的低水平；地方银行业也出现了相同的趋势。在2002年3月到达峰值（8%）之后，不良债权率稳步下降，2019年3月已降至1.76%。虽然合作金融机构的不良债权率水平明显高于各大银行和地方银行，但自2003年3月开始也出现了持续下降的趋势。

下面，我们来看一下企业各部门的资产负债状况。图0-2显示的

---

① R&D投资（R&D investment），是指跨国公司在科学技术领域，为增加知识总量以及运用这些知识，创造新的应用，而进行系统的、创造性的活动，包括基础研究、应用研究、试验发展三类活动。——编者注

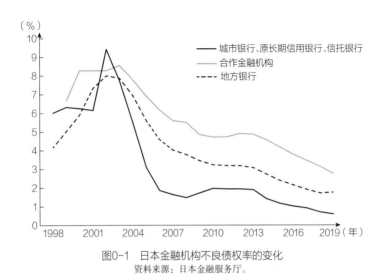

图0-1　日本金融机构不良债权率的变化
资料来源：日本金融服务厅。

是日本制造业不同规模企业的银行借款比例，即1980年以后，企业的银行借款余额除以其总资产的比例①的变化情况。20世纪80年代，随着金融自由化、国际化进程的推进，大型企业由传统的向银行贷款筹资，转而通过发行债权和股票的方式进行筹资活动，因此银行借款比例出现了大幅下降，而且这一趋势到20世纪90年代之后仍在持续。中型企业方面，21世纪以后，银行借款比例也在不断下降。中小企业方面，整个20世纪80年代，银行借款比例出现了上升趋势，并一直持续到20世纪90年代中期，之后银行借款比例也在一直下降。

　　图0-3显示的是非制造业不同规模企业的银行借款比例变化。从图中可见，中型企业、中小企业的银行借款比例在整个20世纪八九十年代一直都是上升趋势，但是中型企业自1997年以后，中小企业自

① 资本额10亿日元以上的称为大型企业，资本额在1亿日元以上10亿日元以下的称为中型企业，资本额在1亿日元以下的称为中小企业。

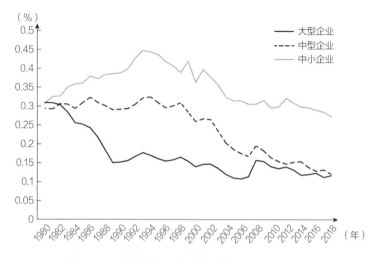

图0-2　日本制造业不同规模企业的银行借款比例变化
资料来源：日本财务省《企业法人统计调查》。

1998年以后出现下降趋势。另外，大型企业的借款比例下降趋势自1998年以来一直在加速，而且自金融危机发生以后，不论企业规模大小，银行借款比例都降低了。

用家庭借款余额除以土地和固定资产总和得到的家庭借款比例，也出现了类似的走向。1994年激增至19.3%，2004年后上扬势头戛然而止，之后一直稳定在27%的水平。

综上所述，各经济主体的资产负债状况在21世纪后有了很大改善。因此，如果资产负债表型衰退假说仍具有说服力的话，进入21世纪后，日本经济就应该出现复苏的迹象。但是，多项统计指标显示，日本经济依然停滞不前。图0-4显示的是1985年以来，实际国内生产总值（GDP）增长率的变化。虽然1991年到1999年的实际国内生产总值增速平均值为1.02%（以2000年为基准），2000年以后的平均值为0.92%（以2011年为基准），低于20世纪90年代的平均值。为了排除全球金融危机的影响，除去2019年和2010年，再次计算出的平均

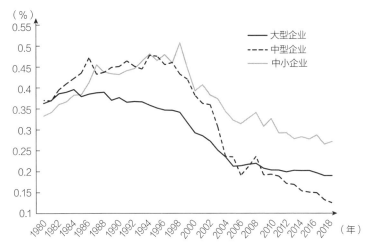

图0-3　日本非制造业不同规模企业银行借款比例变化
资料来源：日本财务省《企业法人统计调查》。

值，也仅比20世纪90年代高出了1.09%，差距并不明显。从国内生产总值增长率来看，没有证据表明日本经济在21世纪出现了明显的复苏迹象。

从家庭的意向调查来看，也没有证据表明日本经济2000年以后出现了复苏迹象。日本厚生劳动省①的《国民生活意向调查》，是一项针对国民生活意识展开的调查，主要内容是"对家庭的综合生活状况有何感想"。图0-5显示的是1986年以后，在调查中回答"生活艰难"和"生活舒适"的家庭占比变化。2000年以后，回答"生活艰难"的家庭占比持续上升，2000年至2014年增加了11.7%。与此同时，回答"生活舒适"的家庭占比在2000年以后保持了平稳状态。

---

① 厚生劳动省是日本负责医疗卫生和社会保障的主要部门。——译者注

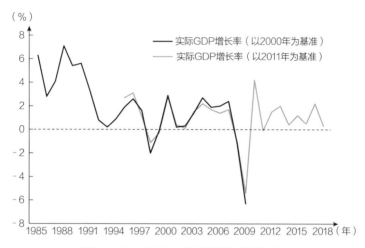

图0-4 日本实际国内生产总值增长率的变化
资料来源：日本内阁府《国民经济核算》。

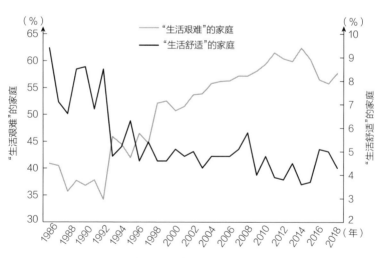

图0-5 日本"生活艰难"和"生活舒适"的家庭占比
资料来源：日本厚生劳动省《国民生活意向调查》。

接下来，我们来看一下企业的意向调查结果。日本内阁府①《企业行为相关的问卷调查》中，提出了"企业对未来5年日本经济的实际增长率如何预测？"的问题。图0-6显示的是20世纪80年代以后的预期，在整个20世纪八九十年代，企业的长期预测出现大幅下降。2000年以后，虽然大幅下降的趋势画上了休止符，但长期预测的状况并未改善。2007年以后，经济增速的预测值维持在1%左右的低水平运行。

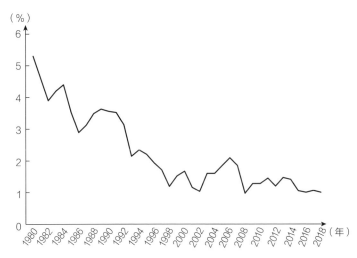

图0-6 日本企业对未来5年经济增长率预测
资料来源：日本内阁府《企业行为相关的问卷调查》。

如此一来，虽然各经济主体的资产负债状况在2000年以后有了明显改善，但是日本经济的表现却不尽如人意。如果资产负债表型衰退假说无法有效解释2000年以后日本经济的低迷状况，那么其替代假说又该是什么呢？本书的目的就是要提出一个新的假说，并对其有效性

---

① 日本内阁府由日本总理府、经济企划厅、冲绳开发厅合并而形成。日本内阁府负责日本的经济财政、科学技术、防灾政事、冲绳以及北方政策、共生社会、国民生活、安全公共事务、政府宏观政策，地方各级都、道、府、县的制度的普及体制等。——译者注

进行验证。但是在提出新假说之前，我们需要对截至目前，围绕日本经济长期低迷原因展开的各种讨论进行梳理、总结。

• 日本经济长期低迷的发生机制：对前期研究的梳理

有众多的学者致力于研究并阐明日本经济长期低迷的发生机制，导致长期低迷的原因大致分为三大类，一是市场"新陈代谢"机能失灵；二是经济政策的失败；三是不确定性的增加。我们认为，这些原因都是日本经济内部固有的结构性因素，从需求层面和供给层面对日本经济产生影响，导致了长期低迷的出现。

我们先从第一类因素——市场"新陈代谢"机能失灵入手。如果市场"新陈代谢"机能可以很好地发挥作用，那么拥有高生产效率、高技术水平的企业就会进入市场，反之那些低效能企业则会相应地退出市场。经济学家理查德·卡巴莱罗等人认为，正是因为市场的这种自然选择机制在日本经济的发展过程中未发挥应有的作用，才导致了长期低迷的结果。

这种现象的出现，与历经多年培植起来的企业与银行之间的关系有关。一直以来，日本的银行通过长期稳定的投融资关系，掌握和积累了关联企业的信息。由于银行在前期的审查和监察活动中已经投入了大量资金，所以当这些关联企业面临经营困境时，银行认为如果追加投资能够产生少量利润，即使到目前为止的总收益为负，继续放贷（追加贷款）也是上策。尤其是在1988年7月通过的关于银行资本充足率国际统一标准——《巴塞尔协议》的影响下，经营国际（国内）业务的银行资本充足率维持在8%（4%）左右的水平。这就导致，为了使自身的资本充足率维持在最低水平之上，银行会通过追加放贷的方式，防止那些濒临破产企业的不良贷款浮出水面。如此一来，那些原本应该退出市场的低效能企业（僵尸企业）却留了下来，阻碍了高效能企业进入市场的步伐。在市场"新陈代谢"机能无法有效发挥作用的背景下，就无法期待生产力的提高，从供给层面导致了经济低迷。

　　针对这些论点，深尾京司运用全面实证分析方法，对这一假说进行了验证。他使用生产率动态分析方法，将全要素生产率（TFP）的提升分解为四个方面：①通过改进生产技术和降低成本，达到提升企业和商业机构全要素生产率的效果（内在效应）；②全要素生产率较高的企业和商业机构通过扩大业务范围，全要素生产率较低的企业和商业机构通过缩减业务范围，达到提升全要素生产率的效果（再分配效应）；③全要素生产率较高的企业和商业机构，通过新开业务达到提升全要素生产率的效果（进入效应）；④全要素生产率较低的企业和商业机构通过停业、闭店达到提升全要素生产率的效果（退出效应）。

　　深尾京司将生产率动态分析方法应用于各种数据集，对市场"新陈代谢"机能进行了实证研究。运用日本经济产业省《工业统计表》微观数据进行的分析表明，20世纪90年代以后，制造业全要素生产率增速明显放缓，主要是内部效应作用的结果。此外，他还使用上市公司的长期面板数据，对市场"新陈代谢"机能进行了实证分析。结果显示，无论制造业还是非制造业，20世纪80年代以后，全产业全要素生产率的提升主要是内部效应作用的结果，再分配效应、进入效应以及退出效应的贡献很小。而且，制造业和非制造业的上市公司中，全要素生产率的提升仅在1990—1995年的较短时期出现了停滞，1995年后一直加速上升。

　　进入21世纪，学术界还出现了关于僵尸企业迅速复苏的实证研究。根据日本经济产业研究所研究员权赫旭等人的说法，20世纪90年代负债累累的企业，在21世纪初期的繁荣时期，也通过减少生产要素投入、大刀阔斧的企业重组提升了全要素生产率。福田慎一、粕谷宗久对2001年被确定为僵尸企业的后续发展动向进行了研究，发现其中许多企业的股价在21世纪初期有所上升，市场表现有所改善。在他的报告中提到，为了提升业绩，企业自身开展了降低人工成本、压缩资产等重组活动，同时还辅以与其他企业结盟、业务整合等管理结构改革，以及债务减免、减持、增持等金融支援手段。中村纯一、福田慎一对摆脱僵尸企业定位的企业特征进行了实证分析。许多的实证分析都否定了由于市场"新陈代谢"机能失灵导致日本经济陷入长期低迷的观点。

引发经济长期低迷的第二类因素是经济政策的失败。星·卡莎布、福田慎一指出，各种政策失败效应的叠加导致了经济长期低迷的出现。金融监管部门在花费了大量时间和精力处理不良贷款的同时，却不断地向僵尸企业放贷，使僵尸企业得以残喘，妨碍了市场"新陈代谢"机能的发挥。此外，由于金融政策的失败，在面对泡沫经济破灭的局面时，政府没有及时实行大胆宽松的货币政策，防止通货紧缩的出现。如果宽松货币政策的力度不够，就会导致以设备投资为首的弹性利率需求减少，从需求层面导致经济低迷。

另外，星·卡莎布认为，政府监管行为的存在也使全要素生产率增速放缓，从供给层面导致经济长期低迷。

关于政府的财政政策，20世纪90年代至21世纪初，日本政府采取了巨额的财政刺激政策，也因此导致了巨额的财政赤字，这被认为是财政政策的失败。与巨额财政赤字发生相关的金融崩溃风险评估，目前已经出现了很多的模拟分析报告。众多的研究都发出了这样的警示：如果继续维持现有的税收、社会保障制度，日本的公共财政将无法继续。

引发长期低迷的第三类因素是不确定的增加。有观点认为，2000年以后，政策不确定性的增加导致企业在采取经济行为时变得更加谨慎。日本经济产业研究所定期发布的日本政策的不确定性指数，是为量化政策不确定性，以及与政策高度相关的经济前景不确定性而创建的指数。比较20世纪90年代（1991—1999年）和2000年以后（截至2019年12月）的不确定性发现，前者的平均值为103.3，后者的平均值为106.0，差距并不是很大。但是，对每项政策两个时期的不确定性平均值可以看出，贸易政策的不确定性在2000年以后大幅上升。

另外，全球金融危机以来，世界范围内的不确定性也在增加，其中备受关注的是近年来欧美国家出现设备投资停滞的原因。2014年，刘易斯等人根据发达国家的数据提出，大部分的设备投资停滞都是由于需求不足、债务增多以及经济环境和政策的不确定性增加导致的。班纳吉和布西埃等人发表的实证分析结果显示，投资低迷主要是由预期需求、预期利润的下降以及不确定增加导致的。设备投资低迷现象不仅出现在发达国家，在新兴市场国家和发展中国家也有出现。科斯等人也认为，政治、政策的不确定性增加是导致低迷的主要原因之一。在日本，田中贤治发现，1990年以后设备投资对于托宾q[①]的反应能力下降，并指出其原因就是不确定性的增加。如上所述，不确定性的增加导致高度不可逆的设备投资的大幅减少，从需求层面导致了长期低迷的出现。

接下来，我们总结一下围绕日本经济长期低迷的发生机制展开的相关讨论。可以从供给、需求两个层面把握日本经济长期低迷的发生机制。供给层面的代表性假说，是市场"新陈代谢"机能失灵引发低迷。僵尸企业留在了市场上，阻碍了新企业的进入，导致生产效率增长缓慢。但是，到目前为止的实证研究结果否定了这一假说。虽然20世纪90年代生产率增速放缓，但并不是因为市场"新陈代谢"机能失灵，而是因为市场存续企业生产率增速放缓导致的。此外，在21世纪，许多僵尸企业的复活提高了生产效率。

但是，僵尸企业的复活与21世纪的低迷不无关系。僵尸企业生产效率的提高，不是因为他们引入了高效率的生产设备以满足未来的需求增长，而是因为他们进行了大规模的重组。这种不切实际的

---

① 托宾q是指企业的市场价值和企业重构资本价值的比值。——编者注

经济复苏，反映出企业采取的这些消极改革，这一点在本书第3章的分析中也得到了验证。自20世纪90年代以来，重组企业呈现趋势性的增加，即便企业的收益率得到提升，但对设备投资仍旧持谨慎态度。

政府的监管为供给层面的原因提供了支持。政府监管会阻碍生产效率的提升，同时导致潜在增长的停滞。安倍经济学的第三支箭，成长战略就是为了纠正这一现象。如废除基础规定、限制，就是通过放松监管来提高生产率的措施。

在需求层面，需要引起重视的是由于政策失败和不确定性的增加，导致设备投资减少，经济增长率下降。无法应对人口老龄化的社会保障制度就是政策失败的典型代表。现行的社会保障制度，由于在责任承担和支付结构上不平衡，导致了巨额的财政赤字，增加了金融崩溃的风险。家庭对于这样的社会保障制度，特别是社会养老金制度感到担忧，就会自动增加储蓄，而且在消费方面也会更慎重。

此外，政策不确定性的增加也使企业行为变得更加谨慎，设备投资的减少进一步导致经济增长率的降低。本书中，我们通过对企业的设备投资活动、家庭的消费储蓄行为进行定量分析，得到了支持需求层面原因的分析结果。

• **日本经济长期低迷的发生机制：本书的立场和摘要**

我认为，人们的长期预期对长期低迷的发生机制起着重要作用。自凯恩斯在《就业、利息和货币通论》中提出"动物精神"的概念以来，众多的研究者认识到动物精神对设备投资的重要性。但是，目前还没有学者将长期预期作为日本经济长期低迷的主要原因展开研究。

本书有三大主要特征。第一个特征是将企业对日本经济的长期预期与设备投资率的长期变动趋势联系在一起。正如我们已经看到的，日本内阁府在发起的《企业行为相关的问卷调查》中，询问了企业对未来5年日本经济实际增速的预测，这代表了企业对日本经济长期前景的预测。长期预测会对企业的长期设备投资活动产生影响。如果将设备投资未来收益的现值与设备投资费用相等的状态称为"长期均衡"，就可以使用企业的面板数据求出长期均衡水平下的设备投资率变动趋势。我发现，通过这种方法求出的设备投资率长期均衡值与企业对日本经济前景的长期预测密切相关。

即使在21世纪，企业对日本经济的长期预测并无改观，这也与设备投资的低迷有关。如果企业对未来抱持悲观预测，其行为就会趋于保守。也就是说，企业创造出的利润不会转向设备投资，而是转为企业的内部储蓄。另外，在员工聘用方面也会持消极态度，会用工资水平较低的非正式员工代替工资水平高的正式员工，并尽可能多地通过压缩生产成本创造利润。

设备投资活动的低迷导致生产设备的老化，导致生产力增速放缓。设备投资低迷这类需求不足现象，从长期来看，会导致生产率增速放缓，进而从供给层面导致经济低迷的持续。

那么企业为何会对未来形成悲观预期，其发生原因究竟是什么呢？本书的第二个特征就是要阐明其中的原因。本书中，我们会通过定量分析，对决定长期经济增速预期的因素进行验证。在验证过程中，我们将从需求因素和供给因素的相对重要性这一角度展开分析。

需求因素包括消费增长率、民间设备投资增长率、民间住宅投资增长率、出口增长率；供给因素包括资本存量增长率、劳动增长率、全要素生产率增长率。根据实证分析结果得知，企业在对日本经济的长期前景进行预测时，比起供给因素更重视需求因素，特别是现在到过去的消费增长率。

因此，低消费增长率是引发企业长期悲观预测的主要原因。那么为什么消费不增长呢？本书的第三个特征就是要对这一发生原因进行实证探索。

在厘清消费低速增长原因的基础上，我重点关注的是，在日本经济发展过程中持续流动着的"人口少子化、人口老龄化"现象。20世纪90年代，日本青年人口比重为18.24%，65岁以上人口比重为12.08%。之后，青年人口数量持续下降，65岁以上人口数量持续增加。2018年的统计数据显示，青年人口比重为12.19%，65岁以上人口比重为28.14%。在这样的背景下，为了让人们过上安定生活，非常需要建立适应老年人口持续增加的社会保障体系。但是，如果社会保障体系的调整跟不上人口老龄化的速度，就可以说是政策的失败了。此外，如果人们认为社会保障体系不完善，他们对老年生活的不安和焦虑就会增加，同时围绕生活相关的不确定性也会增加。

本书使用三大数据多维度分析消费和社会保障制度之间的关系。

数据一是日本金融广报中央委员会《家庭金融行为民意调查》中的个票数据。本书中，我们通过定量分析1984—2008年长达25年的数据，在对"因退休金和保险不够用担心晚年生活"这样的家庭群体进行识别的基础上，确定具有哪种属性的家庭划入这一群体的概率较高。分析结果显示，净金融资产额较低、没有自有住房、有欠款、低收入家庭划入这一群体的概率较高，而且这一概率在逐年上升。

此外，我们还分析了家庭对抽样区间内实施的5次社会养老金制度改革的看法。结果显示，平均而言，养老金制度的改革起到了减轻人们对晚年生活焦虑的作用，但是因代表家庭属性的户主年龄和收入情况不同，反应也存在差异。特别是对1989年、1994年、2004年修正案，20岁、30岁的第二被保险人对其效果持怀疑态度。

数据二是日本总务省统计局《家计调查》中的年收入阶层数据。

本书关注的变量是"养老保险费占工资收入的比例"。这个变量可以作为家庭对社会养老制度负担感的指标。无论家庭处于哪个收入阶层，这一比例都在逐年升高，由此我们可知，社会养老保险费用正在挤压家庭收入。此外，通过详细分析家庭的储蓄行为可知，随着家庭对社会养老制度负担感的上升，储蓄和存款这种安全的金融资产会不断增加。此外，以高收入阶层为中心，对个人养老金和企业养老金的需求也在不断增加，这一结果意味着社会养老保险费占家庭收入比重上升，增强了家庭对社会养老制度脆弱性的认识，促进了家庭的金融储蓄。

数据三是庆应义塾大学收集的《日本家庭面板数据调查》中的个票数据，数据最大的特征是记录了家庭过去累计缴纳的社保费用总额。在我的研究中，将家庭累计缴纳的社保费用总额看作个人的养老资产，比较养老资产与其他资产（实物资产、流动资产）对储蓄产生的影响。结果发现，实物资产和流动资产对储蓄有明显的负面影响，养老资产产生了显著的正面影响。此外，对储蓄提取持谨慎态度的家庭中，我们还观察到这样一种明显的倾向，即社保养老费用的缴纳额增加了储蓄；我们还发现，风险回避型的家庭，为了减轻对社会养老制度的不安和焦虑，会增加家庭的预防性储蓄。

我的实证分析结果表明，近年来，家庭对社会养老制度脆弱性的认识不断提高，进而导致出现了抑制消费、增加预防性储蓄的结果。对消费的抑制进一步导致企业对日本经济的长期前景持悲观态度，以设备投资谨慎为首企业的行为也趋于保守。

本书的实证分析得出了两个政策性含义。第一，对提取储蓄持谨慎态度的家庭，为了减轻对社会养老制度的焦虑和不安，会更倾向于增加预防性储蓄。通过面板数据的实证分析发现，夫妻两人都是正式员工的家庭对于提取存款持谨慎态度的概率会较低。而对于非正式员工来说，由于他们的就业期、工资水平存在较大的不确定性，如果夫妻双方都能够作为正式员工被录用，就可以大大降低此类就业风险。

2020年4月，新型冠状病毒的感染传播带来了新的就业风险，这是有史以来停业人数最多的一次。在2020年之前过去近一年时间，日本停业人数一直在200万人左右，但同年4月，这一数字几乎到了3倍，达到了597万人。停业人员指的是，在调查期间有工作却没有在工作的人，与从业人员一起构成了就业人员。但是，停业人员不返回工作岗位，从劳动力市场退出转而成为非劳动人口的概率远远高于非正式员工转为非劳动人口的概率。

降低就业风险，可以使家庭更好地规划未来生活，确定并执行稳定的消费计划，也与整个社会的消费增长密切相关。政府迫切需要解决的问题是，营造一个无论男女，只要他们有意愿，都可以作为正式员工被聘用的就业环境，以促进消费的增长。

第二，政府面临的长期挑战是要向公众展示社会养老制度的长期愿景，同时为了实现以上目标，还要向公众展示平衡可行的养老金支付负担结构。只有这样才能构建家庭可信赖的社会养老制度。只有家庭恢复了对社会养老制度的信心，他们才能够放心地消费，提高消费增长率。

消费增长率的稳定上升，有助于改善企业对经济前景的长期预期，也能够带动设备投资的恢复。目前，围绕人工智能（AI）的研发、物联网（IoT）、第5代移动通信技术（5G）基础设施，在全世界范围内展开了激烈的技术竞争。扩大设备投资，对于日本引领技术创新竞争、改善国内信息基础设施都是必不可少的。

只有家庭和企业对未来的预期好转，才能冲破围绕日本经济的"闭塞感"，才能打开对新社会的展望。

• 本书的结构

本书由两部分及结语组成，第一部分是对企业行为的定量分析；第二部分是对家庭行为的定量分析；最后是结语。

第一部分由5章组成。第1章主要根据日本财务省《企业法人统计年报》数据，按规模和行业（制造业和非制造业），对1980年至今的日本企业的财务状况进行概述。第2章重点对21世纪初期，日本走出"失去的十年"这一时期进行介绍。这一时期，出口增长成为原动力，日本经济被定位为逐步走出"失去的十年"时期，在这里，我们会查明这些转变究竟是需求因素引起的还是供给因素引起的。第3章和第4章使用几十年来的制造业面板数据，从长期视角分析日本企业的设备投资行为。探明自20世纪90年代以来，设备投资收益率有所恢复，但设备投资增速却持续低迷的发生原因。第3章是通过实证分析，验证对设备投资收益率反应下降的原因。第4章将设备投资收益与成本持平的状态称为"长期均衡"，求出长期均衡水平下（设备投资除以资本存量）设备投资率的变化情况，然后定量分析这种变化与企业对日本经济长期发展前景预测之间的关系。此外本章还对正式聘用、非正式聘用、流动性需求、债务结构的长期均衡值与企业对经济前景的长期预测之间的关系进行了定量分析。第5章对影响企业长期经济增速预测形成的原因进行了分析。本章对企业在预测长期经济增长率时，是更重视需求因素还是供给因素进行了实证探讨。

第二部分由4章组成。第6章介绍了家庭意向调查结果，即家庭对周围经济环境的看法。第7章使用日本总务省《家计调查》中收录的各项内容，按收入阶层多角度概述了家庭行为的特点。第8章基于日本金融广报中央委员会《家庭金融行为民意调查》中的个票数据，定量分析了"因为退休金和保险不够用担心晚年生活"家庭群体的特征以及养老金制度改革的影响。第9章使用《家计调查》收录的年收入阶层数据和庆应义塾大学《日本家庭面板数据调查》中的个票数据，对家庭的储蓄行为进行分析，特别分析了家庭缴纳的社保费用对家庭抗风险态度、储蓄行为和资产选择行为产生的影响。

结语部分考虑到2020年发生的新冠肺炎疫情的不断蔓延对日本经济，特别是家庭周边环境产生的影响，结合第一部分和第二部分实证分析的结果，推导出了政策性的含义。

日本经济供给侧发生了 怎样的变化?

第1章
企业行为概况

　　企业是一种以获利为目的、开展各种经营活动的组织。从短期看，企业会以自身资本存量和土地储备为前提，投入劳动力、原材料等展开生产经营活动。对于投入的劳动力，企业会通过对可调整的短期非正式聘用和基于合同的长期正式聘用进行组合搭配，以实现成本的最小化。

　　企业还会从长期经营的视角决定资本存量水平。如果预计未来需求可期、利润可期的话，企业会进行设备投资，增加资金储备。此时，企业的长期预测会对未来的发展方向起到重要作用。在此基础上，如果新技术开发、成本消减活动等取得成功的话，就能扩大市场份额，为企业创造出更多的赢利机会。同时，新技术的开发还与新产品的生产制造紧密相连，因此，研发投入对于企业的长期发展是非常重要的。

　　如果要在设备和研发方面投入巨额资金，企业还必须决定筹集资金的方式——是使用企业内部资金，还是通过银行贷款、发行公司债券、股票等筹集外部资金。此外，企业还会面临资金管理问题，也就是对企业获得的利润该用何种金融资产进行管理的问题。

　　在本书中，我们会对日本企业多方面的行为进行实证分析，重点是从出口活动、设备投资活动，以及未来的预测形成等方面展开分析。作为后续分析的前一阶段，本章主要根据日本财务省《企业法人统计年报》的内容，概述日本企业的活动。通过对企业2000年以后的行为和之前的行为进行对比，希望能够明确其特征。另外，还会按照制造业和非制造业，讨论不同行业间企业行为的差异。同时根据需要，还会关注不同规模间企业行为的差异，会谈及大型企业和中型企业、中小企业间企业行为的差异。

• 企业生产经营活动及其业绩

我们先从企业活动的代表性指标，即实际销售额开始。图1-1显示的是日本企业实际销售额的变动趋势。实际销售额是名义销售额除以国内生产总值平均指数。20世纪80年代，制造业和非制造业的实际销售额都呈现稳步增长态势，进入20世纪90年代后，增长趋势画上了休止符，制造业和非制造业的实际销售额都维持平稳状态。之后的2003—2007年，被称为"失去的十年"恢复期，实际销售额又继续增长，但由于全球金融危机的发生又大幅减少。之后，非制造业的实际销售额逆势上升，但制造业还保持平稳状态。

用人状况的变化

对于企业的生产经营活动来说，劳动力是不可或缺的生产要素之一。我们看一下企业用人状况的变化。从图1-2中可以看出，日本制

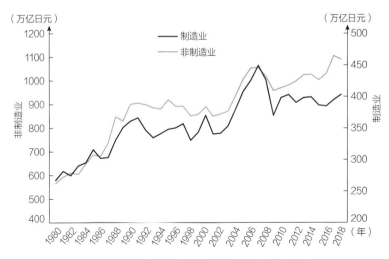

图1-1　日本制造业、非制造业实际销售额的变动趋势
资料来源：日本财务省《企业法人统计年报》。

造业和非制造业的从业人数变动之间有较大差异。20世纪80年代，两个行业的从业人数都在增加，但1994年以后，制造业从业人数持续减少。1994年的从业人数是1281万人，2018年已跌破1000万人，下降到946万人。与此相对，非制造业的从业人数自1980年以后持续增加，这一趋势一直持续至今。在"失去的十年"开始的1991年，非制造业的从业人数是2471万人，截至2018年增长到3361万人。

图1-2　日本制造业、非制造业从业人数的变化
资料来源：日本财务省《企业法人统计年报》。

　　如上所述，我们可以看到，制造业和非制造业在从业人数的变化上存在较大差异，而且用人模式也发生了巨大变化。图1-3显示的是除去公司董事后，对公司员工按性别划分，非正式员工和工人的占比变动图。1984年以后，不论性别，非正式员工和工人的占比都呈现趋势性上升。详细分析这一变化可知，非正式员工和工人的男性占比在1984—1994年期间持续缓慢上升，其后一直到2014年急速上升，1994—2014年的上升幅度为13.5%。女性方面，1984—2014年的30年

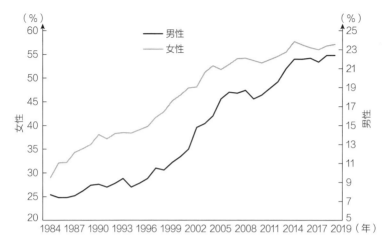

图1-3　日本企业按性别划分的非正式员工和工人占比
资料来源：日本总务省统计局《劳动力调查》。

间基本维持相同幅度持续上升。非正式员工和工人的占比，1984年为
29%，2014年为57.7%，几乎成倍增加。2004年以后，非正式员工和
工人的男女占比都在缓慢增加。非正式员工和工人占比增加这一现
象，不仅是"失去的十年"，21世纪也一直存在。由此我们得知，作
为企业重组活动的一个环节，企业正在推进由正式聘用到非正式聘用
的结构性转变，以达到降低劳动成本的目的。

　　此外，非正式聘用率的分散在不断扩大。我们以日本产业生产性
数据库[①]（Japan Industrial Productivity Database，简称"JIP数据库"）
发布的不同部门临时员工占比数据为基础，计算了不同部门的临时
员工占比偏差。使用JIP数据库1994—2015年99个部门报告的临时员
工占比，计算出的部门间标准偏差为1994年8.3%，之后持续缓慢上
升，2015年达到12%。不同产业间用人形态的多样性特征不断凸显。

---

① 日本经济产业研究所、日本一桥大学经济研究所和日本学术振兴会合作创建的基础资料数据
　库，主要用于分析日本经济增长以及产业结构变化。

我们来看一下与企业聘用情况相关的劳动力市场特征。图1-4显示的是反映日本劳动力市场供需状况的失业率波动趋势。2002年达到峰值（5.5%）后，失业率开始下降。由于全球经济危机导致经济形势恶化，2008年秋至2009年夏失业率上升至5%左右，但此后一直持续下降。2017年2月以后，已降至2%左右，出现了接近充分就业的情况。

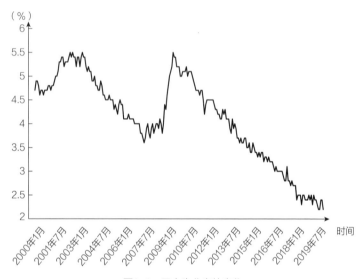

图1-4　日本失业率的变化
资料来源：日本总务省统计局《劳动力调查》。

如果劳动力供求紧张，劳动力市场的工资率应该会上升，但是日本的实际工资指数却在持续下降。图1-5显示了员工数量30人及以上商业机构的实际工资指数，分为现金工资总额和固定工资。1984年到20世纪90年代后期，两个指数都在稳步上升，之后却出现了不同的走向。固定工资增速虽然放缓，到2007年一直持续上升，之后才开始减少。现金工资总额自20世纪90年代后期一直在下降。

两个指数的不同走向表明，20世纪90年代后期至2007年，固定工资的上升与奖金等特殊工资的减少相互抵消了，现金工资总额在下

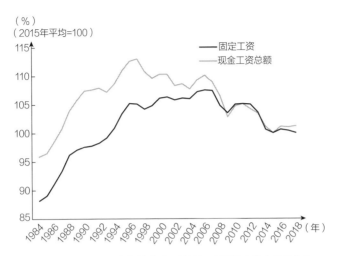

图1-5 日本实际工资指数（员工数量30人及以上的商业机构）
资料来源：厚生劳动省《每月劳动统计调查》。

降。2007年以后，现金工资总额和固定工资均有所下降。尽管劳动力市场供求紧张，但实际工资水平却下降的原因之一是，低工资水平的非正式聘用代替了高工资水平的正式聘用。

销售利润率的变化

图1-6显示的是日本企业销售利润率的变动趋势。随着泡沫经济的破灭，20世纪90年代制造业和非制造业的销售利润率都较低，但是20世纪90年代后期到2007年间，企业的销售利润率情况有所改善。1998年，制造业的销售利润率为2.51%，非制造业为1.57%；2007年有所恢复，制造业为4.53%，非制造业为2.53%。尽管在2008年和2009年，企业销售利润率受全球金融危机的影响有所下降，但之后有明显改善。2018年，制造业的销售利润率为4.62%，非制造业为4.33%。非制造业的水平大大超出了2007年的基准。

设备投资的变化

收益率的改善是否促进了设备投资，使企业扩充生产设备呢？将设备投资计入期初净资本存量，从中扣除折旧费后，得到的就是期末净资本存量。图1-7显示的是日本企业净资本存量增长率变化。从图

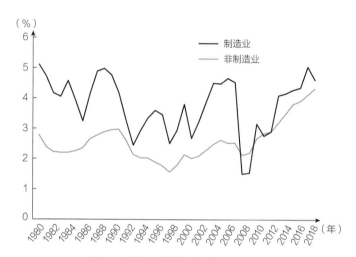

图1-6　日本企业销售利润率的变动趋势
资料来源：日本财务省《企业法人统计年报》。

图1-7　日本企业净资本存量的增长率变化
资料来源：日本财务省《企业法人统计年报》。

中可以看出，制造业和非制造业的净资本存量增长率在1991年达到峰值后持续下降；2003—2007年，虽然出现短暂回升，但受全球金融危机影响再次大幅下跌；2009年后，终于开始增加但增速依然较低。

日本政策投资银行每年会以注册资本10亿日元以上的大型企业为对象，开展《全国设备投资计划调查》，了解其投资动机。正如我们之前看到的，20世纪90年代以后，设备投资增速放缓，与此相应的投资动机又出现了怎样的变化呢？投资动机可分为：产能提升、新产品或产品精细化、合理化或省力化、研发、维护或维修、其他等六个方面。图1-8显示的是日本制造业和非制造业产能提升占比的变化情况。

1978—2001年，制造业的产能提升比例虽有波动，但一直保持在20%左右的水平，之后到2007年出现了大幅上升。21世纪前期是日本从"失去的十年"中逐步恢复的时期，不难想象，这一时期由于预期需求的增加，产能扩张投资也随之相应增加，这也与2003—2007年资

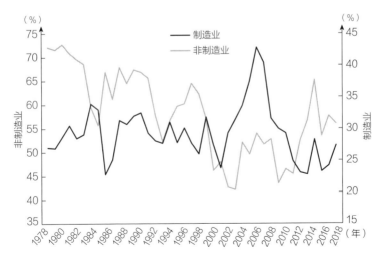

图1-8 日本制造业、非制造业产能提升占比情况
资料来源：日本政策投资银行《全国设备投资计划调查》。

本存量增长率的上升高度吻合。

非制造业方面，产能扩张投资比例在1978—2004年一直呈下降趋势。1978年，产能扩张投资占比为72%，2004年下降到42%。此后，与制造业相同，虽然在2007年有所上升，但由于受全球金融危机的影响又暂时下降，2010年后呈上升趋势。

如果预计未来需求增加，企业可能会考虑增加产能扩张投资；反之，则会维护现有设备不变的状态。在非制造业中，产能扩张动机、维护和维修动机合计占投资的70%左右，但是在制造业中，仅占总投资的50%左右，这表明制造业投资动机多样化的特征。例如，新产品和产品精细化动机，可以被认为是为了培育新需求而进行的投资，近年来占比一直在15%左右。

对于制造业来说，研发动机也很重要。非制造业的研发动机不足1%，但制造业却在10%左右。在会计分类上，企业的研发投资归为无形资产投资。下面基于JIP数据库，我们概述一下日本企业无形资产的投资状况。

JIP数据库将无形资源分为三类。第一类是信息化资产。信息技术投资对应软件投资，包括订单、包装软件和自主开发软件。第二类是创新资产。创新资产投资包括科学、工程研发投资、矿产勘探投资、版权和商标权的收购，以及其他产品开发或设计研发投资。第三类是经济竞争力资产，包括品牌资产、企业固有的人力资本和组织改制投资。

我们比较一下无形资产投资与有形资产投资的规模。1995年，研发、计算机软件、矿产勘探和评估方面的实际投资占实际投资总量（不包括住房）的16.2%，而且这一占比每年都在上升，2015年已达27%。按存量计算，研发、计算机软件、矿产勘探和评估的净资本存量份额从1995年的8%上升至2015年的10.4%。

图1-9显示的是实际无形资产存量增长率在制造业和非制造业中

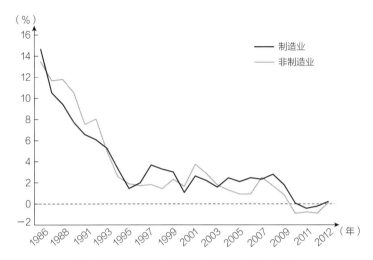

图1-9　日本制造业、非制造业无形资产存量增长率
资料来源：日本经济产业研究所，JIP数据库。

的变化情况。无论哪个行业，增长率在20世纪80年代中期都超过了10%，20世纪90年代初期大幅下降，此后维持2%左右的低速增长。全球金融危机之后，陷入了负增长的状态。

1985—2012年，从不同行业的无形资产存量来看，创新资产存量在制造业中占有压倒性的比重，占比经常超过85%。经济竞争力资产存量占比在1985年超过10%，但之后逐年下降，2012年已降至4.3%。与此相反，信息化资产存量占比从1985年的2.8%上升至2012年的9%。

非制造业方面，创新资产存量的占比虽然没有制造业那么高，但也一直在60%左右。与制造业相同，经济竞争力资产存量占比也在逐年下降，信息化资产存量占比在不断攀升。非制造业的经济竞争力资产存量、信息化资产存量的占比在1985年分别为24.8%和9.5%，在2012年分别为12.5%和22.1%。

从增长核算看日本经济

生产函数表示的是企业实际产值与投入的各种生产要素之间的技

术关系。如果企业追求利润最大化，在决定生产要素投入量时，会让每种生产要素的边际效率等于实际投入价格。增长核算分析就是根据该条件，描述产量增长率与生产要素投入增长率之间的关系。产量为 X，劳动投入量为 L，资本投入量为 K，中间投入量为 M，TFP 为全要素生产率，则式（1–1）成立。

$$\frac{\Delta X_t}{X_{t-1}} = S_L \frac{\Delta L_t}{L_{t-1}} + S_K \frac{\Delta K_t}{K_{t-1}} + S_M \frac{\Delta M_t}{M_{t-1}} + \Delta TFP_t \qquad （1–1）$$

式中，S_L、S_K、S_M 分别表示劳动成本、费用成本、中间投入成本的成本份额，$S_L + S_K + S_M = 1$ 成立。

式（1–1）等号后，第1项表示劳动投入对产量增长率的贡献，第2项表示资本投入对产量增长率的贡献，第3项表示中间投入对产量增长率的贡献，第4项表示全要素生产率对产量增长率的贡献。

图1–10显示的是基于式（1–1）得到的制造业和非制造业中，各生产要素对产量增长率的贡献。以每5年为期对1970—2015年进行划分，分析每个区间的增长核算，需要特别关注的是全要素生产率的贡献率。依托科技的进步，我们可以对全要素生产率的率进行测算，比如对提高生产力、产量增长的贡献率等。

制造业方面，第一次石油危机之后的1975—1985年，全要素生产率增长率一直在1%以上的水平运行，为产量增长做出了贡献，但需要关注的是泡沫经济破灭之后。1995年以来，在中间投入和劳动投入一直为负增长的情况下，全要素生产率增速表现出了超过这些负增长的正增长趋势，在一定程度上缓解了生产增速的下降。

与全要素生产率在制造业中的作用相反，非制造业方面，泡沫经济破灭后全要素生产率的增速却阻碍了生产的增长。1990—2000年、2005—2010年的15年间，全要素生产率一直为负增长。如此看来，全要素生产率增速对产量增长的贡献率会因行业不同存在较大差异。

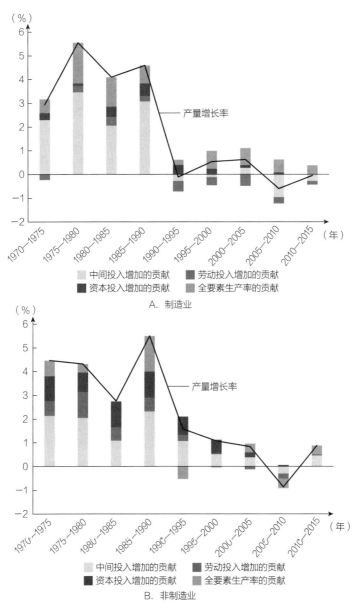

图1-10　基于产出的增长核算分析
资料来源：日本经济产业研究所，JIP数据库，作者根据公开资料整理。

• 企业的金融活动及其特征

企业财务状况

21世纪除了全球金融危机期间，企业的收益率有所回升，企业的财务状况也有所改善。正如我们在本书序中介绍的，无论企业规模大小，制造业和非制造业的银行借款比例均在下降。此外，银行的资本充足率也在上升。图1-11显示的是不同行业、不同规模企业资本充

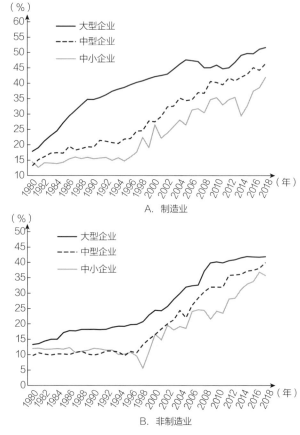

图1-11　日本制造业、非制造业资本充足率的变化
资料来源：日本财务省《企业法人统计年报》。

足率的变动趋势。在制造行业中无论规模大小，资本充足率都在上升。特别是1998年金融危机以后，中型企业和中小企业的上升趋势明显。同时，非制造业中无论规模大小，1998年以后资本充足率都在一路飙升。由此可见，无论行业和规模，企业的财务状况在进入21世纪后都在明显好转。

资金过剩或不足的情况

自全球金融危机以来，资本存量增速一直处于低位运行，设备投资的下滑也体现在企业的储蓄和投资差额上。储蓄投资差额，即公司的储蓄额减去投资额，表示资金过剩或不足的情况[1]。图1-12显示的是储蓄投资差额占总资产的比例，制造业和非制造业分别从20世纪90年代中期和后期开始转正，这就表示企业处于资金盈余状态。2000

图1-12　日本制造业、非制造业储蓄投资差额占比
资料来源：日本财务省《企业法人统计年报》。

---

[1]　储蓄投资差额，按照2017年中村纯一提出的方法计算如下：储蓄投资差额=本期净利润+折旧费-（△销售债权+库存-△买入债务）-（△有形固定资产+△土地+△无形固定资产+折旧费），其中△表示变化部分。

年以后，储蓄投资差额不断扩大，表明企业内部积累了大量的盈余资金。

尤其是全球金融危机后，现金存款占销售额的比例上升，表明企业持有现金存款的意愿越来越强，这一倾向在中小企业中表现尤为明显。制造业中小企业的现金存款占销售额比例在2008年以后、非制造业中小企业的这一比例在2007年以后都出现了激增，表明交易动机之外的现金存款需求在不断增加。

• 本章小结

通过本章分析我们发现，进入21世纪之后，日本企业的行为模式与前一时期相比呈现出不同的特征。制造业方面从业人数正稳步下降。此外，无论何种行业，非正式员工的比例都在增加。自金融危机以来，企业通过这种方式成功地降低了劳动成本、提高了销售利润率。但是，仅从销售利润率的改善来看，无法说企业已经成功走出了长期低迷的状态，因为企业采取行为时的谨慎态度依然没有打破。为了满足企业未来需求的资本存量增速较低，储蓄投资差额持续为正，企业仍有盈余资本。但是，以中小企业为中心，超过交易动机的现金存款量在不断增加。此外，非制造业的全要素生产率增速持续低迷。

对于寻求走出"失去的十年"的日本企业来说，很难说它们已经恢复了活力，而且这一状况还会持续。从下一章开始，我们将从实证分析的角度阐明日本企业复苏缓慢背后的原因。

第2章
走出"失去的十年"

　　日本经济的不良债权率在2002年达到顶峰后，金融机构的财务状况有所好转。随着金融功能的正常化，实体经济也开始复苏，实际国内生产总值增速开始回升，日本经济开启了走出"失去的十年"的进程，这一进程持续到2008年全球金融危机爆发，之后国内生产总值增速再次转为负增长。在2003—2007年间，实际国内生产总值增速稳定在1.5%左右水平。这一时期，出口的高速增长促进了经济复苏。图2-1显示的是日本出口增长率对实际国内生产总值增速的贡献。在2002—2007年间，实际国内生产总值增速的平均值为1.43%，出口的平均贡献率为1.2%，但实际上，国内生产总值增速的80%以上都是出口增长贡献的。1991—2001年的"失去的十年"期间，实际国内生产

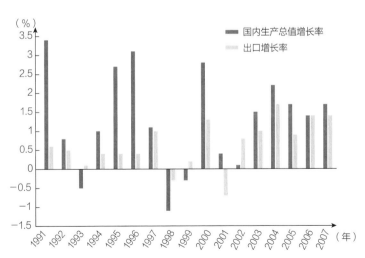

图2-1　日本出口增长率对国内生产总值增速的贡献
资料来源：日本内阁府《国民经济核算》。

总值增速平均值为1.22%，出口增长率对实际国内生产总值增速的贡献不足30%。

本章的目的是通过定量分析探讨出口高增长的原因，其中强有力的假说是"神风假说"。神风，指的是由于各国收入的高速增长，日本对中国等国家和地区的出口快速增加，拉动了日本国内生产总值增速，促进了日本经济的复苏。图2-2显示的是日本对不同国家和地区出口的变化图，可以看出，21世纪后，日本对中国的出口急剧增加。1991—2001年，日本对中国出口增速为12.5%，2001—2007年几乎翻了一番，达到22.7%。

如果我们的分析能够支持"神风"促进了日本经济复苏这一个假说，其意义是重大的，这是因为"神风"对于日本经济来说是外部因素，意味着日本经济的复苏与负责出口企业自身的努力无关。

相对于"神风假说"重视出口的需求层面，笔者想要提出的是一个对立假说，即重视出口的供给层面。日本企业要想增加出口，

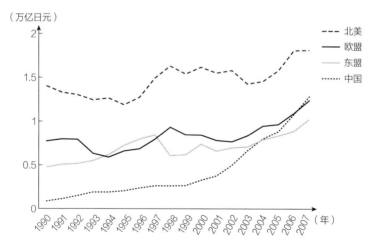

图2-2　日本对不同国家和地区的出口变化
资料来源：日本财务省《贸易统计》。

就必须提高出口产品的质量，同时通过控制成本提高产品的国际竞争力。特别是，提高企业生产效率对于降低成本发挥着重要的作用。以1995年伯纳德和詹森的研究为起点，在对包括日本在内的许多国家所做的观察中发现，出口与生产率之间存在着正相关关系。特别是，权赫旭等人的报告中提到，日本企业生产率在21世纪有所提升。

本章的目的是希望通过定量分析，使用引领日本出口的机械行业（通用机械、电气设备、运输设备）企业的面板数据，分析企业的出口行为，验证需求假说（神风假说）和供给假说的合理性[①]。抽样期间为包括21世纪初经济复苏期在内的1995—2007年。

我们先来总结一下该分析中的实证结果。首先，对由企业最优出口行为推导的出口函数进行估算。出口函数的重要解释变量为贸易伙伴国的收入水平和出口收益率。前者是出口的需求因素，后者是出口的供给因素。出口收益率是根据价格成本利润（$PCOST$）计算的，而价格成本利润是由全要素生产率和工资水平、资本存量、原材料费用等生产要素价格决定的。通过估算全要素生产率对价格成本利润的影响，可以比较贸易伙伴国的收入水平、全要素生产率对出口的贡献率。

根据测算结果，出口波动的23%～45%可以用全要素生产率的增加解释，不到20%可以用贸易伙伴国收入的增加解释，因此可以认为，21世纪初期日本出口快速增长的主要原因，不是出口国家和地区收入增长等外部因素，而是日本企业生产力的提高。企业为了调整沉重的债务负担、减少生产要素的过度投入、提高利润采取了各种各样的措施。这些措施在提高生产率的同时也带动了出口的增长。

---

① 通用机械、电气设备、运输设备三个行业的出口占日本整体经济的份额为64%（2007年）、71%（1994年）。

• 企业的出口行为模型

我们将制定日本企业的出口行为模型，推导用于实证分析的出口函数。我们使用的是鲁芬等人开发的寡头垄断国际贸易模型。旨在追求利润最大化的企业会在国内外市场销售它们生产的商品，假设企业面临的生产要素市场为完全竞争市场，但产品市场上却为古诺式的寡头企业垄断。

在国内外市场，企业面对的是下倾需求曲线。海外市场的需求曲线如式（2-1）所示。

$$Q_E = f\left(\frac{p_E}{e}, p_W, Y_W\right) \qquad (2\text{-}1)$$

式中，Q_E代表进口商品需求，p_E代表以日元为基础的出口价格，p_W代表以美元为基础的世界价格，e代表日元汇率。此外，Y_W代表进口国收入水平。海外市场的进口需求，不仅受日本企业出口价格的影响，也受海外竞争对手供应的替代品价格（p_W）的影响。由于需求函数在价格和收入方面具有零阶同质性，所以海外市场的需求曲线如式（2-2）所示。

$$Q_E = f\left(\frac{p_E}{e\,p_W}, \frac{Y_W}{p_W}\right) \qquad (2\text{-}2)$$

同样，国内市场的需求曲线也可以用式（2-3）表示[①]。

$$Q_D = f(p_D, Y_D) \qquad (2\text{-}3)$$

式中，Q_D代表日本国内需求，p_D代表国内价格，Y_D代表国内收入。

企业i面临的海内外市场需求曲线为式（2-2）、式（2-3）时，会

---

① 简单起见，假定日本国内市场和海外市场被分割时，日本国内需求只受国内价格和国内收入的影响。

按照式（2-4）实现国内市场销量（Q_{iD}）和海外市场销量（Q_{iE}）的利润最大化。

$$p_E Q_{iE} + p_D Q_{iD} - C_i(T_i, r_i, w_i, p_{M,i})(Q_{iE} + Q_{iD}) - \phi(A_i) Q_{iE} \quad (2-4)$$

下面介绍一下企业的利润。式（2-4）中，第1项代表国内市场的销售收入，第2项代表国外市场的销售收入，第3项是单位成本函数 $C_i(T_i, r_i, w_i, p_{M,i})$ 乘以国内外市场销量后求出的生产成本。单位成本，是全要素生产率（T_i）的递减函数，是资本租赁价格（r_i）、工资率（w_i）、原材料价格（$p_{M,i}$）的递增函数。假定生产技术有一阶同质性，单位成本不依赖产量。第4项是贸易相关费用，包括海外市场调查相关的成本、关税和运输费用等。假设由于规模经济，贸易相关的单位成本是企业总资产的递减函数[1]。

古诺式寡头垄断企业，会在考虑其他公司国内外销量的情况下，谋求自身国内外销量的利润最大化。求出海外销量相关的一阶条件进行整理后，得出企业i的出口函数，如式（2-5）所示。

$$Q_{iE} = f\left(Q_E, \frac{p_E}{C_i(T_i, r_i, w_i, p_{M,i})}, \frac{\phi(A_i)}{p_E}\right) \quad (2-5)$$

式中，Q_E代表对进口商品的总需求，将式（2-2）代入式（2-5），可以推导出如式（2-6）中的出口函数。

$$Q_{iE} = f\left(\frac{Y_w}{p_w}, \frac{p_E}{e p_w}, \frac{p_E}{C_i(T_i, r_i, w_i, p_{M,i})}, A_i\right) \quad (2-6)$$

式中，$\dfrac{p_E}{C_i(T_i, r_i, w_i, p_{M,i})}$ 表示出口价格除以生产所需单位成本，对应的是代表出口收益率的价格成本利润。企业i的出口，是进口国实际收入水平 $\dfrac{Y_w}{pW}$、总资产（A_i）、价格成本利润的递增函数，是实际汇率（$\dfrac{\rho_E}{e \rho_w}$）的递减函数。

---

[1] 福斯利德（Forslid）和大久保发现，贸易相关的单位成本是企业规模的递减函数。

测算式（2-6）确定的出口函数和价格成本利润公式，可以阐明21世纪初期日本出口快速增长的原因。需求因素对出口的影响，可以通过进口国实际收入水平对出口的影响机型测算。此外，供给因素对出口的影响尤其是对生产率的影响，可以通过全要素生产率，即价格成本利润对出口的影响进行测算。通过比较两者大小，可以评估需求因素和供给因素对出口的相对重要性。

出口型企业和资金制约

到目前为止的所有讨论，我们都是假定企业在出口时不会受到资金方面的制约。但实际情况是，企业从海外收到货款需要花费很长的周期，因此资金不足企业的出口活动就会受到很多限制。此外，如果企业有信用证明，可以通过让金融机构购买跟单汇票的方式收到货款。阿米蒂和温斯坦的实证分析表明，金融机构向出口企业提供的信贷在日本企业的出口方面发挥了重要作用。21世纪初期开始，日本金融机构加快了处置不良债权的步伐，努力改善财务状况，方便为出口企业提供信贷，也有利于出口的增加。

基于阿米蒂和温斯坦的分析，我们在出口函数中添加了3个与资金限制相关的变量。第1个变量是拉詹和辛格莱斯使用的对外部资金依存度（*EXTFIN*）。对外部资金依存度，是对出口企业来说可利用的外部资金指标，是用设备投资减去经营活动现金流，再除以设备投资的比例。此外，设备投资是有形固定资产投资的变动部分加上折旧费的金额。第2个是代表金融机构财务状况的变量，使用日本银行《全国企业短期经济观测调查》中收录的"金融机构借贷态度DI"（*LEND*）作为代理变量。"金融机构借贷态度DI"变量，是用认为金融机构借贷态度宽松的企业比例减去认为态度严格的企业比例。因此，我们可以认为，金融机构财务状况好转，金融机构借贷态度DI就会上升，出口企业更容易获得外部资金。第3个变量是负债率。负债率的上升意味着企业财务状况的恶化，会对出口产生负面影响。

包含资金制约变量的出口函数如式（2-7）和式（2-8）所示。

$$Q_{iE} = f\left(\frac{Y_w}{p_W}, \frac{p_E}{ep_W}, \frac{p_E}{C_i(T_i, r_i, w_i, p_{M,i})}, A_i, DEBT_i\,LEND_i\right) \quad (2\text{-}7)$$

$$Q_{iE} = f\left(\frac{Y_w}{p_W}, \frac{p_E}{ep_W}, \frac{p_E}{C_i(T_i, r_i, w_i, p_{M,i})}, A_i, DEBT_i\,EXTFIN_i\right) \quad (2\text{-}8)$$

• 使用的数据及描述性统计

　　分析企业出口行为时的重要变量包括全要素生产率、价格成本利润和出口。下面，我们会基于描述性统计介绍每个变量的创建方法以及其特征。抽样周期为1995—2007年。使用数据的详细创建方法请参阅本章末的有关数据创建相关的附录。

　　用于分析的数据主要取自日本经济数据库。对象企业是在东京证券交易所第一部上市的公司，属于通用机械、电气设备、运输设备三大机械行业。我们先来看全要素生产率。i企业t年的全要素生产率对数值，是抽样期间起始年，所属行业的企业平均生产率相对水平。全要素生产率对数值，是将资本、劳动力和原材料的对数值按照各自的成本份额进行加权平均，然后从实际产量中减去这部分得到的变量。各成本份额是用人工成本、原材料成本和资本成本除以总成本（名义基础）。图2-3显示了日本机械行业的全要素生产率平均值以及10%、90%线。从图中可以看出，各行业的全要素生产率自2000年开始一直在稳步上升。1996—2001年，通用机械、电气设备和运输设备行业的全要素生产率平均增长率分别为0、2%和0，2002—2007年，各行业的全要素生产率平均增长率上升至2%。

　　接下来介绍价格成本利润的创建方法。价格成本利润的计算方法是用产品的名义价值除以总成本得出的比值。在后面的分析中，我们会运用回归分析方法，通过各生产要素价格（工资率、原材料价格、

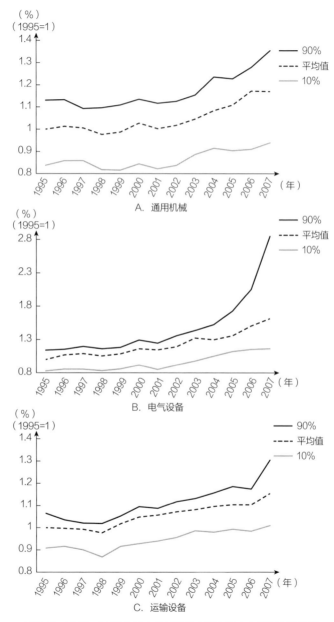

图2-3　1995—2007年日本机械行业全要素生产率指标变动情况
资料来源：作者根据公开资料整理。

资金租赁价格）和全要素生产率解释价格成本利润的波动，需要注意的是各生产要素的价格会因企业而不同。全要素生产率的上升是通过节约生产成本提升价格成本利润，并提高出口收益率实现的。图2-4显示了日本机械行业价格成本利润的平均值和中位数，可以看出，在

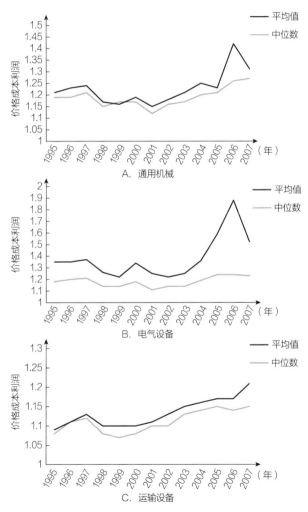

图2-4 1995—2007年日本机械行业价格成本利润变动情况

资料来源：作者根据公开资料整理。

21世纪，价格成本利润在各行业都开始上升。

最后，我们会说明实际出口的创建方法。实际出口额的计算方法是用名义出口额除以出口物价指数。图2-5显示日本机械行业实际出

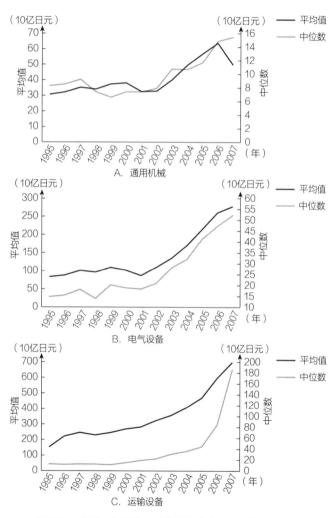

图2-5　1995—2007年日本机械行业实际出口额变动情况
资料来源：作者根据公开资料整理。

口额的平均值和中位数。21世纪以来，所有行业的实际出口额都显著增加。进入21世纪后，实际出口和全要素生产率都开始上升，我们会在下文分析其中的关系。

表2-1将用于分析使用的数据的描述性统计，按照行业进行汇总。在通用机械、电气设备和运输设备行业中，出口占总产量的比重分别为30.1%、44.5%和41.5%，由此可见，出口在各行业都发挥着重要作用。价格成本利润在每个行业中都超过了1，范围是运输设备的1.129到电气设备的1.278。对外部资金的依存度在所有行业都为负数，这表明大企业都处于资金盈余的状态。进口国收入水平的代理变量是基于行业基础计算的世界收入（Y_w），假设同一行业的企业是相同数值。有关金融机构借贷态度DI变量，可以按行业和企业规模（大型企业、中型企业、中小企业）区别使用，如果是同行业同规模，取相同值。

表2-1 主要变量的记述统计

项目	通用机械		电气设备		运输设备	
	观察次数	平均值	观察次数	平均值	观察次数	平均值
实际生产量	917	130897	1066	278110	512	778764
实际出口	917	39445	1066	123779	512	323812
总资产	917	198769	1066	401351	512	728023
价格成本利润	917	1.2	1066	1.278	512	1.129
世界收入	917	8152.8	1066	7353.3	512	8386.8
实际资本租赁价格	917	0.1	1066	0.205	512	0.084
实际工资率	917	4037	1066	4258	512	3694
实际原材料价格	917	0.951	1066	1.098	512	0.856
负债比率	917	0.516	1066	0.502	512	0.573

续表

项目	通用机械		电气设备		运输设备	
	观察次数	平均值	观察次数	平均值	观察次数	平均值
金融机构借贷态度DI（%）	917	12.4	1066	13	512	16.9
外部资金依存度（%）	822	−111.6	957	−171.6	459	−63

注：1. 不含低于5%和高于95%的部分。

2. 实际生产量、实际出口、总资产的单位为2000年的实际价格值（10亿日元）。

3. 世界收入：2005年用美元表示的价格（10亿美元）。

4. 实际工资率：时薪（日元）。

资料来源：作者根据公开资料整理。

• **推算结果及其含义**

出口函数的测算结果

使用企业的面板数据，对上文推导的出口函数进行测算。对三大机械行业（通用机械、电气设备、运输设备）以及全机械行业的出口函数进行估算。式（2-7）、式（2-8）线性化之后的出口函数如式（2-9）、式（2-10）所示。

$$\ln(Q_E)_{it} = \alpha_0 + \alpha_1\ln(PCOST)_{it} + \alpha_2\ln\left(\frac{Y_w}{p_w}\right)_t + \alpha_3\ln\left(\frac{p_E}{ep_W}\right)_t$$
$$+ \alpha_4\ln(A)_{it} + \alpha_5DEBT_{t-1} + \alpha_6LEND_t + v_i + u_{it} \quad (2\text{-}9)$$

$$\ln(Q_E)_{it} = \alpha_0 + \alpha_1\ln(PCOST)_{it} + \alpha_2\ln\left(\frac{Y_w}{p_w}\right)_t + \alpha_3\ln\left(\frac{p_E}{ep_W}\right)_t$$
$$+ \alpha_4\ln(A)_{it} + \alpha_5DEBT_{t-1} + \alpha_6EXTFIN_t + v_i + u_{it} \quad (2\text{-}10)$$

式中，v_i表示企业的固有项，u_{it}表示误差项。

测算出口函数时需要注意的一点是，价格成本利润的内生性。遍布海外的企业组织网络预计将对价格成本利润产生积极影响，同时对出口也产生积极影响。但是，我们很难对这样一个完整的网络进行观察和量化，并包含在出口函数未观测到的误差项中。为了应对价格成本利润的这种内生性，这里我们使用面板数据操作变量法推算出口函数。操作变量，是从构成价格成本利润的全要素生产率、生产要素价格、负债率（均为对数值）中选取满足过度识别限制的变量。选取的操作变量为全要素生产率、二期滞后负债率。此外，还选择了霍斯曼实验的固定效应模型和随机效应模型。

表2-2显示了出口函数的推算结果。无论是何种行业类别、出口函数规格，价格成本利润都得到了有效的正系数值。价格成本利润的出口弹性，通用机械为0.489—0.775，电气设备为0.684—0.942，运输设备为1.288—3.149。价格成本利润与出口之间的正相关性，与德洛克和瓦尔任斯基的研究结果一致，他们发现斯洛文尼亚出口企业的价格成本利润平均都较高。无论是何种行业、出口函数规格，以总资产衡量的企业规模都会对出口产生积极影响，这一结论与许多先前研究结论是一致的。

资金制约变量一般会对出口产生积极显著的影响，说明资金制约对出口的重要性。在所有行业中，金融机构借贷态度DI（LEND）都对出口有积极显著影响。此外，对外部资金依存度（EXTFIN），在全机械产业、电气设备行业也得出明显的正系数值。负债率（DEBT）对全机械产业、通用机械行业有显著的负面影响。出口水平受资金制约影响这一结果，是由于金融机构提供的贸易信贷影响了日本企业的出口行为。

无论行业或出口函数规格，世界收入（$\frac{Y_w}{p_w}$）对出口的影响都是明显的正系数值。世界收入的出口弹性，通用机械为0.460—0.526、电气设备为0.672—0.911、运输设备为0.767—1.195。大多数情况下，实际汇率对出口也有显著的负面影响，这一结果与理论是一致的。

表2-2　出口函数的推算结果

项目	机械产业行业	通用机械	电气设备	运输设备
面板数据A：仅负债率				
$\log(PCOST)$	1.096（9.36）***	0.634（4.52）***	0.858（5.58）***	1.868（4.55）***
$\log(Y_W/p_W)$	0.802（7.55）***	0.460（3.26）***	0.747（3.04）***	0.933（4.3）***
$\log(p_E/ep_W)$	−0.334（−2.54）**	−1.390（−7.49）***	−0.105（−0.4）	−0.548（−0.89）
$\log(A)_{-1}$	0.972（20.3）***	0.625（7.24）***	1.188（20.9）***	0.787（9.62）***
$\log(DEBT)_{-1}$	−0.175（−2.94）***	−0.264（−3.13）***	−0.094（−1.11）	0.174（1.1）
常数项	−14.630（−9.75）***	−5.585（−2.54）**	−15.965（−4.37）***	−14.257（−4.62）***
决定系数 / n	0.75 / 2481	0.649 / 914	0.701 / 1058	0.811 / 509
萨尔甘 $\chi^2(p)$	2.671（0.1）*	1.924（0.17）	0.379（0.54）	5.506（0.02）**
霍斯曼 $\chi^2(p)$	13.36（0.02）**	47.85（0）**	4.72（0.45）	31.97（0）***
推算方法	F	F	R	F
面板数据B：金融机构借贷态度DI及负债率				
$\log(PCOST)$	0.890（7.58）***	0.489（3.47）***	0.684（4.26）***	1.288（3.39）***
$\log(Y_W/p_W)$	0.918（8.78）***	0.526（3.73）***	0.911（3.71）***	1.195（5.64）***
$\log(p_E/ep_W)$	−0.200（−1.55）	−1.173（−5.91）***	−0.196（−0.77）	−0.076（−0.13）
$\log(A)_{-1}$	0.934（20）***	0.624（7.33）***	1.176（20.8）***	0.731（9.16）***
$\log(DEBT)_{-1}$	−0.151（−2.61）**	−0.229（−2.73）***	−0.112（−1.34）	0.201（1.32）
$LEND$	0.004（6.26）***	0.003（2.97）***	0.004（3.28）***	0.005（4.38）***
常数项	−16.03（−10.9）***	−6.593（−3）***	−18.455（−5.05）***	−17.746（−5.94）***
决定系数 / n	0.727 / 2481	0.665 / 914	0.701 / 1058	0.819 / 509
萨尔甘 $\chi^2(p)$	1.565（0.21）	1.364（0.24）	0.016（0.69）	4.983（0.03）**
霍斯曼 $\chi^2(p)$	31.18（0）***	42.4（0）***	4.92（0.55）	36.97（0）***
推算方法	F	F	R	F
面板数据C：外部资金依存度及负债率				
$\log(PCOST)$	1.274（9.29）***	0.775（5.99）***	0.942（4.84）***	3.149（5.32）***
$\log(Y_W/p_W)$	0.751（6.72）***	0.507（3.55）***	0.672（2.62）**	0.767（3.32）***

续表

项目	机械产业行业	通用机械	电气设备	运输设备
$\log\left(p_E/ep_W\right)$	-0.169（-1.23）	-1.205（-6.39）***	-0.019（-0.07）	0.624（0.9）
$\log\left(A\right)_{-1}$	0.987（19.5）***	0.61（6.84）***	1.222（21）***	0.748（8.42）***
$\log\left(DEBT\right)_{-1}$	-0.176（-2.74）***	-0.282（-3.12）***	-0.106（-1.17）	0.13（0.79）
EXTFIN	0.01（3.37）***	0.006（1.49）	0.013（3.1）***	0（0）
常数项	-13.992（-8.99）***	-6.165（-2.82）***	-15.181（-3.96）***	-11.272（-3.44）***
决定系数／n	$0.721/2225$	$0.627/819$	$0.716/950$	$0.786/456$
萨尔甘χ^2（p）	0.019（0.89）	0（0.99）	0.37（0.54）	0.57（0.45）
霍斯曼χ^2（p）	32.12（0）***	40.900（0）***	5.11（0.53）	29.57（0）***
推算方法	F	F	R	F

注：1. 括号中的数值为系数推算值t值。

2. *、**、***分别表示有效性为10%、5%、1%，n表示观察次数。

3. 萨尔甘χ^2、霍斯曼χ^2，分别是萨尔甘统计值、霍斯曼检验统计值；p值是卡方检验值。

4. F、R代表固定效应模型和随机效应模型。

资料来源：作者根据公开资料整理。

在测算式（2-9）和式（2-10）时，同行业企业的世界收入和实际汇率相同。此外，如果同行业相同规模企业（大型企业、中型企业、中小企业），金融机构的借贷态度DI也取相同值。因此，在测算上述出口函数的时候没有使用年度虚拟变量。在替代等式中，将世界收入、实际汇率和金融机构借贷态度DI从解释变量中除去，增加年虚拟变量推算出口函数。这一等式的优点是可以验证出口函数中价格成本利润变量效果的稳健性。在测量出口函数时加入年度虚拟变量，所有行业的价格成本利润变量都对出口产生了显著积极的影响，其弹性的大小与使用世界收入、实际汇率和金融机构借贷态度DI时没有较大差异。因此我们可以说，价格成本利润对出口的积极影响是强劲的。

价格成本利润的决定因素

这里我们介绍将价格成本利润回归到其决定因素上的推算结果。价格成本利润的测算如式（2-11）所示。

$$\ln(PCOST)_{it} = \beta_0 + \beta_1 \ln\left(\frac{w}{p_E}\right)_{it} + \beta_2 \ln\left(\frac{r}{p_E}\right)_{it} + \beta_3 \ln\left(\frac{p_M}{p_E}\right)_{it}$$
$$+ \beta_4 \ln(TFP)_{it} + \beta_5 \ln(DEBT)_{it-1} + \qquad (2-11)$$
$$\sum_{k=1997}^{2007} \beta_{k-1990} DY_{kt} + v_i + u_{it}$$

价格成本利润函数的解释变量包括实际工资率$\left(\frac{w}{p_E}\right)_{it}$、实际资本租赁价格$\left(\frac{r}{p_E}\right)_{it}$、实际原材料价格$\left(\frac{p_M}{p_E}\right)_{it}$和全要素生产率。此外，还添加了负债率以及1997—2007年的年度虚拟变量（DY_{kt}）。片山和德洛克等人认为，由于根据收入数据计算出的生产率指标会受到价格和需求波动的影响，因此是有误差的。结合他们的观点，可以认为，在价格成本利润函数中未观察到的竞争条件的变化等同时也会影响到全要素生产率和价格成本利润。

考虑到这一点，笔者通过面板工具变量法推算了价格成本利润函数。使用的工具变量为全要素生产率与总资产变量对数值的1期滞后值，负债率的2期滞后值[1]。推算结果如表2-3所示。生产要素价格在所有行业中都是明显的负系数值，全要素生产率在所有行业中都是明显的正系数值。全要素生产率上升1%，价格成本利润率会从0.796%（电气设备）上升到1.187%（通用机械）。此外，除了运输设备，负债率对价格成本利润也是明显的负面影响。

---

[1] 总资产对数值的1期滞后值仅适用于电气设备。在其他行业，我们没有将其用作工具变量，因为当我们加入总资产对数值的1期滞后值后，萨尔甘统计值就取消了过度识别限制。

表2-3 与价格成本利润决定因素相关的推算结果

项目	机械产业行业	通用机械	电气设备	运输设备
$\log(T)$	1.018（38.7）***	1.187（15.1）***	0.796（47.3）***	0.952（21.5）***
$\log(r/p_E)$	−0.286（−52.5）***	−0.376（−40）***	−0.472（−61.8）***	−0.178（−45.5）***
$\log(w/p_E)$	−0.100（−8.12）***	−0.251（−11.1）***	−0.233（−14.5）***	−0.164（−20.2）***
$\log(p_M/p_E)$	−0.315（−22.5）***	−1.198（−8.88）***	−0.292（−33.4）***	−0.658（−14.7）***
$\log(DEBT)_{-1}$	−0.024（−2.74）***	−0.049（−4.28）***	−0.049（−5.78）***	0.008（0.95）
DY1997	−0.080（−11.3）***	−0.150（−17.4）***	−0.085（−9.5）***	−0.043（−10.3）***
DY1998	−0.016（−2.32）**	−0.022（−2.61）***	0.019（2.06）**	−0.042（−8.02）***
DY1999	0.046（6.33）***	0.052（5.11）***	0.196（19.2）***	0.081（15.0）***
DY2000	0.042（5.62）***	0.078（8.77）***	0.154（14.5）***	0.13（15.8）***
DY2001	0.012（1.57）	−0.009（−0.85）	0.155（13.7）***	0.036（7.34）***
DY2002	−0.009（−1.18）	−0.094（−8.75）***	0.213（16.6）***	0.001（0.13）
DY2003	−0.012（−1.39）	−0.057（−6.14）***	0.316（21.1）***	−0.071（−12.1）***
DY2004	−0.075（−8.67）***	−0.122（−13.7）***	0.232（15.1）***	−0.092（−15.2）***
DY2005	−0.113（−12.4）***	−0.102（−10.5）***	0.139（8.78）***	−0.138（−20.7）***
DY2006	−0.217（−21.9）***	−0.328（−30.6）***	0.06（3.6）***	−0.181（−24.2）***
DY2007	−0.179（−17.6）***	−0.22（−18.9）***	0.194（10.5）***	−0.213（−24.2）***
常数项	0.282（2.68）***	1.26（6.33）***	0.947（7.16）***	0.904（13.4）***
决定系数 R^2/n	0.763/2241	0.873/826	0.939/948	0.961/467
萨尔甘χ^2（p）	0.110（0.74）	1.523（0.22）	3.6（0.17）	4.037（0.04）**
霍斯曼χ^2（p）	20.23（0.21）	415.63（0）***	13.18（0.66）	102.84（0）***
推算方法	R	F	R	F

注：1. 括号中的数值为系数推算值t值。

2. **、***分别表示有效性为5%、1%，n表示观察次数。

3. 萨尔甘χ^2、霍斯曼χ^2、分别是萨尔甘统计值、霍斯曼检验统计值；p值是卡方检验值。

4. F、R代表固定效应模型和随机效应模型。

资料来源：作者根据公开资料整理。

• 导致出口增长的因素分析

在上文中，通过推算出口函数我们确认到，1995—2007年，属于需求因素的世界收入和属于供给因素的价格成本利润都对企业出口的增加产生了显著影响。本节，我们将进一步讨论上一节的论点，并通过定量分析的方法评估需求因素和供给因素对出口增长的贡献程度。具体来说，就是运用上一节测算的出口函数和价格成本利润函数，求出1999—2007年期间，即日本经济走出"失去的十年"这一时期，世界收入、全要素生产率、生产要素价格、公司规模和资金制约对出口波动的贡献程度并进行比较分析。通过分析可以探明这一时期日本出口的驱动力。

各因素对出口的贡献率可按照以下方法计算。首先，t年到$(t+T)$年，世界收入对i企业的出口率，指的是i企业的出口变动率中可以用世界收入变动率解释的部分。也就是说，根据式（2-9）和式（2-10）可以求出如式（2-12）所示的结果。

$$\frac{\alpha_2\left(\ln\left(\frac{Y_w}{p_W}\right)_{i,t+T}-\ln\left(\frac{Y_w}{p_W}\right)_{i,t}\right)}{\ln(Q_E)_{i,t+T}-\ln(Q_E)_{i,t}} \quad (2\text{-}12)$$

同理可以计算出实际汇率、总资产、金融机构借贷态度DI、外资金依存度对出口的贡献率。另一方面，t年到（$t+T$）年，全要素生产率对i企业的出口贡献率指的是，在i企业的出口变动率中，可以用价格成本利润变化率对全要素生产率变化率进行解释的部分。也就是说，根据式（2-9）、式（2-10）和式（2-11）求出如式（2-13）所示的结果。

$$\frac{\alpha_1\beta_4\left(\ln(T)_{i,t+T}-\ln(T)_{i,t}\right)}{\ln(Q_E)_{i,t+T}-\ln(Q_E)_{i,t}} \quad (2\text{-}13)$$

各生产要素价格对出口的贡献率也可以按同样方法计算。

表2-4按行业显示了各企业各要素对出口贡献率的中位数。对出口贡献最大的是以按总资产衡量的企业规模。除通用机械外，企业规模对出口的贡献率超过40%，电气设备达到60%。生产率对出口的贡献率也很高，通用机械为14.5%～23.2%，电气设备为31.0%～45.8%，运输设备为15.0%～35.3%。

表2-4　1990—2007年各变量对出口的贡献率（中位数）

项目	机械产业行业		通用机械		电气设备		运输设备	
变量	（1-1）	（1-2）	（2-1）	（2-2）	（3-1）	（3-2）	（4-1）	（4-2）
$\log(Y_W/p_W)$	17.6	15.4	11.7	12.2	19.1	14.4	7.8	4.9
$\log(p_E/ep_W)$	2.1	1.8	37.5	41.7	-1.2	-0.1	0.8	-6.4
$\log(A)_{-1}$	43.6	52	13.4	15.2	65.8	68.6	44.8	47.2
$\log(DEBT)_{-1}$	1.1	1.3	2.4	3.9	0.3	-0.1	-1.3	-1.5
$LEND$	10.3	—	11.8	—	4.1	—	13.7	—
$EXTFIN$	—	1.9	—	1.9	—	3.4	—	0
$\log(T)$	23.7	38.5	14.5	23.2	31	45.8	15	35.3
$\log(w/p_E)$	-1.5	-2.2	-0.3	-0.5	-8.3	-11.5	-0.4	-1.1
$\log(r/p_E)$	11.5	16.7	9.5	16.8	-5.4	-7.2	32.2	73.8
$\log(p_M/p_E)$	1	1.4	2.7	4.2	-6.4	-9.2	20.6	50

注：单位为%。
资料来源：作者根据公开资料整理。

负债率对出口的贡献率为直接出口部分的合计，是基于式（2-12）和式（2-13）的一部分计算出的。

另外，虽然世界收入的贡献率也很高，但不如生产率。其中，世界收入的贡献率在通用机械为11.7%～12%，电气设备为14%，运输设备为44.9%～7.8%。金融机构借贷态度DI在通用机械和运输设备的贡献率也超过10%。实际汇率的贡献率在通用机械行业较高，资金租赁价格和原材料价格的贡献率在运输设备行业较高。

从以上结果可以看出，21世纪初期，出口在日本逐步走出"失去的十年"的过程中发挥了驱动力的作用，但对出口起牵引作用的不是世界收入这样的需求因素，恰是企业提高生产率这样的供给因素。因此，"神风"虽然吹过，但极有可能只是微风。

• **本章小结**

进入21世纪后，出口成为原动力，促使日本经济迈出了走出"失去的十年"的步伐。使这一切成为可能的，主要是企业为了降低成本、提高生产效率所做的不懈努力。得益于这些努力，日本企业的国际竞争力不断增强，对其他国家和地区的出口也大幅增加。笔者对这一时期出口增长的研究结果与权赫旭等人是一致的。他们在研究中阐明了21世纪初期开始，日本制造企业的全要素生产率增长加速，但他们认为理由是企业开展了降低劳务成本、资本成本的重组活动。笔者的研究表明，日本企业开展重组活动不仅提高了生产效率，也促进了出口的增长。

在下一章中，我们将分析日本企业重组活动对设备投资的影响。企业重组行为虽然促进了企业生产率的提高，但不可否认的是也加速了非正式就业替代正式就业的步伐，产生了设备投资对未来收益率反应降低的副作用。关于这一点我们会详细地进行研讨。

第3章
为什么设备投资对收益率没有影响?

    设备投资是拉动经济增长的原动力。日本经济要摆脱长期停滞不前,走上稳步增长的道路,设备投资的复苏是必不可少的。最重要的原因是设备投资的两面性。设备投资不仅是构成国内生产总值的需求因素,而且新的技术也会应用于新设备,有助于提高生产力,这样一来,从长远角度看,供给侧也成为增长的原动力。

    决定设备投资重要原因是设备投资收益率。收益率越高,设备投资就应该越高。边际q是设备投资收益率的代表性指标。边际q是指在额外增加设备投资时,未来预期获得利润的折现值。我们来看一下日本内阁府《国民经济核算》计算出的日本非金融企业法人边际q的变动情况。

    边际q是根据当前收益率在未来也会持续的预期(静态预期)计算出的[1]。抽样区间为1971—2016年,共46年。图3–1显示的是边际q的变动情况。第1次石油危机之后,出现了大幅下跌,其后除去20世纪70年代末至80年代初期的第2次石油危机、泡沫经济破灭后的20世纪90年代初期,以及爆发全球金融危机的2008年和2009年,收益率呈现稳步上升的趋势。另外,设备投资的动向又是什么样的呢?

    该图还显示了设备投资率,即总固定资本形成除以净固定资产的比率。设备投资率可认为是资本存量增长率,第1次石油危机之后出现了大幅下降,20世纪80年代呈现相对稳定的趋势。但是随着泡沫经济的破灭,在20世纪90年代以后又持续下降。虽然在全球金融危机之

---

[1] 利润率的计算方法是,企业的营业盈余加上固定资产耗损得到总利润,除以期初实际净固定资产。

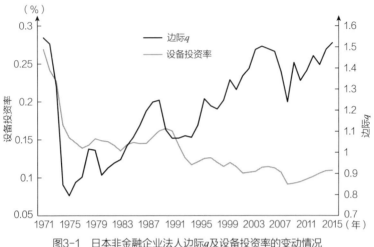

图3-1　日本非金融企业法人边际q及设备投资率的变动情况
资料来源：日本内阁府《国民经济核算》。

后有所回升，但距离全面复苏还很遥远。

　　为什么在收益率提高的情况下设备投资却没有恢复呢？本章的目的就是利用1970年以来制造业的面板数据，从长期视角分析日本企业的设备投资行为，回答这个问题。

　　先来总结实证分析的结果。在本书中，根据企业的销售增长率和生产成本增长率的正负情况，我们将企业分为了4个群组，并分析了各个企业群组的设备投资行为。销售增长率、生产成本增长率均为正的企业群体为"成长型企业群组"；销售增长率为正、生产成本增长率为负的企业群体为"优良型企业群组"；销售增长率、生产成本增长率均为负的企业群体为"重组型企业群组"；销售增长率为负、生产成本增长率为正的企业群体为"衰退型企业群组"。在进行设备投资时，四大企业群组的调整成本存在较大差异，这是因为它们对设备投资边际q的反应不同。

　　例如，重组型企业在需求下降时，不断通过裁员、外包、收缩业务单元等方式对生产组织进行重组，会将企业的管理资源有针对性地重点分配到重组活动上。因此，属于"重组型企业群组"的企业组织，很难顺利地进行大规模的设备投资（换言之，投资的调整成本很大）。因此，对于重组型企业而言，设备投资对收益率的反应就会降低。

1990年泡沫经济破灭后，我们发现"成长型企业群组"的数量呈现下降趋势，反之，设备投资对收益率反应降低的"重组型企业群组"却增加了。其结果就是设备投资对收益率的反应能力下降。

这一结果，与第2章中探究21世纪初期出口激增原因的实证分析结果是一致的。通过第2章的分析我们得知，以削减成本为目的重组活动和为提高生产率所做的努力取得了一定的成果，通过价格成本利润率的上升实现了出口增长。但是在这一进程中，由于企业过度关注重组活动，也导致了设备投资对收益率反应能力下降的结果。

• 设备投资的前期研究及本研究的定位

全球金融危机以后，尽管全球设备投资收益率有所恢复，但设备投资一直疲软，因此企业的设备投资行为再次受到关注，近年来，专家们已经发表了很多围绕设备投资低迷原因的研究成果。古铁雷斯和菲利普根据美国过去几十年的数据，对民间设备投资不振的原因进行了分析。与设备投资收益率的代表性指标托宾q相比，设备投资自21世纪初期以来一直停滞不前，理由主要有三个方面：无形资产占比的升高、竞争能力的下降、公司治理的强化以及回归短期导向。

刘易斯等人根据加速度原理型投资函数的估算结果，得出全球金融危机以来，大部分设备投资停滞是由于需求不足的结论。此外，他还证明，在银行体系薄弱的国家，银行的信贷供给成为制约因素，导致了设备投资的减少。他们还指出，抑制设备投资的另外两个重要因素。一是金融危机前企业积累的超额债务，二是经济环境和政策不确定性的增加。他的研究还指出，金融危机加剧了不确定性，2011年的欧元危机使不确定性进一步扩大，导致了设备投资的进一步减少。

班纳吉等人指出了未来的不确定性和预期利润的重要性，通过实证分析证明，预期利润的降低和不确定性的增加是导致设备投资低迷的主要原因。

布西埃等人的研究也得到了相同的结果。他们使用22个发达国家的数据估算加速度原理型投资函数结果发现，根据国内生产总值增速测值衡量的预期需求，以及以市盈率波动衡量的不确定性指数是影响设备投资的主要原因。根据他们的估算结果，在减少的设备投资中，80%以上是因预期需求下降造成的，17%是因不确定性增加造成的。

另外，布卡和维默伦以德国、法国、意大利、西班牙、比利时和葡萄牙6个国家为对象，以根据欧洲中央银行的银行实际贷款调查编制的、显示银行信贷紧缩程度的指数为基础，分析了设备投资和银行信用之间的关系。结果显示，越是对银行借款依存度高的行业，因银行信贷紧缩产生设备投资下滑现象越明显。

2017年，多特林等人比较分析了过去20年欧洲各国和美国的设备投资行为，发现在2000年前后，两个地区都出现了"设备投资缺口"现象，即实际设备投资低于设备投资预测。他们指出，两个地区出现缺口的理由是不同的，欧洲各国是周期性因素的影响，而美国则是结构性因素的影响。另外，他们还发现，设备投资缺口在竞争力持续下降的行业表现更为明显。

自2000年以来，不仅发达国家，新兴市场国家和发展中国家中也都出现了设备投资不振的现象。科斯等人对发生原因进行了详细的研究和探讨。他们指出，设备投资不振现象在大型新兴市场国家和大宗商品出口国十分突出，其原因是经济活动的萎靡、贸易条件的恶化、外国直接投资的减少、民间债务过剩、政治风险的增加、发达国家的负面溢出效应。此外他们警告，设备投资不振会抑制资本积累，延缓技术进步并导致长期潜在增速的下降。

　　研究者在日本也观察到了设备投资不振的现象。中村纯一对21世纪中期以来的设备投资低迷原因进行了研究。他通过测量托宾q设备投资函数，阐明了日本企业采取保守的投资、财务行为的原因。他认为，在全球金融危机爆发之前，管理层的自我保护行为（设防）以及为未来投资进行的资金储备行为，使得他们维持无借款的状态，这在一定程度上限制了投资。但是，全球金融危机之后，过去的经营危机经历进一步激发了他们的储蓄热情，限制了投资。

　　田中贤治观察到，2012年以来托宾q出现了上升，但是设备投资并没有随之复苏，他对这一现象的发生原因进行了定量分析。研究表明，主要原因是不确定性的增加。不确定性的存在提高了设备投资决策的调整成本，使得设备投资对托宾q的敏感度较以前降低。并且他还指出，虽然企业在21世纪中期以来进行了大规模的投资，但并没有改变利润状况，过去的这种投资失败的经历也限制了设备投资。

　　边际q是投资收益率的指标。本章将从设备投资对边际q的反应这一视角，对日本企业的设备投资行为进行实证研究。本研究与现有研究的区别主要有以下三点。

　　第一，现有研究主要关注的是包括全球金融危机在内的21世纪以后的设备投资行为，笔者的研究是基于1970—2014年的长期面板数据，对设备投资行为进行分析。第二，考虑到了企业的市场支配地位对设备投资行为的影响并进行了分析。古铁雷斯和菲利普指出，21世纪初期以来，美国设备投资的下降在一定程度上可以用市场竞争下降解释。第三，正如前面已经提到的，在本书中，根据销售增长率和生产成本增长率的正负情况将企业划分为四大群组，阐明了各企业群组的设备投资行为特点。根据定量分析结果，不同企业群组在进行设备投资时，调整成本存在较大差异，这也导致了设备投资对边际q的反应不同。

• 企业设备投资函数的推导

本书中，我们以在产品市场面临完全竞争的企业的设备投资行为为基准案例。假设企业在进行设备投资I_t时，支付投资产品价格p_t^I，与投资调整成本$G(I_t, K_{t-1})$相对应的产品在生产活动中损耗了。K_{t-1}是（$t-1$）期的期末资本存量。进行设备投资时产生的成本，不仅限于购买机器和工厂安装产生的直接费用，企业在安装新设备时，还需要同时分配工人进行上机作业，而且为了新设备能够正常运转还需要投入培训费用，以及包括人员再分配在内的组织重组费用等，生产活动也会因此延迟。因设备投资导致的产量损失即为投资调整成本。同资本存量水平相比，如果进行大规模的设备投资，则会对生产活动产生较大影响，因此设备投资的调整成本也会逐渐增加。假定企业使用劳动力N_t和资本存量K_{t-1}开展生产经营活动，企业的生产函数$F(K_{t-1}, N_t)$具有一阶同质性。

假设设备投资调整成本函数为如式（3–1）的二阶函数。

$$G(I_t, K_{t-1}) = \frac{\alpha_1}{2}\left(\frac{I_t}{K_{t-1}} - \theta\right)^2 K_{t-1} \qquad (3-1)$$

式中，α_1表示投资调整成本参数，$\alpha_1 > 0$。

企业在资本积累公式的约束下，实现由净现金流量折现现值的预期值定义的企业价值的最大化。也就是说，企业在资本积累公式的约束下，实现由式（3–2）定义的企业价值的最大化。

$$E_t\left[\sum_{i=0}^{\infty}\mu_{t+i}\left\{p_{t+i}(F(K_{t-1+i}, N_{t+i}) - G(I_{t+i}, K_{t-1+i}))\right.\right.$$
$$\left.\left. - w_{t+i}N_{t+i} - p_{t+i}^I I_{t+i}\right\}\right] \qquad (3-2)$$

式中，$\mu_{t+j} = \prod_{i=1}^{j}(1+R_{t+i})^{-1}$ （$j=1,2,\cdots$）. $\mu_t = 1$。

p_t是产品价格,w_t是工资率,R_t是借款利息率。

另外,资本积累公式如式(3-3)所示。

$$K_t = (1-\delta) K_{t-1} + I_t \qquad (3-3)$$

式中,δ表示资本消耗率。

在一阶条件下,可以推导出如式(3-4)所示的设备投资函数。

$$\frac{I_t}{K_{t-1}} = \theta + \frac{1}{\alpha_1}[Mq_t - 1]\frac{p_t^I}{p_t} \qquad (3-4)$$

式中,Mq_t表示被称为边际q的设备投资收益率指标,可用式(3-5)定义。

$$Mq_t = \frac{1}{p_t^I} E_t\left[\sum_{j=1}^{\infty}\mu_{t+j}(1-\delta)^{j-1} p_{t+j}\left(\frac{\partial F}{\partial K_{t+j-1}} - \frac{\partial G}{\partial K_{t+j-1}}\right)\right] \qquad (3-5)$$

根据式(3-5),边际$q(Mq_t)$指的是如果现在实施1日元设备投资,未来可获得的资本边际收益(包括为未来投资中节省的调整成本)折现现值的预期值,取决于企业未来的利润率和预期利率。如果边际q超过1,则利润会超过投资额,投资活动会更加活跃。需要注意的是,在式(3-4)中,设备投资对边际q的反应是投资调整成本参数大小α_1的倒数。

式(3-4)是基本的设备投资函数,可以向两个方向延伸。第一个方向,在资本市场不完善的情况下,由于贷方和借方之间存在信息不对称,因此在筹集外部资金时,会用内部资金成本加上"外部资金溢价",筹集资金的成本就增加了。因此,设备投资会受到内部资金量的影响。将反映资本市场不完善性的2个变量添加到了解释变量中,一是现金资本存量比率$\left(\dfrac{CF_t}{K_{t-1}}\right)$,代表内部资金量,另一个是负债率$(DEBT)_{t-1}$,负债率越高的企业外部资本溢价也会越高,设备投资也会因此受限。

第二个方向是对不确定性的考虑。投资存在不可逆性时,会产生当前投资不可忽视的机会成本，在获得新情报之前，保留推迟设备投资的选择权是有利的。因此，在不确定性增加时，机会成本就会上升，进而限制设备投资。这里将过去三年销售增长率的标准偏差$(STDGRW)_t$作为不确定性指标使用。

最终推算出的投资函数如式（3-6）所示。

$$\frac{I_t}{K_{t-1}} = \beta_0 + \beta_1[Mq_t-1]\frac{p_t^I}{p_t} + \beta_2\frac{CF_t}{K_{t-1}} + \\ + \beta_3(DEBT)_{t-1} + \beta_4(STDGRW)_t \qquad （3-6）$$

式中，年度虚拟变量作为解释变量。

• 数据的创建方法和主要变量的描述统计

下面将对估算上文推导的设备投资函数所需变量的创建方法进行说明，展示主要变量的特征。用于分析的企业面板数据是根据日本政策投资银行《企业金融数据库》构建的。对象企业为制造企业，抽样区间为1970—2014年。

作为因变量的设备投资率，是用实际投资额除以上一期期末实际资本存量。资本存量（除去土地和在建工程的其他有形固定资产）根据永久盘存法创建。边际q，以总利润（营业收入加上折旧费）除以上一期期末资本存量得到的利润率和借款利率为基准，用二次VAR模型描述差异变量的产生过程，求出折现现值的预期值。设备投资率抽样区间的平均值、中位数和标准偏差分别为0.124、0.095和0.104。此外，边际q在抽样期间的平均值、中位数和标准偏差分别为1.248、0.913和1.198。图3-2显示了日本设备投资率和边际q的平均值变动趋势。

我们发现，1972年到1980年后期，边际q与设备投资率之间存在正相关关系，但在泡沫经济破灭后的20世纪90年代，边际q是上升趋势,而设备投资率却是低迷状态。在日本,设备投资和收益率之间的缺口,不仅出现在全球金融危机之后,自"失去的十年"之后,这种情况持续了20年以上。

图3-3显示了日本企业销售增长率在过去三年间的平均标准偏

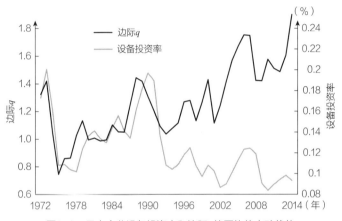

图3-2 日本企业设备投资率和边际q的平均值变动趋势
资料来源:作者根据公开资料整理。

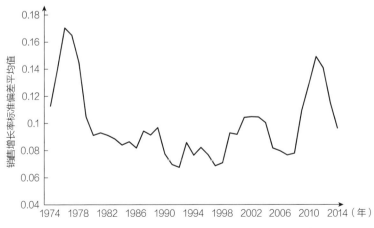

图3-3 日本企业销售增长率标准偏差平均值的变动趋势
资料来源:作者根据公开资料整理。

差。第1次石油危机后上升，此后一直保持稳定，全球金融危机之后再次大幅上升。全球金融危机之后，不确定性的增加是欧美国家的普遍现象。

• 企业设备投资函数的推算结果

　　本分析的抽样区间包含了经济高速增长时期到安倍经济学时期的近半个世纪，因此其间的设备投资行为可能发生了结构性的变化。因此，将抽样期间分成了7个子周期进行面板数据估算。这7个子周期分别为高速增长期（1972—1973年）、第1次石油危机后的稳定增长期（1974—1986年）、泡沫经济时期（1987—1990年）、"失去的十年"时期（1991—2002年）、"失去的十年"的恢复期（2003—2007年）、全球金融危机时期（2008—2012年）以及安倍经济学时期（2013—2014年）。

　　表3–1显示的是将边际q作为设备投资函数解释变量时的测算结果[①]。除了安倍经济学时期，边际q的系数估算值都是明显的正数，支持了基于q理论的设备投资行为。在第1次石油危机后的稳定增长期，设备投资对边际q的反应达到峰值后下降。系数估算值在稳定增长期为0.0543，安倍经济学时期降至0.0127。我们发现，设备投资对边际q反应的降低，在发生全球金融危机很久之前，即20世纪70年代中期已经出现。

---

① 以下的设备投资函数，均按照固定效应模型进行估算。

表3-1 日本完全竞争企业的设备投资函数推算结果：
仅将边际q作为解释变量

项目	时间							
	1972—1973年	1974—1986年	1987—1990年	1991—2002年	2003—2007年	2008—2012年	2013—2014年	1972—2014年
$(Mq-1)$ $\times p^I/p$	0.0393*** (4.75)	0.0543*** (30.55)	0.0446*** (11.49)	0.0307*** (24.86)	0.0192*** (10.05)	0.0165*** (9.12)	0.0127 (1.11)	0.0281*** (50.74)
常数项	0.1458*** (30.89)	0.1578*** (54.83)	0.118*** (38.68)	0.1741*** (75.4)	0.0744*** (29.62)	0.1131*** (43.56)	0.0884*** (11.57)	0.1462*** (38.36)
决定系数	0.127	0.1109	0.0614	0.0889	0.0375	0.0356	0.0114	0.1147
样本数	1275	10878	3897	12854	4245	3865	843	37857

注：1. 括号内是t值。表中省略了年虚拟变量的系数推算值。

    2. ***表示有效性水平为1%。

资料来源：作者根据公开资料整理。

表3-2是使用所有解释变量的测算结果[①]。现金资本存量比率，在第1次石油危机后的稳定增长期，以及"失去的十年"的恢复期，都是明显的正系数值，其他时期的系数值都没有意义。负债率在所有时期得到的都是负系数值。特别是在安倍经济学时期，负面影响更为显著。这一结果与日本政策投资银行2016年6月进行的《企业行为相关意识调查》结果一致。该调查的对象是，认为过去3年本企业在设备投资上为"略受限制"或者"极其受限制"的企业，调查内容是设备投资受限的原因，企业最常见的回答是"要优先强化财务结构"。

---

① 作为不确定性指标，为了计算销售增长率在过去3年间的标准偏差，1972—1973年的高度增长期未纳入计量周期。

表3-2　日本完全竞争企业的设备投资函数推算结果：包含所有解释变量

项目	时间							
	1972—1973年	1974—1986年	1987—1990年	1991—2002年	2003—2007年	2008—2012年	2013—2014年	1972—2014年
$(Mq-1)\times p'/p$	—	0.0528*** (26.25)	0.046*** (10.65)	0.0318*** (23.6)	0.017*** (7.49)	0.0202*** (9.79)	0.009 (0.48)	0.0272*** (42.59)
CF/K_{-1}	—	0.0284*** (3.25)	0.0045 (0.25)	0.0061 (0.8)	0.042*** (3.1)	0.0036 (0.28)	0.052 (0.59)	0.0093** (2.04)
$DEBT$	—	−0.1371*** (−9.23)	−0.065* (−1.7)	−0.0268** (−2.11)	−0.0964*** (−2.89)	−0.1757*** (−4.96)	−0.7953** (−2.2)	−0.0333*** (−6.42)
$STDGRW$	—	−0.0516*** (−3.57)	0.0566 (1.32)	−0.0465*** (−2.99)	−0.0991*** (−3.74)	−0.0696*** (−2.95)	−0.1412 (−0.97)	−0.0454*** (−5.77)
常数项	—	0.2535*** (21.07)	0.1541*** (6.1)	0.1931*** (24.16)	0.1351*** (7.07)	0.2083*** (11.34)	0.5005*** (2.68)	0.1684*** (30.67)
决定系数	—	0.0924	0.0583	0.0893	0.0382	0.0259	0.0036	0.105
样本数	—	9608	3570	11843	3803	3466	782	33072

注：1. 括号内是t值。表中省略了年虚拟变量的系数推算值。
　　2. *、**、***分别表示有效性水平为10%、5%、1%。
资料来源：作者根据公开资料整理。

本次调查结果表明，企业财务状况对设备投资的影响很大。有关不确定性的影响，除了泡沫经济时期和安倍经济学时期，均为明显的负系数值。特别是在全球金融危机期间，负面影响非常大。一项关于欧美设备投资下滑的研究也指出，全球金融危机以后，随着不确定性的增加，设备投资受限这一点备受关注，日本制造业的设备投资也面临相同的局面。本书重点关注的是设备投资对边际q的反应，我们发现，除了在安倍经济学时期，其他时期边际q都是明显的正系数值，但自稳定增长期以来，其影响效果一直下降。因此我们可以说，设备投资对收益率的反应呈趋势性下降这一结果是非常稳健的。

• 企业对设备投资收益率反应下降的原因

上文中，我们看到设备投资对边际q的反应在很长一段时期都在下降，我们来思考一下原因。笔者希望对解释设备投资对边际q反应下降的2个假说进行统计研究。

第1个假说，设备投资对收益率反应下降是由于企业在市场上的支配力上升。阿格赫恩等人指出，企业处于缺乏竞争机制的行业，进行设备投资的动力会较小。另外，古铁雷斯和菲利普也观察到，21世纪初以来，与托宾q的高度相比，美国企业的设备投资过少，这是由市场竞争下降导致的。为了验证这一假说，测算企业市场支配力对设备投资的影响，笔者对企业设备投资模型内容进行了如下修改。

假设企业在产品市场面对的是下倾的需求曲线，其需求曲线公式如下。

$$p_t = h\big(F(K_{t-1}, N_t) - G(I_t, K_{t-1})\big) \tag{3-7}$$

在这一假设条件下，为实现企业价值最大化，企业决定进行设备投资。另外，设备投资调整成本函数与式（3-1）相同。由利润最大化一阶条件可以推导出如式（3-8）所示的设备投资函数。

$$\frac{I_t}{K_{t-1}} = \theta + \frac{1}{\alpha_1}[Mq_t - 1]\frac{p_t^I}{p_t\left(1 - \dfrac{1}{\varepsilon}\right)} \tag{3-8}$$

边际q（Mq_t）如式（3-9）所示。

$$Mq_t = \frac{1}{p_t^I} E_t\left[\sum_{j=1}^{\infty} \mu_{t+j}(1-\delta)^{j-1} p_{t+j}\left(1 - \frac{1}{\varepsilon}\right)\left(\frac{\partial F}{\partial K_{t+j-1}} - \frac{\partial G}{\partial K_{t+j-1}}\right)\right] \tag{3-9}$$

式中，ε代表需求价格弹性。$\left(1 - \dfrac{1}{\varepsilon}\right)$是单位成本除以产品价格的比值，是企业市场支配力的指标[1]，完全竞争企业为1，不完全竞争企

---

① 是在第2章测算出口函数中使用的价格成本利润的倒数。

业小于1。这一比率也取决于边际q，企业的市场支配力越高，设备投资的回报折扣就越大。可以求出每个时期、每家企业的单位成本/产品价格比率，用这一比值分别乘以式（3-8）的产品价格和表3-1中推算设备投资函数时使用的边际q，重新推算设备投资函数。

表3-3显示的是仅将边际q作为解释变量推算出的设备投资函数。可以发现，除了安倍经济学时期，边际q的系数值均为明显的正系数，与企业设备投资函数的推算结果相同，也观察到设备投资对边际q的反应呈下降趋势的结果。

表3-3　日本不完全竞争企业的设备投资函数推算结果：
仅以边际q为解释变量

项目	时间							
	1972—1973年	1974—1986年	1987—1990年	1991—2002年	2003—2007年	2008—2012年	2013—2014年	1972—2014年
$(Mq-1)$ $\times p^I/p$	0.0415*** （4.43）	0.058*** （30.62）	0.047*** （11.57）	0.0339*** （25.14）	0.0207*** （10.21）	0.0184*** （9.55）	0.0151 （1.24）	0.0296*** （50.5）
常数项	0.1511*** （34.55）	0.1647*** （56.54）	0.1227*** （41.45）	0.1771*** （77.16）	0.0758*** （30.53）	0.1129*** （43.37）	0.0889*** （12.55）	0.1507*** （39.05）
决定系数	0.1204	0.1065	0.0631	0.0825	0.0372	0.0312	0.0117	0.1116
样本数	1233	10764	3855	12673	4148	3734	817	37224

注：1. 括号内是t值。表中省略了年虚拟变量的系数推算值。
　　2. ***表示有效性水平为1%。
资料来源：作者根据公开资料整理。

表3-4显示的是使用所有解释变量的推算结果。我们发现，除了安倍经济学时期，设备投资对边际q的反应都是明显的正系数值，但其效果在第1次石油危机后的稳定增长期达到峰值后（0.0562）

不断下降。虽然我们考虑到企业市场支配力的影响,重新界定了企业的设备投资行为,但依然发现设备投资对边际q的反应呈下降趋势。

表3-4 日本不完全竞争企业的设备投资函数推算结果:包含所有解释变量

项目	时间							
	1972—1973年	1974—1986年	1987—1990年	1991—2002年	2003—2007年	2008—2012年	2013—2014年	1972—2014年
$(Mq-1)$ $\times p^I/p$	—	0.0562*** (26.22)	0.0482*** (10.63)	0.0339*** (23.38)	0.0186*** (7.81)	0.0219*** (10.06)	0.0116 (0.59)	0.0285*** (42.44)
CF/K_{-1}	—	0.0281*** (3.2)	0.0019 (0.1)	0.0054 (0.71)	0.0407*** (2.97)	−0.0003 (−0.02)	0.0489 (0.55)	0.0096** (2.09)
$DEBT$	—	−0.1364*** (−9.13)	−0.0656* (−1.7)	−0.026** (−2.02)	−0.0979*** (−2.92)	−0.1696*** (−4.7)	−0.7702** (−2)	−0.0351*** (−6.7)
$STDGRW$	—	−0.0543*** (−3.74)	0.0637 (1.47)	−0.0432*** (−2.76)	−0.0977*** (−3.58)	−0.0665*** (−2.8)	−0.1473 (−1)	−0.0437*** (−5.49)
常数项	—	0.26*** (21.44)	0.159*** (6.23)	0.196*** (24.23)	0.1369*** (7.11)	0.206*** (10.99)	0.4901** (2.47)	0.1723*** (31.1)
决定系数		0.0893	0.0589	0.084	0.037	0.0245	0.0072	0.1023
样本数	—	9521	3535	11697	3752	3372	762	32639

注:1. 括号内是t值。表中省略了年虚拟变量的系数推算值。
　　2. *、**、***分别表示有效性水平为10%、5%、1%。
资料来源:作者根据公开资料整理。

接下来,我们继续验证第2个假说。在设定第2个假说之前,我们需要注意的是,构成边际q的重要因素——利润率会受到供求因素的影响。需求因素对利润率的影响方式是,随着外生需求的扩大,销售额增加,利润率因此提高。供给因素对利润率的影响方式是,随着生产要素价格的下降,非正式就业代替正式就业、生产力的提高降低生产成本，最终达到了提高利润率的效果。两种方式都通过利润率的上升提高了边际q，但是对设备投资产生的影响却大相径庭。

为了定量评价供求因素变化对设备投资产生的不同影响，接下来按照销售增长率和生产成本增长率的正负将企业分成4类群组，对各企业群组的设备投资行为进行分析。

因为成本与销售额的增长成正比，所以我们将因需求增加导致边际q上升的企业称作"成长型企业群组"。成长型企业会积极构建企业组织，以便在预期需求增加时可以扩大设备投资，对于成长型企业来说，设备投资的调整成本会很小。

相比之下，通过降低生产成本实现边际q上升的企业，为了在需求减少时确保企业的利润，会努力削减成本、提高边际q，也就是说，"重组型企业群组"是通过降低成本弥补销售额的减少。重组型企业在需求下降的情况下，通过裁员、外包和缩小业务部门等方式对组织结构进行重组，将企业的管理资源集中分配在重组活动上。因此可以认为，重组型企业组织难以及时开展大规模的设备投资，投资的调整成本较大。

正如我们已经看到的，设备投资对边际q的反应程度可以用调整成本参数的倒数表示。因此，如果实证分析能够支持上述论点，则可以说"成长型企业群组"设备投资对边际q的反应较大，"重组型企业群组"的反应较小。

用上述论点来推导第2个假说。第2个假说指出，设备投资收益率反应下降是由于"成长型企业群组"占比下降、"重组型企业群组"占比上升这一现象引起的。

在验证这个假说前，我们首先要通过定量分析确认供需因素对边际q的影响。表3-5显示的是将边际q变化部分回归到实际销售增长率和生产成本增长率上的结果。1972—2014年，销售增长率对边际q的变化都产生了显著的正面影响，生产成本增长率对边际q的变化都产生了显著的负面影响。由此我们得知，销售增长率和生产成本增长率对边际q的变化产生的影响，在"失去的十年"的恢复期特别大，而在稳定增长期和安倍经济学时期则较小。

表3-5　日本企业销售增长率与生产成本增长率对边际q的影响：定量评价

项目	时间							
	1972—1973年	1974—1986年	1987—1990年	1991—2002年	2003—2007年	2008—2012年	2013—2014年	1972—2014年
销售额增长率	—	7.768***（78）	10.852***（39）	11.071***（90.1）	13.829***（50.2）	10.043***（35.8）	8.595***（4.8）	9.998***（138.6）
生产成本增长率	—	−6.774***（−61.1）	−9.472***（−31.9）	−9.951***（−73）	−12.433***（−42.4）	−8.186***（−25.6）	−6.057***（−3）	−8.811***（−110.7）
常数项	—	−0.522***（−36.8）	0.018（1.5）	−0.117***（−10.9）	−0.023（−1.5）	−0.086***（−3.8）	−0.001（0）	−0.49***（−20.9）
决定系数	—	0.518	0.441	0.467	0.374	0.398	0.301	0.427
样本数	—	10078	3758	12514	4116	3442	818	35029

注：1. 括号内是t值。表中省略了年虚拟变量的系数推算值。
　　2. ***表示有效性水平为1%。
资料来源：作者根据公开资料整理。

图3-4限定为边际q上升的企业，显示了以"成长型企业群组"和"重组型企业群组"为首的4类企业群组的相对比例变动趋势。之所以限定为边际q上升的企业，是因为设备投资主要是边际q上升的企业推动的。从图中可以看出，"优良型企业群组"和"衰退型企业群组"的占比极小。此外，"重组型企业群组"的占比在不断增加，而"成长型企业群组"的占比在下降。

"重组型企业群组"占比超过40%的时期分别为1987年、1993年、1994年、1999年、2002年、2010年，都是日本经济遭受较大负面

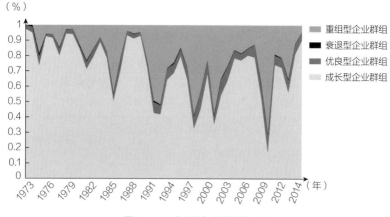

图3-4　日本4类企业群组的占比
资料来源：作者根据公开资料整理。

冲击的时期。即1987年日元升值时期，1993年、1994年泡沫经济破灭
进入"失去的十年"的时期，1999年金融危机导致金融体系失灵的时
期，2002年不良贷款率达到顶峰的时期，以及全球金融危机爆发之后
的2010年。特别是2010年，"成长型企业群组"占比仅为20.5%，"重
组型企业群组"占比达到了63.9%。由此我们得知，"重组型企业群
组"增加的时期"成长型企业群组"占比明显下降。

　　此外，对不同时期"成长型企业群组"和"重组型企业群组"的
企业属性差异进行比较，发现了一个非常有趣的事实。表3-6显示的
是在不同时期，"成长型企业群组"和"重组型企业群组"的企业属
性平均值的对比结果，选取的6个变量为非正式就业占比、设备投资
率、负债率、全要素生产率增长率、现金资本存量比率、销售增长率
标准偏差。非正式就业占比是用临时工、兼职员工和借调员工的人数
除以期末员工数。

表3-6 日本 "成长型企业群组" 和 "重组型企业群组" 企业属性的对比

项目	1974—1986年			1987—1990年			1991—2002年		
	成长型企业群组	重组型企业群组	差值	成长型企业群组	重组型企业群组	差值	成长型企业群组	重组型企业群组	差值
非正式就业的比例	0.109	0.092	0.017** (2.39)	0.125	0.115	0.01 (0.77)	0.137	0.150	−0.014** (−2.49)
设备投资率	0.13	0.092	0.037*** (9.75)	0.159	0.102	0.057*** (7.6)	0.115	0.087	0.028*** (12.11)
负债率	0.72	0.765	−0.045*** (−7.29)	0.651	0.688	−0.037*** (−2.99)	0.56	0.603	−0.043*** (−8.9)
全要素生产率增长率	0.045	0.002	0.043*** (19.19)	0.044	0.013	0.031*** (8.13)	0.04	0.006	0.034*** (25.41)
现金和资本存量比率	0.059	0.059	0.01*** (2.59)	0.077	0.094	−0.017** (−2.03)	0.089	0.080	0.009*** (3.09)
销售增长率的标准偏差	0.136	0.096	0.01*** (3.21)	0.088	0.099	−0.011** (−2.27)	0.08	0.077	0.002 (1.38)

续表

项目	2003－2007年			2008－2012年			2013－2014年			1974－2014年		
	成长型企业群组	重组型企业群组	差值	成长型企业群组	重组型企业群组	差值	成长型企业群组	重组型企业群组	差值	成长型企业群组	重组型企业群组	差值
非正式就业的比例	0.18	0.208	-0.028** (-2.51)	0.187	0.193	-0.006 (-0.61)	0.181	0.178	0.003 (0.11)	0.143	0.156	-0.014*** (-3.77)
设备投资率	0.108	0.076	0.031*** (7.14)	0.086	0.08	0.007* (1.81)	0.097	0.096	0.002 (0.13)	0.122	0.086	0.036*** (21.94)
负债率	0.548	0.566	-0.018** (-2.06)	0.512	0.549	-0.037*** (-4.04)	0.506	0.512	-0.006 (-0.25)	0.616	0.62	-0.003 (-1)
全要素生产率增长率	0.046	0.017	0.029*** (11.41)	0.052	0.005	0.047*** (16.08)	0.039	-0.004	0.043*** (4.2)	0.044	0.007	0.037*** (39.89)
现金和资本存量比率	0.11	0.1	0.01* (1.65)	0.106	0.113	-0.007 (-1.1)	0.135	0.114	0.021 (1.1)	0.087	0.085	0.002 (1.1)
销售增长率的标准偏差	0.083	0.079	0.004 (1.08)	0.118	0.103	0.015*** (3.48)	0.105	0.107	-0.002 (-0.18)	0.094	0.086	0.008*** (5.82)

注：1. 差值为成长型企业群组减去重组型企业群组的值，括号内为t值。
2. *、**、***分别表示有效性水平为10%、5%、1%。
资料来源：作者根据公开资料整理。

此外，全要素生产率增长率是用实际销售增长率减去资本存量增长率、员工增长率和实际中间投入增长率，乘以各自的成本份额之差。

比较两个企业群组的企业属性可以发现以下特点。与"成长型企业群组"相比，"重组型企业群组"有以下特点：

（1）"失去的十年"和"失去的十年"恢复期，即1991—2007年的非正式就业比重明显偏高。

（2）除了2013年和2014年，设备投资率明显偏低。

（3）除了2013年和2014年，负债率明显偏高。

（4）在所有时期，全要素生产率增长率都非常低。

我们来看一下4类企业群组在设备投资行为方面的差异。表3-7比较了4个企业群组在整个时期的设备投资函数的测算结果。表中显示了仅将边际q作为解释变量和使用所有解释变量的测算结果。无论哪种情况，"成长型企业群组"边际q的系数测算值都最大，"重组型企业群组"的都最小。使用所有变量的情况下，"成长型企业群组"的系数估算值为0.0316，"重组型企业群组"的系数估算值为0.0193，两者之间存在较大差异。

表3-7　日本4类企业群组设备投资函数的测算结果

项目	群组							
	成长型企业群组		优良型企业群组		衰退型企业群组		重组型企业群组	
$(Mq-1)$ $\times p^I/p$	0.0326*** (39.44)	0.0316*** (33.73)	0.0289*** (3.56)	0.0267*** (2.44)	0.0262*** (4.86)	0.0283*** (3.9)	0.0208*** (18.31)	0.0193*** (14.54)
CF/K_{-1}	—	−0.0026 (−0.39)	—	0.0723 (1.07)	—	−0.0073 (−0.16)	—	0.0346*** (4.51)
$DEBT$	—	−0.0362*** (−4.92)	—	−0.0593 (−0.94)	—	0.0394 (0.95)	—	−0.0346*** (−3.9)
$STDGRW$	—	−0.0568*** (−5.06)	—	−0.0161 (−0.17)	—	−0.0594 (−0.91)	—	−0.0144 (−1.06)

项目	群组							
	成长型企业群组		优良型企业群组		衰退型企业群组		重组型企业群组	
常数项	0.1499*** (34.66)	0.1811*** (24.22)	0.137*** (2.91)	0.272*** (2.88)	0.1248*** (4.59)	0.0948** (2.53)	0.159*** (12.2)	0.1393*** (12.08)
决定系数	0.108	0.1036	0.1147	0.1243	0.0695	0.0547	0.0528	0.0558
样本数	21546	18818	1111	998	1274	1146	11820	10754

注：1. 括号内是t值。表中省略了年虚拟变量的系数推算值。

　　2. **、***分别表示有效性水平为5%、1%。

资料来源：作者根据公开资料整理。

由此可知，"成长型企业群组"的设备投资对边际q的反应最大，"重组型企业群组"最小。从调整成本大小来看，设备投资调整成本参数（α_1）在"成长型企业群组"最小，在"重组型企业群组"最大，这与前面的讨论的"成长型企业群组"和"重组型企业群组"在调整成本方面的特点是相符合的。

根据以上讨论可知，如果成长型企业占比较高，设备投资调整成本会降低，设备投资对边际q的反应会上升；反之，如果重组型企业占比较高，设备投资调整成本会升高，设备投资对边际q的反应也会下降。正如我们已经看到的那样，自"失去的十年"以来，"成长型企业群组"占比不断下降，"重组型企业群组"占比不断上升，导致设备投资对边际q的反应出现趋势性的下降。

图3-5显示的是从表3-7中得到的各企业群组边际q的系数值按其占比进行加权平均后的系列变化趋势，显示了加权平均值与过去5年的移动平均值。设备投资对边际q的反应程度在缓慢下降，这一结论支持了我们提出的第2个假说。

• 本章小结

通过本章的分析，我们发现日本制造企业的设备投资对于收益性

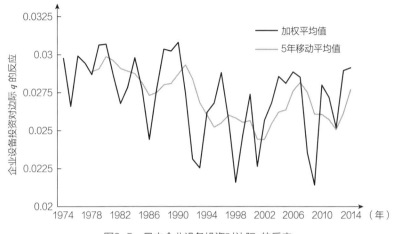

图3-5　日本企业设备投资对边际q的反应
资料来源：作者根据公开资料整理。

指标边际q的反应在逐渐下降。而且，这种下降趋势自第1次石油危机以来一直存在。其背景，我们认为是"成长型企业群组"占比的下降以及"重组型企业群组"占比的不断上升。一方面，成长型企业会积极构建企业组织，以便他们可以在预期需求增加时能够扩大设备投资；如果设备投资收益率能够上升，成长型企业会立即进行设备投资，并完备企业体制，保证收益。另一方面，"重组型企业群组"在需求下降时，是通过降低生产成本确保利润，提高赢利能力。因此，即使赢利能力提升，这类企业对扩大设备投资依旧持谨慎态度。

　　为了消除收益率和设备投资脱钩，即设备投资缺口这一现象，需要采取什么样的措施呢？如果重组型企业能够转型为成长型企业，设备投资对边际q的反应就会升高；如果设备投资收益率上升，可以预期设备投资会更加活跃。为此，我们需要创造新的需求，提高企业的长期预期增长率，提高投资的赢利能力，而不是降低生产成本。在第4章和第5章，我们希望通过实证分析，阐明消费的稳定增长对于提高企业的长期预期增长率的重要性。

本章我们将继续使用1970年后制造业的面板数据,从长期视角分析包括设备投资在内的日本企业的行为。在第3章,我们得到了日本制造业设备投资对收益(边际q)的反应呈下降趋势的结论。也就是说,随着收益率的上升积极增加设备投资的"成长型企业群组"占比在下降,对未来的前景预期较为悲观。即使收益率上升,对增加设备投资仍持谨慎态度的"重组型企业群组"占比不断增加。本章,我们首先关注设备投资的长期方面,并明确其特征。

如果将设备投资收益率边际q为1的状态,也就是设备投资的未来收益和成本相等的状态称为"长期均衡"的话,对于企业来说,长期均衡状态下的设备投资率等于调整成本最小化的效率水平。换句话说,企业长期行为的特征是:为了实现长期均衡状态,企业会构建组织架构,并采取行动使与设备投资相关的调整成本最小化。

接下来,我们要推算制造业和非制造业各企业的设备投资函数,并据此求出长期均衡下的设备投资率。可以看出,两个行业长期均衡下的设备投资率在20世纪80年代后期的泡沫经济时期均有所上升,但此后就一直在下降。

边际q是决定设备投资的重要因素,指的是企业未来预期边际收益的贴现现值。因此,企业的长期预测也会影响长期的设备投资水平。如果一家企业预计未来能够获得稳定的收益,则边际q会上升,设备投资也会增加。

如果长期均衡下的边际q为1,对于企业来说,重要的长期预测不是利润水平,而是开展生产经营活动时的法律制度、需求趋势、国际趋势等经济环境状况,包含更多的结构性因素。本书重点关注的是,在这种长期预测下，企业对日本经济的长期展望。

日本内阁府在《企业行为相关的问卷调查》中定期提供企业对于下一年、未来3年、未来5年，日本实际经济增速的预测，其中最长期的就是对未来5年实际经济增速的预测，可以看出自1970年后一直下降，2000年后几乎是持平的状态。本书会分析企业对未来5年经济增速预测与根据设备投资函数测算结果求出的长期均衡下的设备投资率之间的关系。先看结果的话，就是二者之间存在较高的相关性。

企业的长期预测，不仅会对企业的设备投资行为产生影响，也会影响到更多的企业行为。笔者还对长期的劳动力需求、流动性需求以及债务行为与企业长期预期之间的关系进行了定量分析和验证。先看结果，就是企业对未来5年的经济增速预期，不仅会影响设备投资，还会对正式员工的需求、债券的发行等产生显著的影响。企业对日本经济发展前景的预测在持续下滑。企业对日本经济的长期悲观预测，不仅导致设备投资萎靡，还减少了员工正式聘用，限制了债券的发行。如果企业对经济前景的长期预测得不到改善，我们就无法期望设备投资、正式就业和债券发行的真正复苏。

• 长期均衡下的设备投资行为

基于第3章使用的企业设备投资行为模型，我们来看一下长期均衡下设备投资行为的特征。产品市场、生产要素市场都面临完全竞争的企业，在资本积累公式的约束下，会追求由净现金流量折现现值的预期值定义的企业价值最大化。假设企业在进行设备投资I_t时，除支付投资产品p_t^I的价款，在生产活动中会损耗与投资调整成本$G(I_t, K_{t-1})$相对应的产品。K_{t-1}是（$t-1$）期的期末资本存量。假设设备投资调整成本函数为如式（4-1）所示的二次函数。

$$G(I_t, K_{t-1}) = \frac{\alpha_1}{2} \left(\frac{I_t}{K_{t-1}} - \theta_t \right)^2 K_{t-1} \qquad (4-1)$$

式中，α_1是投资调整成本参数，且$\alpha_1 > 0$。一阶条件下推导的设备投资函数如式（4-2）所示。

$$\frac{I_t}{K_{t-1}} = \theta_t + \frac{1}{\alpha_1}[Mq_t - 1]\frac{p_t^I}{p_t} \qquad (4-2)$$

式中，p_t是产品价格。

Mq_t是被称为设备投资收益率指标的边际q，即现在进行1日元的设备投资，将来可获得的期待收益折现现值。在长期均衡下，可以认为设备投资的收益和成本是相等的，所以边际q为1。因此，由式（4-2）可知，长期均衡下的设备投资率等于θ_t。θ_t是调整成本函数的参数，也是使调整成本最小化的设备投资率。换句话说，长期来看，企业为了维持长期均衡下的设备投资，会重新构建企业组织，同时也会采取行动使设备投资相关的调整成本最小化[①]。

需要注意的是，长期均衡下的设备投资率θ_t是一个可变参数。企业所处的经济环境是在不断变化的，与此相应地，使调整成本最小化的设备投资率也在不断变化。为了构建与这一设备投资率水平相适应的企业组织架构，企业会不断地进行检讨和重组。使调整成本最小化的设备投资率，对应的是第3章设备投资函数的年度虚拟变量的系数估算值。

明确显示出年度虚拟变量$(YDUM)_t$的设备投资函数可以表示如式（4-3）。

$$\frac{I_t}{K_{t-1}} = \gamma_0 + \sum_{t=1}^{T}\gamma_t(YDUM)_t + \beta_1[Mq_t - 1]\frac{p_t^I}{p_t} + \beta_2\frac{CF_t}{K_{t-1}} + \\ \beta_3(DEBT)_{t-1} + \beta_4(STDGRW)_t + v_i + u_{it} \qquad (4-3)$$

式中，A_{t-1}表示（$t-1$）期期末总资产，CF表示现金流量，$DEBT_{t-1}$表示（$t-1$）期期末负债率，$STDGRW_t$表示过去3年销售增长

---

① 这里的长期均衡下的设备投资行为的论点同样也适用于不完全竞争企业。

率的标准偏差。

根据式（4–3），可以通过年度虚拟变量的系数估算值$\gamma_0 + \gamma_t$求出t期的设备投资率长期均衡值。在下文中，我们会根据设备投资函数测量的系数估算值，分别从制造业和非制造业的角度，求出设备投资率的长期均衡值。

• 设备投资率的长期均衡值

我们根据边际q型设备投资函数的测算，从制造业和非制造业的角度，求出设备投资率的长期均衡值。为了观察设备投资率长期均衡值的稳健性，我们估算了三种特定条件下的设备投资函数，并比较了每种条件下求出的设备投资率的长期均衡值。设备投资函数的三种特定条件有：①完全竞争企业的设备投资函数；②不完全竞争企业的设备投资函数；③将企业划分为四大群组，每个群组的设备投资对解释变量呈现不同反应的设备投资函数。

第1个特定条件对应的是式（4–3）的设备投资函数。第2个特定条件计算出单位成本除以价格的比率，作为企业市场支配力的指标乘以产品价格和边际q的设备投资函数。第3个特定条件考虑到设备投资对解释变量的反应会因为上一章划分的4类企业群组（成长型企业群组、优良型企业群组、衰退型企业群组、重组型企业群组）而不同的设备投资函数①。创建与各企业群组相应的虚拟变量，追加各个解释变量和企业群组虚拟变量的交叉项，可以求出设备投资率对各企业群组解释变量的不同反应。

表4 1显示的是设备投资函数的面板数据估算结果，这一结果考虑到了制造业的设备投资对解释变量的反应会因4类企业群组而不同。在第3章我们看到，"重组型企业群组"设备投资对边际q的反应

---

① 第3个特定条件下，假设企业面临的是不完全竞争的产品市场。

明显低于"成长型企业群组"。表4-1中，边际q与"重组型企业群组"虚拟变量的交叉项是明显的负数，结果与第3章是一致的。另外，在"重组型企业群组"，设备投资对负债率的反应，其负数值明显大于"成长型企业群组"，负债率上升时，与"成长型企业群组"相比，"重组型企业群组"会更大幅地减少设备投资。

表4-1　日本制造业中与4类企业群组交叉项的设备投资函数测算结果

变量	系数值
边际q	0.0283^{***} （39.02）
边际q×优秀型企业群组	0.0016 （0.56）
边际q×衰退型企业群组	−0.0004 （−0.12）
边际q×重组型企业群组	$−0.0036^{***}$ （−3.23）
负债率	$−0.027^{***}$ （−5.06）
负债率×优秀型企业群组	$−0.023^{***}$ （−3.3）
负债率×衰退型企业群组	−0.0027 （−0.4）
负债率×重组型企业群组	−0.0209 （−7.72）
现金流和资本存量比率	0.0095^{*} （1.65）
现金流和资本存量比率×优秀型企业群组	0.0191 （0.72）
现金流和资本存量比率×衰退型企业群组	−0.0286 （−1.17）
现金流和资本存量比率×重组型企业群组	0.0099 （1.07）
不确定性指标	$−0.0504^{***}$ （−5.48）

变量	系数值
不确定性指标×优秀型企业群组	−0.0101 （−0.28）
不确定性指标×衰退型企业群组	−0.0061 （−0.2）
不确定性指标×重组型企业群组	0.024* （1.81）
常数项	0.1686*** （30.39）
决定系数	0.1088
样本数	32639

注：1. 括号内是t值。表中省略了年度虚拟变量的系数估算值。

　　2. *、***分别表示有效性水平为10%、1%。

资料来源：作者根据公开资料整理。

图4-1显示的是在3种特定条件下求出的设备投资率的长期均衡值的变动趋势。无论设备投资函数的特定条件如何，设备投资率的长

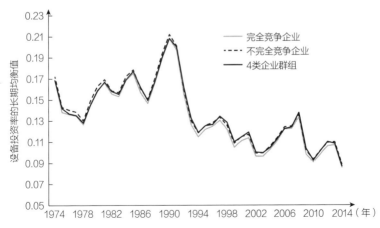

图4-1　日本制造业设备投资率的长期均衡值的变动趋势

资料来源：作者根据公开资料整理。

期均衡值呈现出极为相似的变动趋势，1989—1991年上升，之后是下降趋势。在3种特定条件下，设备投资利率长期均衡值之间的相关系数超过0.98。

　　表4-2显示的是在3种特定条件下，非制造业测出的设备投资函数的估计结果。在所有条件下，边际q、现金资本存量比都对设备投资产生了明显的积极影响；负债率和不确定性指数都产生了明显的负面影响。此外，从4类企业群组的设备投资对解释变量反应不同的设备投资函数估计结果来看，企业群组之间在设备投资行为上存在以下差异。

表4-2　日本非制造业中设备投资函数的测量结果

变量	完全竞争企业	不完全竞争企业	包括与4类企业群组的交叉项
边际q	0.0075** （21.1）	0.0075*** （2055）	0.0072*** （19.32）
边际q×优秀型企业群组	—	—	0.0007 （0.78）
边际q×衰退型企业群组	—	—	0.0066*** （2.87）
边际q×重组型企业群组	—	—	0.0013*** （2.63）
负债率	−0.0624*** （−4.06）	−0.0557*** （−3.46）	−0.0428*** （−2.63）
负债率×优秀型企业群组	—	—	0.0072 （0.43）
负债率×衰退型企业群组	—	—	−0.0091 （0.54）
负债率×重组型企业群组	—	—	−0.0314*** （−5.08）
现金流和资本存量比率	0.0057*** （3.89）	0.0058*** （3.95）	0.0039** （2.01）
现金流和资本存量比率×优秀型企业群组	—	—	−0.013 （−1.63）

续表

变量	完全竞争企业	不完全竞争企业	包括与4类企业群组的交叉项
现金流和资本存量比率×衰退型企业群组	—	—	0.011 （1.19）
现金流和资本存量比率×重组型企业群组	—	—	0.0058*** （2.02）
不确定性指标	−0.0447** （−2.14）	−0.0502** （−2.27）	0.0347 （−1.34）
不确定性指标×优秀型企业群组	—	—	0.1047 （1.02）
不确定性指标×衰退型企业群组	—	—	−0.1954* （−1.88）
不确定性指标×重组型企业群组	—	—	−0.0386 （−1.03）
常数项	0.2471*** （15.35）	0.2403*** （14.05）	0.2309*** （13.5）
决定系数	0.0287	0.0281	0.0335
样本数	20.365	19.168	19.168

注：1. 括号内是t值。表中省略了年度虚拟变量的系数估算值。
　　2. *、**、***分别表示有效性水平为10%、5%、1%。
资料来源：作者根据公开资料整理。

与"成长型企业群组"相比，"重组型企业群组"的设备投资对负债率的反应为更明显的负数值，这一点与制造业是相同的。另外，"重组型企业群组"中，设备投资对现金资本存量比率的反应高于"成长型企业群组"。负债率上升时，"重组型企业群组"设备投资率的减少明显大于"成长型企业群组"；相反，当现金资本存量比率上升时，"重组型企业群组"设备投资的增加也明显大于"成长型企业群组"。但是，边际q对设备投资的影响，在"衰退型企业群组"和"重组型企业群组"中明显大于"成长型企业群组"，得到了与制造业不同的结果。

图4-2显示了设备投资函数在3个特定条件下，非制造业中设备投资率长期均衡值的变动趋势。与制造业相同，设备投资率的长期均

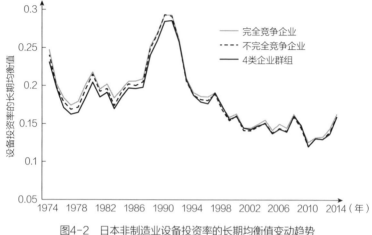

图4-2　日本非制造业设备投资率的长期均衡值变动趋势
资料来源：作者根据公开资料整理。

衡值与设备投资函数的条件无关，呈现出了极为相似的变化。20世纪80年代后期到90年代前期大幅上升，之后持续走低。在3种特定条件下，设备投资率的长期均衡值之间的相关系数超过了0.99。

- **经济增速预期及长期均衡下的设备投资行为**

下面，我们将对长期均衡下的设备投资率与企业长期预期之间的关系进行统计分析。作为企业对未来预期的统计指标，笔者重点关注的是日本内阁府在《企业行为相关的问卷调查》中，对日本经济下一年度、未来3年、未来5年的实际增速的展望。

我们来看一下日本企业对经济增速预测的特征。图4-3显示了1979—2018年，企业对于下一年度、未来3年和未来5年的日本实际经济增速的预期（全产业）。3个预期的共同点是，20世纪90年代之前持续下降，之后尽管出现了一些波动但保持平稳状态。20世纪80年代初期，经济增速预测在5%左右，此后持续下降，21世纪以来一直保持在1%左右。

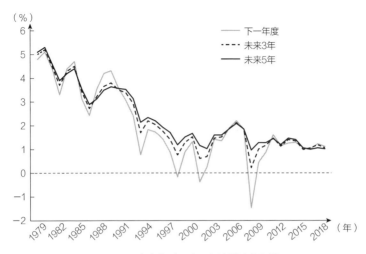

图4-3 日本企业对于实际经济增速的预期
资料来源：日本内阁府《企业行为相关的问卷调查》。

　　3种预测中波动最大的是对下一年度的经济展望。随着预测周期增长，波动会减少。在对下一年度进行预测时，企业会将近期发生的各种冲击事件产生的直接影响考虑在内。随着预测周期的加长，企业认为冲击事件对日本经济产生的影响会不断减弱，因此预期的波动也随之降低。此外，在对下一年度的展望中，如果经济增速预测下滑，下降速度会加快，特别是出现较大冲击事件时，这种现象更突出。在金融危机爆发的1998年、不良贷款率上升的2001年以及全球金融危机爆发之后的2008年，经济展望都是负数。

　　使用核密度估算方法，我们针对2001年以后，1年期、3年期、5年期的实际经济增长率的总体分布进行了估算[①]，使用的是埃帕内奇尼科夫内核函数，带宽为0.3。结果显示，无论预测周期的长短，2001—2007年，密度分布均向右移动，即分布平均值在上升。但2007—2016年，密度分布又再次左移，分布平均值均下降。即使在安

———————
① 核密度估计方法，是估计概率变量密度函数的非参数方法。

倍经济学时期，也无法说分布与之前相比再次向右移动了。

表4-3显示了日本制造业和非制造业，设备投资率的长期均衡值
与实际经济增速预期之间的相关系数。可以看出，与设备投资函数的
条件无关，在制造业和非制造业中，相关系数都随着预测周期的增长
上升。制造业中，设备投资率的长期均衡值与未来5年经济增速预期
之间的相关系数超过了0.7，在统计学上是有效的。

表4-3　日本设备投资率的长期均衡值和经济增速预期的相关系数

项目	完全竞争情况下设备投资率的长期均衡值	不完全竞争情况下设备投资率的长期均衡值	考虑企业群组差异情况下设备投资率的长期均衡值
制造业			
下一年度的经济增速预期	0.5795（0）	0.5843（0）	0.5493（0）
未来3年的经济增速预期	0.6232（0）	0.6281（0）	0.5975（0）
未来5年的经济增速预期	0.7905（0）	0.7913（0）	0.7711（0）
非制造业			
下一年度的经济增速预期	0.4865（0）	0.4676（0）	0.4079（0）
未来3年的经济增速预期	0.5274（0）	0.5054（0）	0.4492（0）
未来5年的经济增速预期	0.6614（0）	0.6458（0）	0.5983（0）

注：括号中是相关系数为零的原假设p值。
资料来源：作者根据公开资料整理。

非制造业中，均衡值稍低于制造业，但是设备投资率的长期均衡
值与未来5年经济增速预测之间的相关系数在0.5983（考虑到企业群
组差异时的设备投资率长期均衡值）至0.6614（完全竞争情况下的设
备投资率的长期均衡值）的范围内波动，从统计上来看是有效的。

　　图4-4、图4-5展示的是制造业和非制造业设备投资率的长期均衡值与未来5年的经济增速预测，可见两者的变动趋势密切相关[①]。

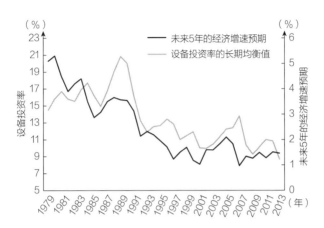

图4-4　日本制造业设备投资率的长期均衡值与未来5年的经济增速预测
资料来源：日本内阁府《企业行为相关的问卷调查》。

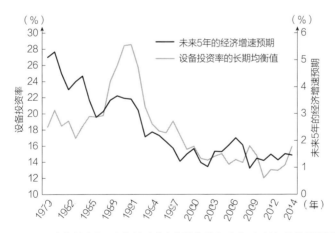

图4-5　日本非制造业设备投资率的长期均衡值与未来5年的经济增速预测
资料来源：日本内阁府《企业行为相关的问卷调查》。

[①]　设备投资率的长期均衡值是考虑到企业群组差异的估算值。

• 经济增速预期及长期均衡下的劳动需求行为

在上文中，根据设备投资函数的估算结果，计算出了边际q为1时的长期均衡下的设备投资率。为了实现长期均衡下的设备投资率，企业会努力调整自身的组织结构，以实现设备投资调整成本最小化。从这里开始，我们希望阐明设备投资行为之外、与长期均衡相对应的其他企业行为的特征。我们考察的对象企业行为包括劳动力需求、流动性需求以及负债需求。下面，我们将定量分析和探讨企业的长期预期与劳动力需求之间是否存在某种关系。

如第1章所示，20世纪90年代以来，非制造业的从业人数持续增加，制造业却出现了下降趋势。而且无论性别，非正式员工和工人的比例都在上升。考虑到劳动力市场出现的这种重大变化，接下来我们将分别从制造业和非制造业的角度，定量分析企业对正式聘用和非正式聘用的需求行为。

日本出现的非正式就业不断增加的现象备受关注。有关非正式聘用的综合性研究包括：从历史背景中提出非正式聘用问题的神林，对近代日本劳动力市场的特征进行理论和实证分析和讨论的北川等人。但是通过实证分析，研究非正式聘用需求增加原因的学者并不多。下面，笔者想介绍4个定量分析日本非正式聘用增加的研究。

森川正之使用日本经济产业省1994—2006年的《企业活动基本调查》的单张数据，探明了企业绩效的不稳定与非正式聘用率之间的关系。非正式聘用可分为兼职工、临时工、日工和派遣工。企业绩效的不稳定性，是根据上一年度销售增长率的标准偏差测算出的，需要分析其对各种聘用产生的影响。从结果看，业绩不稳定性升高时，临时工、日工以及派遣工的聘用比率会升高。而且，对制造业和非制造业分别进行分析后发现，制造业的企业业绩不稳定性的系数值更大。森川正之指出，出现这种现象是因为制造业面临的全球竞争压力更大。

在一项对20世纪80年代中期开始的20年间的非正式聘用的长期增

长趋势进行实证阐明的研究中，学者从非正式聘用的需求和供给层面入手，其中备受关注的是：在供给层面，主要变化是女性劳动力参与率的提高；在需求层面，主要关注的是产业结构的调整。为了验证这些变化究竟能够在多大程度上解释非正式聘用比率上升这一现象，进行了定量评估。结果显示，产业结构的变化和女性劳动力参与率的提高，仅能解释非正式聘用增长部分的四分之一，其余部分可以用同一产业内或同一劳动力群体内就业的非正式化进行解释。

此外，根据日本经济产业省1997—2006年《企业活动基本调查》的单张数据，对非正式聘用起到了缓冲需求冲击作用这一假说进行了验证。结果显示，对未来销售增长的预期提高了非正式聘用比率，但如果这一预期无法实现，非正式聘用比率就会下降。这一验证结果支持了非正式聘用可以缓冲需求冲击这一假说。

横山根据日本经济产业省《企业活动基本调查》中制造企业的面板数据，比较分析了在发生汇率波动这样的外部冲击时，对正式员工和非正式员工的聘用调整。当日元升值时，出口企业的销量会降低，受此影响，非正式员工的聘用就会立刻减少，但是正式员工聘用的减少会在一段时间之后才出现，这就是正式员工和非正式员工之间的就业调整不对称。

照山等人基于企业的单张数据，对非正式聘用比率的决定因素进行了最全面的研究。他们使用日本经济产业省《企业活动基本调查》2000—2014年的数据，对非正式聘用比率的决定因素进行了定量的分析和探讨。如果非正式聘用在劳动力调整中起到了缓冲作用的话，销售增长率的标准偏差越高，非正式聘用比率就应该上升。将兼职员工比率、派遣员工比率作为非正式聘用比率使用，在销售增长率标准偏差升高时，派遣员工比率上升，但兼职员工比率却出现了明显下降。

基于以上4项实证研究结果，我们测算了企业层面对非正式聘用和正式聘用的劳动力需求函数，分析了企业对宏观经济增速的长期预期与就业之间的关系。测算的聘用函数有以下特点。

在以往的研究中，一直将非正式聘用比率作为被解释变量，我们使用正式聘用人数和非正式聘用人数，估算各自的劳动力需求函数。比起使用非正式聘用比率这个单一指标，通过对决定正式聘用人数和非正式聘用人数水平的要素进行分析，可以获得更多有关企业就业结构的信息。此外，考虑到非正式聘用的作用可能会因行业不同存在差异，所以我们分别估算了制造业和非制造业的劳动力需求函数。

前期研究已经指出，正式聘用和非正式聘用在劳动调整成本方面存在差异，考虑到这一点，我们还测算了部分调整的劳动力需求函数。在解释变量上，除了设备投资函数中使用的变量外，还添加了实际工资率和实际产量。我们预计实际工资率会对劳动力需求产生负面影响，而实际产量会对劳动力需求产生积极影响。劳动力需求函数的公式如式（4-4）所示。

$$\log(L)_{J,t} = \beta_{0J} + \beta_{1J}\log(L)_{J,t-1} + \beta_{2J}\log(X)_t + \beta_{3J}\log(\frac{w}{p})_t +$$

$$\beta_{4J}[Mq_t - 1]\frac{p_t^I}{p_t} + \beta_{5J}\frac{CF_t}{A_{t-1}} + \beta_{6J}(DEBT)_{t-1} + \beta_{7J}(STDGRW)_t \quad (4-4)$$

$$+ \sum_{k=1975}^{2014}\gamma_{k-1974,J}DY_{kt} + v_i + u_{it}$$

式中，$L_{J,t}$表示J类型聘用水平（$J=R$表示正式聘用，$J=NR$表示非正式聘用），X_t表示t期实际产量，w_t表示t期名义工资率，DY_{kt}表示年度虚拟变量（$k=1975$，1976，……，2014）。

正式聘用人数是用期末员工数减去临时工、兼职员工和借调员工数。非正式聘用人数包括临时员工、兼职员工和借调员工等（包括未计入期末员工人数中的临时员工和兼职员工）。名义工资率的计算方法是用包含制造成本和销售管理费在内的合计人工成本除以期末员工的总工时。

与设备投资率的长期均衡值相似，式（4-4）中加入的年度虚拟变量系数估算值对应的是劳动需求（对数值）的长期均衡值。式（4-4）是完全竞争企业的劳动需求函数公式，我们也对不完全竞争企业的劳动需求函数，和4类企业群组不同，解释变量对劳动需求存在差异时的劳动需求函数进行了测算。

观察制造业、非制造业非正式聘用人数与期末员工人数比例变动（平均值），我们发现，1977年两个行业均为3.6%，之后出现了上升趋势，非制造业上升幅度高于制造业，2004年达到了23%。与此相对，制造业的占比在2008年上升至12%之后，维持了这一水平。

通过GMM系统，估算各行业的正式聘用需求函数、非正式聘用需求函数，估算时主要针对以下3种情况：完全竞争市场前提下计算出的边际q、不完全竞争市场前提下计算出的边际q、4类企业群组存在交叉项。先来看一下劳动需求函数的测算结果。下面，我们从正式聘用和非正式聘用对解释变量反应不同这一视角，对测算结果进行解释。但由于制造业和非制造业的反应模式有诸多不同，可以确定非正式聘用存在行业上的异质性。

比较聘用的调整速度。制造业方面，上一期的聘用水平系数估算值分别为正式聘用0.9288，非正式聘用0.8103（以完全竞争企业为例），说明非正式聘用的调整速度更快。但是，非制造业方面，上一期的聘用水平系数估算值分别为正式聘用0.9434，非正式聘用0.9495（以完全竞争企业为例），两者之间没有太大差距。对4类企业群组进行估算，发现"重组型企业群组"的正式聘用和非正式聘用的调整速度都很快。当发生负面事件冲击时，"重组型企业群组"会比其他群组更快地减少招聘。

销售增速不确定性增加时，非制造业的正式聘用和非正式聘用都会减少，但对非正式聘用的影响更大。与此相对，制造业方面，在销售增速不确定性增加时不会对非正式聘用产生影响，却会增加正式聘用。不确定性对就业的影响，因产业和就业形态存在明显差异。前期研究已经指出，不确定性对就业的影响会因聘用形态存在差异。森川正之的研究报告指出，销售增长率的波动对非正式聘用有积极影响，对派遣员工的影响最大，对兼职员工的影响最小。此外，浅野认为，销售增长率的波动对非正式聘用比率没有明显影响。照山认为，销售增长率的波动对派遣员工比率有明显的正面影响，但对兼职员工比率有明显负面影响。

与行业无关，聘用对实际工资水平的反应在非正式聘用方面更大。聘用对实际工资率的弹性分别为：制造业正式就业–0.0893，非正式就业–0.3136；非制造业正式就业–0.0497，非正式就业–0.1074（以完全竞争企业为例）。可见，对于工资的变动，也是非正式聘用的调整幅度更大。

聘用对产量的反应，是制造业的非正式聘用更大。聘用对产量的弹性分别为：制造业正式聘用0.0811，非正式聘用0.1806（以完全竞争企业为例），这一结果与桥本和森川正之的研究是一致的。但是，在非制造行业方面，弹性大小却发生了逆转，正式聘用为0.0731，非正式聘用为0.0159（以完全竞争企业为例）。

对边际q的系数值，用劳动力和资本之间的替代、互补关系表示。系数值为正，边际q上升、对资本需求增加时，聘用也会同时增加，这就意味着劳动力和资本之间是互补的。反之，如果为负就意味着劳动力与资本之间是替代关系。制造业方面，正式聘用和非正式聘用都是明显的正系数估算值，表明劳动力和资本之间有互补关系。非制造业方面，仅正式聘用是明显的正系数估算值，表明正式聘用和资本之间是互补关系。

无论哪种行业，负债率对正式聘用都产生了明显的负面影响。负债率越高的企业越会倾向于减少正式聘用。此外，制造业中，负债率对非正式聘用也有显著的负面影响。

对数化的正式聘用和非正式聘用的长期均衡值，用式（4-4）加上年度虚拟变量系数估算值表示。来看一下长期均衡下正式聘用和非正式聘用水平与经济增速预期之间的关系。表4-4、表4-5分别计算了制造业和非制造业，长期均衡下正式聘用和非正式聘用与实际经济增速预期之间的相关系数。正式聘用与实际经济增速预期间的相关系数与行业无关，随着预测周期变长而上升。

制造业中，正式聘用的长期均衡值与未来5年经济增速预测之间的相关系数分别为：完全竞争市场情况下0.8518；系数估算值因企业群组不同存在差异情况下0.6371，在统计学上都是有效的。但是在非制造业中，正式聘用的长期均衡值与未来5年经济增速预测之间的相关系数分别为：完全竞争市场情况下0.8036，是明显的正数值；系数估算值因企业群组不同存在差异情况下，相关系数降至0.234，失去了意义。

表4-4　正式聘用（对数值）长期均衡值与经济增速预期之间的相关系数

项目	完全竞争情况下设备投资率的长期均衡值	考虑企业群组差异情况下设备投资率的长期均衡值
制造业		
下一年度的经济增速预期	0.6883（0）	0.3558（0.02）
未来3年的经济增速预期	0.7648（0）	0.3928（0.01）
未来5年的经济增速预期	0.8518（0）	0.6371（0）
非制造业		
下一年度的经济增速预期	0.6817（0）	−0.1063（0.51）
未来3年的经济增速预期	0.744（0）	−0.0797（0.62）
未来5年的经济增速预期	0.8036（0）	0.234（0.17）

注：括号内是相关系数为0时的原假设p值。
资料来源：作者根据公开资料整理。

接着来看一下非正式聘用的长期均衡值与未来5年经济增速预测之间的相关系数。无论行业类型，非正式聘用与实际经济增速预期之间的相关系数均为负值，且预测周期越长，相关系数的绝对值越大。在制造业中，非正式聘用的长期均衡值与未来5年经济增速预测之间的相关系数分别为：完全竞争市场情况下–0.6433；系数估算值因企业群组不同存在差异的情况下–0.5783，在统计学上都是有意义的。如果经济增长长期前景恶化，非正式聘用往往会增加。在非制造业中，非正式聘用的长期均衡值与未来5年经济增速预测之间的相关系数分别为：系数估算值因企业群组不同存在差异的情况下–0.611，是有意义的负值；完全竞争市场情况下–0.275，在有效性水平为10%时意义不大。

表4-5　非正式聘用（对数值）长期均衡值与经济增速预期之间的相关系数

项目	完全竞争情况下设备投资率的长期均衡值	考虑企业群组差异情况下设备投资率的长期均衡值
制造业		
下一年度的经济增速预期	–0.5191（0）	–0.4758（0）
未来3年的经济增速预期	–0.6324（0）	–0.5821（0）
未来5年的经济增速预期	–0.6433（0）	–0.5783（0）
非制造业		
下一年度的经济增速预期	–0.1654（0.33）	–0.5391（0）
未来3年的经济增速预期	–0.2231（0.18）	–0.5789（0）
未来5年的经济增速预期	–0.275（0.1）	–0.611（0）

注：括号内是相关系数为0时的原假设p值。
资料来源：作者根据公开资料整理。

从上述结果可以发现，如果经济增长长期前景恶化，无论哪个行业，正式聘用都会减少，非正式聘用都会增加。企业对经济增速的长期预期是影响劳动需求的一个因素，浅野和照山等人的研究指出，劳动供给因素会对非正式聘用产生影响。根据他们的建议，笔者想要通过回归分析的方法，评估劳动力需求因素和供给因素对正式聘用和非正式聘用长期均衡值的相对重要性。作为劳动力供给因素变量的是，前期研究中使用的25岁以上60岁以下女性劳动力的参与率，被解释变量是正式聘用、非正式聘用（对数值）的长期均衡值；解释变量包括作为劳动需求因素的经济增速预期，以及作为劳动供给因素的女性劳动力参与率。表4-6和表4-7分别显示了将正式聘用和非正式聘用作为被解释变量时的回归分析结果。

表4-6　正式聘用（对数值）长期均衡值的决定因素

解释变量	被解释变量					
	完全竞争条件下的正式聘用的长期均衡值			考虑企业群组差异情况下的正式聘用的长期均衡值		
制造业						
下一年度的经济增速预期	0.0039（1.62）	—	—	0.0031（1.28）	—	—
未来3年的经济增速预期	—	0.0091**（2.59）	—	—	0.0072*（1.97）	—
未来5年的经济增速预期	—	—	0.0169***（4.62）	—	—	0.0144***（3.67）
女性劳动力的参与率	−0.0019**（2.48）	−0.0006（0.56）	0.0002（0.18）	−0.0001（−0.09）	0.001（−0.93）	0.0015（−1.51）
常数项	−0.7389***（−13.75）	−0.8391***（−11.58）	−0.9052***（−12.94）	−0.3182***（−5.81）	−0.3962***（−5.26）	−0.4495***（−6.01）
决定系数	0.5231	0.5666	0.7092	0.0808	0.1297	0.4106
样本数	41	41	36	41	41	0.4106

续表

解释变量	被解释变量					
	完全竞争条件下的 正式聘用的长期均衡值			考虑企业群组差异情况下的 正式聘用的长期均衡值		
非制造业						
下一年度的 经济增速预期	0.007** （2.59）	—		0.0014 （0.63）	—	
未来3年的 经济增速预期	—	0.015*** （4.16）		—	0.0049 （1.54）	
未来5年的 经济增速预期	—		0.025*** （6.96）	—		0.0119*** （3.7）
女性劳动力的 参与率	−0.0007 （−0.8）	0.0014 （1.37）	0.0031*** （3.23）	0.0009 （1.22）	0.0018* （1.93）	0.0029*** （3.34）
常数项	−0.6105*** （−10.15）	−0.7683*** （−10.2）	−0.8996*** （−12.95）	−0.2272*** （−4.65）	−0.2961*** （−4.46）	−0.3824*** （−6.13）
决定系数	0.4458	0.552	0.7145	−0.0017	0.0475	0.251
样本数	41	41	36	41	41	0.4106

注：1. 括号内是*t*值。表中省略了年度虚拟变量的系数估算值。

2. *、**、***分别表示有效性水平为10%、5%、1%。

资料来源：作者根据公开资料整理。

　　一方面，正式聘用作为被解释变量的回归分析中，无论哪种行业，经济增速预期周期越长，决定系数越高，这与相关系数的结果相同。使用未来5年经济增速预期时，在所有情况下，经济增速预期都对正式聘用的长期均衡水平产生了明显的积极影响。制造业中，女性劳动力参与率的系数估算值无意义，但非制造业中，女性劳动力的参与率对长期均衡下的正式聘用产生了明显的积极影响。这样一来可知，无论何种行业，劳动力需求因素都对长期均衡下的正式聘用产生重要影响，而劳动力供给因素只对非制造业产生影响。

表4-7　非正式聘用（对数值）长期均衡值的决定因素

解释变量	被解释变量					
	完全竞争条件下的 正式聘用的长期均衡值			考虑企业群组差异情况下的 正式聘用的长期均衡值		
制造业						
下一年度的 经济增速预期	0.0131 （1.6）	—	—	0.0071 （1.06）	—	—
未来3年的 经济增速预期	—	0.0121 （0.99）	—	—	0.0048 （0.49）	—
未来5年的 经济增速预期	—	—	0.0102 （0.66）	—	—	0.0034 （0.28）
女性劳动力的 参与率	0.0173*** （6.13）	0.0169*** （4.72）	0.0159*** （3.94）	0.0105*** （4.53）	0.0098*** （3.38）	0.009*** （2.78）
常数项	−4.0599*** （−20.71）	−4.0302*** （−15.77）	−3.9663*** （−13.45）	−1.8718*** （−11.7）	−1.824*** （−8.83）	−0.1769*** （−7.51）
决定系数	0.6326	0.6161	0.5772	0.4893	0.4761	0.4279
样本数	37	37	36	37	37	36
非制造业						
下一年度的 经济增速预期	0.0041 （0.7）	—	—	−0.008 （−1.45）	—	—
未来3年的 经济增速预期	—	0.0036 （0.43）	—	—	−0.0139* （−1.81）	—
未来5年的 经济增速预期	—	—	0.0008 （0.07）	—	—	−0.0211** （−2.22）
女性劳动力的 参与率	0.0033 （1.67）	0.0031 （1.28）	0.0026 （0.94）	0.0021 （1.1）	0.0006 （0.28）	−0.0005 （−0.2）
常数项	−0.8048*** （−5.88）	−0.7929*** （−4.55）	−0.7564*** （−3.71）	−0.3309** （−2.55）	−0.2237 （−1.38）	−0.1308 （−0.71）
决定系数	0.0485	0.04	0.0454	0.2748	0.2977	0.3361
样本数	37	37	36	37	37	36

注：1. 括号内是t值。表中省略了年度虚拟变量的系数估算值。

　　2. *、**、***分别表示有效性水平为10%、5%、1%。

资料来源：作者根据公开资料整理。

另一方面，长期均衡下的非正式聘用的回归分析结果却呈现出不同的特征。制造业中，与回归分析的限定条件无关，女性劳动力的参与率都对非正式聘用的长期均衡值产生了明显的积极影响。另外非制造业方面，解释变量在多数情况下意义不大；4类企业群组取不同系数值时，未来5年的经济增速预期对非正式聘用的长期均衡值产生了明显的负面影响。

根据以上的结果得知，无论哪种行业类型，长期均衡下的正式聘用都会受到劳动力需求因素的影响。与劳动力需求因素相比，供给因素的影响十分有限，仅对非制造业中正式聘用的长期均衡值以及制造业中非正式聘用的长期均衡值产生明显影响。

• **经济增速预期及长期均衡下的流动性需求**

近年来，西方国家企业行为最主要的特点是设备投资不振、企业储蓄过多。布鲁夫曼等人根据1997—2011年德国、法国、意大利、英国和日本上市制造企业的数据，将企业储蓄中超过设备投资的部分称为过度储蓄，并分析了其特征。结果显示，这一时期资本形成正在下降，过度储蓄却不断增加。2015年，格鲁伯和卡明也关注了全球金融危机后企业过度储蓄快速增长的问题，并基于资金流转账户数据探明其发生原因。他们认为，过度储蓄的激增是对与全球金融危机相伴的宏观经济形势动荡的内生反应。

在日本，自"失去的十年"以来，相比投资，企业更倾向于增加储蓄，储蓄投资差额持续为正。储蓄的增加主要是以企业持有的现金存款增加实现的。下面，我们将分析企业持有现金存款的行为，并通过定量探讨，验证长期均衡下的流动性需求和企业长期预测之间是否存在某种关系。

崛等人使用根据日本上市公司财务报表构建的面板数据，对1980年至2000年前期，企业持有现金存款行为的变化情况进行了分析。直到20世纪90年代，持续保持高增长的企业一直都持有现金存款；20世纪90年代中期，以制造业为中心，银行贷款和企业间信贷等融资方式与持有现金存款之间出现了很强的替代关系，然而到了20世纪90年代后半期，这种替代关系又减弱了。

佐佐木寿记对企业持有流动性资产的动机、目的进行问卷调查后发现，预防性动机是持有盈余资金最重要的动机。富永健司对2008年以后，日本企业持有现金存款比率上升的原因进行了调查，发现2008年以后，受经济衰退导致需求下降的影响，企业的运营资金率有所下降，因此为了确保资金安全，企业提高了现金存款的持有比率。此外，福田慎一使用1996—2015年《企业法人统计年报》行业数据，指出容易遭受借贷限制影响的中型企业、中小企业，主要从预防性动机出发增加持有的现金存款。

平科维茨、威廉姆森和笔者从企业和银行业务关系的角度，对企业持有现金存款的行为进行了分析。平科维茨和威廉姆森的实证分析表明，各大银行往往会让企业增持现金存款。笔者使用日本帝国数据银行的企业单张数据，分析了21世纪企业持有现金存款的行为。分析表明，与大银行开展合作的企业，因预防性动机持有的现金存款会较少，当发生对企业有冲击的事件时，大银行起到了缓冲器的作用，减轻了冲击的影响，而且会最大限度地减少对遭遇冲击的企业顾客的现金存款的调整。

细野熏等人使用1994—2016年的大规模面板数据，实证探讨了日本企业的现金持有行为。我们发现，自21世纪头十年的后期开始，日本企业平均的现金持有比率上升，而且波动性也在扩大。其原因是在企业业绩和金融环境良好的背景下，仍旧观察到有基于预防性动机的现金持有行为，这反映了每个企业的不同动机。

韩和仙贺也使用日本上市公司的数据，分析了企业的现金持有行为。他们发现，现金占总资产的比率在2000年以后明显上升。此外，

2000年以后，销售额变动率的波动性也有所增加，从理论和实践表明，销售额的变动率与现金比率之间存在正相关关系。

参考以上前期研究，我们使用企业的面板数据测算了现金存款需求函数。贝茨等人将企业持有现金存款的动机分为4类，包括交易动机、预防性动机、代理动机和税收动机。我们以前3种动机为基础选择了解释变量。现金存款的交易动机是以凯恩斯的研究为起点，之后鲍莫尔、托宾、米勒和奥尔对现金存款的交易动机进行了细化。作为代表交易动机的变量，选取的是边际q和运营资本比率。运营资本比率是指，用流动资产（不含现金存款）减去流动负债得到运营资本的变化量，再除以上一期的期末总资产。运营资本比率是一种流动性很强的资产，被视为现金存款的替代资产。因此，我们预估运营资本比率的系数估算值应该为负数。边际q不仅是经常性经济活动的指标，也是未来经济活动的指标。

出于预防性动机，企业会将其现金流量的一部分作为持有的现金存款。因此，现金存款的预防性动机大小，可以根据现金流除以上一期期末总资产得到的现金资产比率的系数估算值进行测算。阿尔梅达等人从理论和实证中证明，遭受资金制约的企业，从现金流中进行边际储蓄的倾向较高。此外，韩和邱对阿尔梅达等人的研究进行了拓展，发现遭受资金制约的企业，如果现金流出现波动性上升，会倾向于增加持有的现金存款。这里将实际销售额增长率的标准偏差作为波动性指标使用。

詹森和麦克林的研究指出了基于代理动机持有现金存款的重要性。众所周知，当股东等企业的利益相关者（利害关系人）无法监督作为代理人的经营者的行为，无法评估和判断其行为产生的后果时，就会产生代理成本。麦克林认为，存在代理成本时，不受外界纪律约束的企业经营者会为了提高自身的利润增持现金存款。

本书重点关注的是与企业负债率高低相关的现金存款持有。企业的债务超过一定水平后，其违约的概率会升高，筹集外部资金的成本也会随之上升。为了避免出现这种情况，负债累累的企业会使用持有的现金存款偿还债务。因此，负债率会对企业持有现金存款产生负面影响。

考虑到上述因素，推算的现金存款的需求函数如式（4-5）所示。

$$\frac{\Delta CASH_t}{A_{t-1}} = \beta_0 + \beta_1[Mq_t - 1]\frac{p_t^I}{p_t} + \beta_2\frac{CF_t}{A_{t-1}} + \beta_3(DEBT)_{t-1}$$
$$+ \beta_4(STDGRW)_t + \sum_{k=1975}^{2014}\gamma_{k-1974}DY_{kt} + v_i + u_{it} \qquad (4-5)$$

式中，$CASH_t$ 表示持有的现金存款余额。

与设备投资的长期均衡值相同，式（4-5）中加入的年度虚拟变量的系数估算值对应的是现金存款资产比率的长期均衡值。式（4-5）对应的是完全竞争企业的现金存款需求函数公式，我们也推算了不完全竞争企业的现金存款需求函数，以及分为4类企业群组、解释变量因企业群组不同对现金存款的需求会出现差异时的现金存款需求函数。

先来看一下制造业、非制造业现金存款需求函数的推算结果。我们分别测算了以下3种情况下的现金存款需求函数：①完全竞争市场前提下计算出的边际q；②不完全竞争市场前提下计算出的边际q；③4类企业群组存在交叉项时[①]。与行业类别以及现金存款需求函数的公式无关，边际q的系数估算值均为明显的正数值，表明了现金存款交易性动机的重要性。此外，运营资本资产比率也与行业类别以及现金存款需求函数的公式无关，均为明显的负数值，表明现金存款可以作为运营资本替代资产的属性。

① 在不完全竞争市场前提下计算出边际q的情况下，现金存款函数的测算结果与完全竞争市场前提下的测算结果相似。

不划分企业群组进行测算时，负债率不会对现金存款的持有产生影响，但分为4类企业群组时，负债率对现金存款的持有产生了不同的影响。"衰退型企业群组"和"重组型企业群组"都是明显的负系数估算值，表明负债率较高的企业，通过减少持有的现金存款压缩自身的超额负债。现金资产比率对现金存款的持有的影响，与行业类别、限定条件无关，均为明显的积极影响。现金流中边际储蓄倾向的估算值在0.11到0.16之间波动。大多数情况下，不确定性对现金存款持有的影响是不显著的，但是在制造业的"衰退型企业群组"和"重组型企业群组"中得到了明显的负系数估算值，表明不确定性的增加会导致现金存款的减少。

现金存款占总资产变动比率的长期均衡值，可以用式（4-5）添加的年度虚拟变量的系数估算值表示。来看一下这一长期均衡值与企业的经济增速预测之间的关系。表4-8分别计算了制造业和非制造业，长期均衡状态下的现金存款占总资产的变动比率与经济增速预期之间的相关系数。在前文的分析中我们得知，设备投资、正式聘用与经济增速预期之间的相关系数与行业无关，会随着预测周期的增长而上升，但现金存款比率与经济增速预期之间的相关系数却表现出了不同的模式。

表4-8　现金存款占总资产比率的长期均衡值与经济增速预期之间的相关系数

项目	完全竞争情况下设备投资率的长期均衡值	考虑企业群组差异情况下设备投资率的长期均衡值
制造业		
下一年度的经济增速预期	0.3924（0.01）	0.3331（0.03）
未来3年的经济增速预期	0.482（0）	0.4303（0.01）
未来5年的经济增速预期	0.3571（0.03）	0.2944（0.08）

续表

项目	完全竞争情况下设备投资率的长期均衡值	考虑企业群组差异情况下设备投资率的长期均衡值
非制造业		
下一年度的经济增速预期	0.4124（0.01）	0.3311（0.03）
未来3年的经济增速预期	0.4021（0.01）	0.3165（0.04）
未来5年的经济增速预期	0.3314（0.05）	0.2495（0.14）

注：括号内是相关系数为0时的原假设 p 值。
资料来源：作者根据公开资料整理。

制造业方面，现金存款比率与经济增速预期之间的相关系数中，最大的是对未来3年的经济增速预期。此外，非制造业中，现金存款比率与经济增速预期之间的相关系数中，最大的是对下一年度的经济增速预期。在每种情况下，相关系数都在0.33到0.48之间波动，得到的并不是一个非常高的系数。另外，在系数估算值因企业群组不同的情况下，其现金存款比率的长期均衡值和未来5年的经济增速预期之间的相关系数与行业无关，在5%左右意义不大。

现金存款是流动性极强的资产，企业会根据经济形势的变化调整现金存款占总资产的比率。因此，即使说现金存款比率的长期均衡值，其实企业在设定目标比率时，主要考虑的是下一年度或者最多未来3年的情况，而不是对未来5年这样一个长时间跨度的设定目标。

- **经济增速预期及长期均衡下的财务结构**

本部分中，我们会阐明长期均衡状态下的企业财务结构，并在此基础上通过定量分析，明确长期均衡状态下的企业财务结构是否与企业的长期预期之间存在某种关系。笔者重点关注的是企业财务结构中的负债率。

正如我们在绪论和第1章中看到的，20世纪90年代后半期的金融危机以后，日本企业的财务结构出现了很大的改善。特别是规模较小的中型企业、中小企业和非制造业，对银行贷款的依赖度下降，自身的资本充足率也明显上升。但令人吃惊的是，对日本企业负债出现减少趋势这一背景进行定量分析的研究却非常少。例如，祝迫得夫使用日本财务省《企业法人统计年报》的数据，分析了不同行业的负债率下降的特征。报告显示，制造业负债率是从20世纪70年代开始出现的长期下降趋势，与此不同，非制造业压缩负债是从20世纪90年代末金融危机后才开始加速的。

西冈慎一、马场直彦使用企业的微观数据，对超额债务进行了实证研究。他们利用20世纪90年代初期以来的上市公司的面板数据，从日本企业压缩负债行动的进展角度，分析了日本企业的负债率。他们发现，企业的最优负债率调整速度存在明显差异，这反映出治理结构的差异。从评级来看，级别较高的企业对最优负债率进行了合理的调整；而评价一般或较低的企业，超额负债率在20世纪90年代末期大幅增加，之后到21世纪初期一直持续持平状态。此外，屿谷毅等人通过衡量融资行为的多项式逻辑模型发现，超额负债率越高的企业越会通过降低新增借款压缩负债。

我们将通过推算负债函数，阐明长期均衡下的负债结构。负债函数的条件如下：被解释变量是债务增量除以总资产的比率（债务增量资产比率）；解释变量是推导设备投资函数过程中使用的变量[1]。负债函数的公式如式（4-6）所示。

$$\frac{NDEBT_t}{A_{t-1}} = \beta_0 + \beta_1 [Mq_t - 1] \frac{p_t^I}{p_t} + \beta_2 \frac{CF_t}{K_{t-1}} + \beta_3 (DEBT)_{t-1}$$
$$+ \beta_4 (STDGRW)_t + \sum_{k=1975}^{2014} \gamma_{k-1974} DY_{kt} + v_i + u_{it} \quad (4\text{-}6)$$

---

[1] 设备投资函数中使用的是现金资本存量比率，在这里替换为现金流除以上一期期末总资产余额后，得到的现金资产比率。

式中，$NDEBT_i$表示债务增量。

可以认为，边际q上升、设备投资收益率升高的话，对融资的需求就会增加，债券发行量也会增加。普遍认为，内部资金和负债之间具有可替代性，所以现金流增加，债券发行量就会减少。此外，负债率越高越需要对负债余额的存量进行调整，企业就会减少负债。最后，不确定性越高，企业进行生产经营活动就会越谨慎，也会抑制对负债的增加。

式（4-6）中添加的年度虚拟变量的系数估算值对应的是债务增量资产比率的长期均衡值。式（4-6）对应的是完全竞争企业的负债函数公式，对不完全竞争企业对应的负债函数，以及分为4类企业群组而且解释变量对债务增量资产比率会因企业群组不同而存在差异情况下的负债函数也进行了测算。负债函数是按照制造业和非制造业，分别进行测算的[①]。

先来总结一下测算结果。边际q对债务增量的影响与行业无关，都是明显的正系数值，这与理论是一致的。如果预测企业未来活动更加活跃，债券发行量就会增加。此外，"重组型企业群组"方面，边际q对债务增量的影响明显减弱，可见即使设备投资收益率升高，"重组型企业群组"在增加负债方面也持谨慎态度[②]。

负债率对负债增量的影响与行业无关，均为明显的负面影响。此外，对于"衰退型企业群组"和"重组型企业群组"的交叉项，也为明显的负数，负债率越高的企业越会抑制自身的负债[③]。关于现金资

---

① 在不完全竞争市场前提下计算出边际q的情况下，现金存款函数的测算结果与完全竞争市场前提下的测算结果相似。

② 将抽样周期分为6个区间，规定所有企业群组的系数估算值都是相同的，在这种情况下测算每个区间的负债函数。结果显示，边际q的系数估算值在逐年下降。债券发行对收益率的反应与设备投资相同，在不断下降。

③ 规定所有企业群组的系数估算值都是相同的，在6个区间分别测算负债函数的情况下，负债率的系数估算值在每个区间都是明显的负数。2008年以后，系数估算值的绝对值大幅上升，高负债率企业在全球金融危机之后开始推进财务层面的重组，即压缩债务。

产比率对负债增量的影响，无论行业类型，都是明显的负系数估算值，表明了内部资金和负债之间的可替代性。在完全竞争企业条件下，现金流增加1亿日元，制造业的负债会减少4033万日元，非制造业的负债会减少4576万日元。关于不确定性的效果，只有"重组型企业群组"得到了明显的负系数估算值，由此可知，比起对"成长型企业群组"的影响，不确定性的增加更限制了"重组型企业群组"的债券发行。

最后来看一下长期均衡下负债增量资产比率与经济增速预期之间的关系。表4-9显示了日本制造业和非制造业在长期均衡状态下的负债增量资产比率与经济增速预期之间的相关系数。大多数情况下，制造业和非制造业的相关系数都会随着预测周期的增长而上升。制造业（非制造业）中，负债增量资产比率的长期均衡值与未来5年经济增速预期之间的相关系数超过了0.89（0.85），是有统计意义的。较高的正相关系数，意味着随着经济增速预期的上升（下降），长期均衡状态下，与资产相比负债增加（减少）的趋势更强。

表4-9 负债增量资产比率的长期均衡值与经济增速预期之间的相关系数

项目	完全竞争情况下设备投资率的长期均衡值	考虑企业群组差异情况下设备投资率的长期均衡值
制造业		
下一年度的经济增速预期	0.9045（0）	0.8774（0）
未来3年的经济增速预期	0.8977（0）	0.8813（0）
未来5年的经济增速预期	0.8991（0）	0.8965（0）

续表

项目	完全竞争情况下 设备投资率的长期均衡值	考虑企业群组差异情况下 设备投资率的长期均衡值
非制造业		
下一年度的经济 增速预期	0.8519（0）	0.8288（0）
未来3年的经济 增速预期	0.8811（0）	0.862（0）
未来5年的经济 增速预期	0.8816（0）	0.859（0）

注：括号内是相关系数为0时的原假设p值。
资料来源：作者根据公开资料整理。

图4-6、图4-7显示的是制造业和非制造业中，负债函数的系数值因企业群组而不同的情况下，负债增量资产比率的长期均衡值与未来5年经济增速预期的变动趋势。无论行业类别，负债增量资产比率的长期均衡值在20世纪80年代后期上升，非制造业的上升幅度更大。

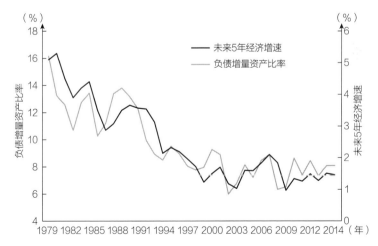

图4-6　日本制造业负债增量资产比率的长期均衡值与未来5年经济增速预期
资料来源：日本内阁府《企业行为相关的问卷调查》。

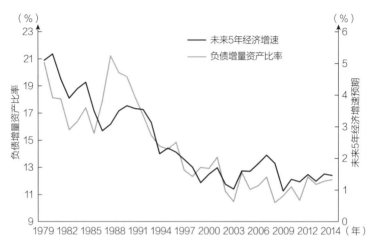

图4-7　日本非制造业负债增量资产比率的长期均衡值与未来5年经济增速预期
资料来源：日本内阁府《企业行为相关的问卷调查》。

制造业在1988年达到了峰值14%，非制造业的峰值（1987年）超过了20%。

20世纪80年代后期，日本经济在资产泡沫的影响下，房地产业和建筑业等与土地相关的非制造业收益率升高，被认为是负债相对资产大幅增加的原因。之后，所有行业都出现了稳步下降，2000年以后呈持平的状态。21世纪以后，制造业水平在6%至8%之间波动，非制造业在11%左右，非制造业的比率略高。

• **本章小结**

本章我们求出了系列设备投资率的长期均衡值并阐明了其特征，发现设备投资率的长期均衡值自20世纪90年代初期，泡沫经济破灭后一直下降，2000年以后持续处于持平状态。此外，我们还发现，设备投资率的长期均衡值与企业对日本经济的长期预测之间有紧密联系。而且，企业对经济前景的长期预测会受到正式聘用、负债增量资产比率的长期均衡值的影响。

正如我们已经看到的，日本内阁府《企业行为相关的问卷调查》中，企业对日本经济增速的长期预期到20世纪90年代持续走低，21世纪以来维持平稳状态，完全没有改善的迹象。也就是说，安倍经济学的实施，并没有使企业对日本经济前景的长期预期由悲观转为乐观，整个社会还是笼罩在"闭塞"感中。企业对经济前景的悲观长期预期，不仅导致了设备投资的减少，而且还与正式聘用的减少密切相关，同时也抑制了债券的发行。

在20世纪90年代"失去的十年"和2008—2010年全球金融危机等巨大的经济冲击下，企业下调了对日本经济前景的长期预期。在这种状况下，企业通过降低对负债的依赖、增加现金存款确保流动性等方式，构建了一个能够抵御外部金融冲击的公司体系。这种保守的企业行为，通过降低成本为提高企业利润做出了一定的贡献，却导致了设备投资的减少，是以低增长为代价的。

上述讨论的意义在于，从长远来看，为了增加设备投资，改善企业对经济前景的长期预期是非常必要的。那么为了改善企业的长期预期，我们需要采取什么样的方案呢？为了找到这样的解决方案，我们首先需要通过实证分析阐明，究竟哪些因素对企业的长期预测起到了决定性作用，这就是下一章的课题。

第5章
日本企业的经济预测决策

在上一章中，我们阐明了长期均衡下企业的设备投资、正式聘用的需求以及负债结构，与企业的长期经济预测之间有密切的联系。现状是21世纪以后，企业对经济前景的预测并未出现好转的迹象。为了改善企业对经济前景的预测，需要采取什么样的措施呢？要回答这个问题，就必须弄清楚企业经济增速预测的形成机制。本章将通过定量分析的方法，阐明企业经济增速预期的形成究竟是由哪些因素决定的。

决定经济预测的因素，大致可以分为需求因素和供给因素。需求因素包括从支出方面构成国内生产总值的消费、投资、出口项目；供给因素主要是资本存量、劳动力、生产力等生产要素。那么企业在对经济前景进行预测时，究竟更关注的是需求因素还是供给因素呢？本章的目的就是希望通过定量的回归分析，回答这个问题。

本章中使用的统计数据，是第4章中也使用过的日本内阁府《企业行为相关的问卷调查》。日本内阁府每年1月会对在东京、名古屋证券交易所第一部、第二部上市的所有企业进行调查①。调查内容包括企业对未来经济形势和行业需求动向的展望。其中，笔者重点关注的是对日本下一年度、未来3年、未来5年实际经济增长率（国内生产总值增长率）的展望。下面，我们以行业为基本单位，使用合并了2001—2018年数据的面板数据，对企业在预测实际国内生产总值增速时重视的主要因素进行定量研究。

---

① 从2016年开始，日本民营企业中，注册资本额在1亿日元以上10亿日元以下的中型企业、中小企业也纳入了调查对象的范围，但这里只使用了可进行分析的上市公司的长期数据。

先来看一下笔者得到的成果。在定量分析时,将决定国内生产总值增速预测的主要因素分为需求因素(消费增长率、民间设备投资增长率、民间住宅投资增长率、出口增长率)和供给因素(资本存量增长率、劳动增长率、全要素生产率增长率)。结果显示,需求因素方面,过去到现在的消费增长率对预测长期国内生产总值增速影响最大;供给因素方面,同时考虑资本存量增长率、劳动增长率、全要素生产率增长率时,解释效果更好。

但是,通过比较需求因素和供给因素的解释效果,我们发现,在预测国内生产总值增长率时,需求因素更重要。而且除了宏观因素,对各行业的需求前景预测同样对国内生产总值增速预测有显著的影响。

阐明企业在预测未来经济前景时,需求因素和供应因素的相对重要性,对于制定旨在复兴日本经济的政策有重要意义。例如,以安倍经济学时期的第3支箭为例。第3支箭是促进增长战略,是一项旨在提高日本经济潜在增长率、从供给侧实现经济复苏的措施。但是,这一政策的成败,很大程度上取决于影响企业进行经济预测的因素。也就是说,如果企业对经济前景进行预测时,重视供给因素的话,第3支箭的推进会对企业预测经济前景产生积极的、正面的影响,从而提高政策的有效性。但是,如果企业在对经济前景进行预测时重视需求因素,那么无论如何实行第3支箭的推动政策,都无助于企业形成良好的经济预期。在评估政策的长期有效性时,对企业的经济前景预测产生决定影响的因素为其提供了重要的信息。

• 企业预期的形成

近年来,企业预期的形成与宏观经济表现之间的关系备受关注。例如,戴维等人发现,当企业基于不完整信息形成某种预期,做出生产要素投入决策时,会降低资源配置的效率,导致经济整体生产力和生产效率的下降。如果企业所有的信息量存在差异，那么基于这些信息形成的预期自然会有所不同。下面我们会从"预期的异质性"这一视角，概括截至目前有关企业预期形成的实证研究。

正如我们在第4章看到的，企业对经济前景增速预期会对设备投资行为产生影响。本书关注的是，企业对国内生产总值增长率、通货膨胀率等整体经济变量形成的宏观预期，会对企业的微观行为产生怎样的影响。

迄今为止的众多研究，都是在企业问卷调查的基础上分析企业预期的形成特征。作为德国Ifo经济研究所景气状况调查的一个环节，巴赫曼和埃尔斯特纳以德国的制造企业为对象，根据企业对上一季度生产增长率的预测与实际增长率，求出企业的预测误差并分析其特征。结果显示，在所有样本企业中，有6%~34%的企业都形成了系统性的过高或过低预期。此外，他们还计算了因这类预测偏差导致的生产要素配置效率低下所造成的经济福利损失。

马赛诺和佩蒂尼基也使用相同的数据，分析了企业预期的形成特征，并发现了一些有趣的结果。第1个特征，企业在业务改善后往往会变得过于乐观，其结果与外推偏差是一致的。第2个特征，企业在达到经济顶峰（低谷）时，会变得更加乐观（悲观），无法对经济形势的逆转形成准确的预测。第3个特征，创业越早的大型企业，外推偏差越小。第4个特征，如果企业预测自身业务会改善，则往往会对产品价格上涨形成预期，因而会把重点放在对需求冲击的预测上，而不是供给冲击。从这些结果可以得知，企业在预测经济活动变化方面的能力是有限的，会形成过度依赖经验的外推预期。

科尔比翁等人基于对新西兰企业的问卷调查，分析了宏观经济预期的形成特征。研究发现，企业对宏观经济状况（尤其是通货膨胀率）的预期有很大差异，差异性大小取决于企业如何收集、处理信息，以及激励措施的大小。此外，在获得与经济状况相关的新信息时，企业首先会将新信息与之前的观念、预期进行对接、更新，即贝叶斯信息更新，之后才会基于已经更新的预期采取行动。

布鲁姆等人基于美国的人口普查数据发现，生产力和管理水平越高的企业，预测的精准度越高。

在日本，也有很多有关企业期待形成的实证研究。海发和白木基于日本内阁府《企业行为相关的问卷调查》个别数据，对企业通货膨胀预期的形成进行了分析。他们发现，企业之间通货膨胀预期的形成存在异质性，通货膨胀预期对货币金融政策变化的反应会因企业属性存在差异。

同样使用这一问卷调查数据对企业的期待形成进行研究的，还有古贺和加藤、田中贤治等人。古贺和加藤，确认企业所属行业需求实际增速预期在统计学特征的基础上，通过实证分析，研究这些特征对设备投资和研发投资产生的影响。他们发现，行业需求实际增速预期存在系统性的偏乐观或偏悲观倾向，即存在行为偏差。他们认为，这种行为偏差会受到宏观经济、个别企业所处经济环境或者过去经验的影响。此外，他们还发现，企业所属行业需求实际增速预期产生的行为偏差，也会对设备投资和研发投资产生影响，乐观的企业会更加积极地进行设备投资或者研发投资，悲观的企业则会表现得更加消极。

田中贤治等人重点关注的是企业对国内生产总值增速的预期，并分析了国内生产总值增速预期对企业用人以及设备投资产生的影响。一个重要的发现是，国内生产总值增速预期这一宏观经济形势会影响企业在用人、设备投资等方面的生产要素选择。这一实证结果与第4章是一致的，即对国内生产总值增速的长期预期会对企业的设备投资行为产生影响。此外还发现，预测误差会影响包括收益率、生产力在内的企业绩效。另外，有关预测精准度，在他们的分析中发现，规模大、利润与经济波动挂钩的企业，预测精准度会越高，经验、管理者能力、管理方法在提高预测精准度方面发挥着重要的作用。

陈等人使用日本经济产业省《企业活动基本调查》和《海外商业活动基础调查》中的个别数据，计算出了海外子公司的销售预测值与其实际值之间的预测误差，并就其特征进行了分析。关于预测误差的一个重要发现是，随着海外子公司的成立，经营周期的增长，预测误差会逐渐减小；如果在设立海外子公司之前，母公司已经向该地区出口商品的话，海外子公司的预测误差就会更小。

陈等人使用日本内阁府、财务省联合开展的《企业法人景气预测调查》中的数据，分析了企业预期、经营状况判断对制订用工计划、设备投资计划等业务计划产生的影响。有关企业预期的分析发现，销售预测的波动大于实际销售额的波动，中小企业的预测误差大于大企业的预测误差。有关企业的未来预期以及经营状况判断对企业行为产生的影响，无论是对国内宏观经济形势的判断还是对本企业经营业绩的微观判断，都会对企业的用工计划、设备投资产生明显的影响，而且对本企业经营状况判断的影响大于对国内经济形势的判断。此外，在他们的分析中也指出，与大企业相比，中小企业对自身经营状况的判断对用工以及设备投资产生的影响大于其对国内经济形势的判断。

森川正之使用日本经济产业省《制造业生产预测调查》中记录的生产预测值和事后实测值的微观信息，对日本企业的生产预测展开实证分析。他发现，制造业的聚集水平与个别企业的动向不同，企业间存在着期待的异质性。

森川正之将2012年开展的《有关日本经济展望和经济政策的问卷调查》中的数据和上市公司的企业财务数据链接，对销售额、员工人数的"事前不确定性"和基于预测误差衡量的"事后不确定性"之间的关系进行了分析。"事前不确定性"是通过下一年度和未来3年的销售额、员工人数变化率的主观概率分布（90%置信区间）进行测算的。从分析结果看，事前不确定性越高的企业，事后预测误差越大；对企业本身销售额、用工前景的预测比对企业宏观经济环境（国内生产总值、消费者物价指数）的预测更准确；销售前景的主观不确定性会对企业的设备投资行为产生负面影响。

关于企业预期的形成和设备投资之间的关系，我们主要讨论边际 q（即在进行设备投资时，未来可获边际预期利润的折现现值）与设备投资之间的关系。根奈奥利等人从理论和实证角度发现，未包含在传统期望变量托宾 q 中的首席财务官对利润增长率的预期，是影响设备投资计划和实际值的重要决定因素。

• 经济增速预期的决定因素

企业运用可以利用的信息，对未来经济前景进行预测。企业可以利用的信息分为3类。

第1类信息是所有企业都可以共享的信息。我们认为，企业为了预测实际国内生产总值增长率（$YGRW$），会将国内生产总值分为需求面和供给面，并分别利用每个层面的信息。式（5-1）从需求层面将国内生产总值分解为各个支出项目。

$$Y = C + I + G + X - M \qquad (5-1)$$

式中，Y 为实际国内生产总值，C 为消费支出，I 为投资支出，G 为政府支出，X 为出口，M 为进口。

构成国内生产总值的各个需求项目，为预测未来国内生产总值增长率提供了重要的信息来源。本书选取了需求项目中的以下4项。作为消费指标的是民间最终消费支出增长率（$CGRW$），投资支出使用的是民间住宅投资增长率（$RIGRW$）和民营企业设备增长率（$FIGRW$）。此外，出口增长率（$XGRW$）是代表外需的项目。这里我们并没有使用政府最终消费支出和公共资本形成相关的信息，因为这些变量都是政府用来刺激经济的政策变量，显示出与过去国内生产总值增长率相对应的相反动向①。

从供给层面看，国内生产总值的构成要素普遍适用于所有企业。如果将国内生产总值视为附加值，可以得出附加值生产函数，如式（5-2）所示。

$$Y = F\ (K,\ L,\ t) \qquad （5\text{-}2）$$

式中，K为资本存量，L为劳动力，t为生产力。

这里，我们将资本存量（$KGRW$）、劳动增长率（$LGRW$）以及作为生产性指标的全要素生产率增长率作为可用信息。

第2类信息是企业所属行业特有的信息。所属同一行业的企业，可以共享行业信息。企业在预测国内生产总值增长率时，会充分利用行业的特有信息。在《企业行为相关的问卷调查》中，我们对下一年度、未来3年、未来5年的行业需求实际增速预测也展开了调查，在预测国内生产总值增长率时，可以将对应时期的行业需求增长率预测（$INDGRW$）作为行业特有的信息使用。

第3类信息是每个企业自己拥有的信息。企业拥有的信息也有助于进行国内生产总值增速预测，但是因为本分析中，样本的基本单位是行业类别，因此没有使用企业自身拥有的信息。

下一年度、未来3年、未来5年的国内生产总值增速预测的估算公式是将需求因素作为解释变量求出的。如式（5-3）所示。

$$(YGRW)_{it,J} = \alpha_{0J} + \alpha_{1J}(INDGRW)_{it,J} + \alpha_{2J}(CGRW)_t +$$
$$\alpha_{3J}(RIGRW)_t + \alpha_{4J}(FIGRW)_t + \alpha_{5J}(XGRW)_t + u_{i,J} + v_{it,J} \qquad （5\text{-}3）$$

式中，$(YGRW)_{it,J}$表示i行业在t年度对J年后的国内生产总值增速

---

① 预计进口增长也会对国内生产总值增长产生负面影响，因此没有将其作为影响国内生产总值增长的预测的决定性因素使用。

预测，$(INDGRW)_{it,J}$表示i行业在t年度对J年后的行业需求增速预测（J=1，3，5······），$u_{i,J}$表示i行业的特有项目，$v_{it,J}$表示误差项。

式（5-3）是一个回归方程式，通过构成当期国内生产总值的4个需求增长率来说明J年后的国内生产总值增速预测。式（5-4）也是一个回归方程式，是根据当期到4年前的各需求增长率说明J年后的国内生产总值增速预测。

$$\left(YGRW\right)_{it,J} = \beta_{0J} + \beta_{1J}\left(INDGRW\right)_{it,J} + \sum_{k=0}^{4}\gamma_{kJ}\left(DGRW\right)_{t-k}$$
$$+ u_{i,J} + v_{it,J} \ (J=1,3,5; D=C,RI,FI,X) \tag{5-4}$$

接下来，我们看一下将供给因素作为解释变量得到的方程式。如式（5-5）、式（5-6）所示。

$$\left(YGRW\right)_{it,J} = \delta_{0J} + \delta_{1J}\left(INDGRW\right)_{it,J} + \delta_{2J}\left(KGRW\right)_{t}$$
$$+ \delta_{3J}\left(LGRW\right)_{t} + \delta_{4J}\left(TFPGRW\right)_{t} + u_{i,J} + v_{it,J} \tag{5-5}$$
$$\left(J=1,3,5\right)$$

$$\left(YGRW\right)_{it,J} = \varepsilon_{0J} + \varepsilon_{1J}\left(INDGRW\right)_{it,J} + \sum_{k=0}^{4}\theta_{kJ}\left(SGRW\right)_{t-k}$$
$$+ u_{i,J} + v_{it,J} \ (J=1,3,5; S=K,L,TFP) \tag{5-6}$$

式（5-5）是一个回归方程式，用当期的生产要素（资本、劳动力、生产率）增长率说明J年后的国内生产总值增速预测。式（5-6）也是一个回归方程式，用当期到4年前各生产要素的增长率说明J年后的国内生产总值增速预测。

最后，将需求因素和供应因素两式相加，得到式（5-7）。

$$\left(YGRW\right)_{it,J} = \mu_{0J} + \mu_{1J}\left(INDGRW\right)_{it,J} + \mu_{2J}\left(CGRW\right)_{t} +$$
$$\mu_{3J}\left(RIGRW\right)_{t} + \mu_{4J}\left(FIGRW\right)_{t} + \mu_{5J}\left(XGRW\right)_{t} + \tag{5-7}$$
$$\mu_{6J}\left(KGRW\right)_{t} + \mu_{7J}\left(LGRW\right)_{t} + \mu_{8J}\left(TFPGRW\right)_{t} + u_{i,J} + v_{it,J}$$

• 数据的创建方法

下面说明一下估算用数据的创建方法。《企业行为相关的问卷调查》中，记录了日本不同行业，对下一年度、未来3年和未来5年的实际经济增速、行业需求实际增速预期的实际平均值。因此，以行业为抽样基本单位，按照时间顺序收集各行业的问卷结果，就可以构建企业的面板数据。我们使用22个行业[①]2001—2018年（总计18年）的数据，样本总数为396个。

我们也需要对每个变量的创建方法进行说明。构成国内生产总值的支出项目（民间最终消费支出、民间住房、民营企业设备、出口）取自日本内阁府《国民经济核算》。供应因素按如下方法创建。资本存量是根据民间设备投资平减指数计算出的上一年度整个经济体的净固定资产余额。劳动是用劳动者人数乘以劳动时长。全要素生产率增长率是用国内生产总值增长率减去资本存量增长率、劳动增长率分别乘以各自的分配率后得到的序列。此外，劳动分配率是用员工薪酬加上混合收入再除以附加值。资本分配率是用1减去劳动分配率。收入都是一个笼统的概念。创建供给要素变量所需的数据也都是取自日本内阁府《国民经济核算》。

• 宏观信息对企业行为作用：定量分析

在定量研究国内生产总值增速预测的影响因素之前，我们先来确认一下国内生产总值增速预测对企业行为产生的影响。田中贤治等人使用《企业行为相关的问卷调查》的部分数据，得到的实证分析结果为，企业对国内生产总值增速前景预测会显著影响企业的生产要素选择。下面将验证当笔者使用以行业为基本单位的面板数据时，是否可

[①] 目标行业为食品、纺织制品、纸浆和造纸、化工、医药、橡胶制品、玻璃和土石制品、钢铁、有色金属、金属制品、通用机械、电气设备、运输设备、精密设备、其他制造业、建筑、批发、零售、房地产、陆路运输、仓储和运输、服务业。

以得到和他们相同的测算结果。

本书中的设备投资函数、聘用函数的公式和田中贤治等人的公式有几点不同。此处的公式将行业需求增速预测用作解释变量，行业需求增速预测对国内生产总值增速预测产生了显著影响。因此，不包括行业需求增速预测的公式中，国内生产总值增速预测可能是作为行业需求增速预测的代表变量。其次，考虑到设备投资、过去经验对于招聘的影响等因素，这里也将过去的设备投资、聘用增长率作为了解释变量。

被解释变量为未来3年的设备投资和聘用增减率。测算出的回归方程如式（5-8）、式（5-9）所示。

$$(FINVGRW)_{it} = \alpha_{0J} + \alpha_{1J}(INDGRW)_{it,J} + \alpha_{2J}(YGRW)_{it,J} + \\ \alpha_{3J}(PINVGRW)_{it} + u_{i,J} + v_{it,J} \quad (5-8)$$

$$(FEMPGRW)_{it} = \beta_{0J} + \beta_{1J}(INDGRW)_{it,J} + \beta_{2J}(YGRW)_{it,J} + \\ \beta_{3J}(PEMPGRW)_{it} + u_{i,J} + v_{it,J} \quad (5-9)$$

$$(J = 1,3,5)$$

式中，$(FINVGRW)_{it}$表示未来3年的设备投资增减率，$(PINVGRW)_{it}$表示过去3年的设备投资增减率，$(FEMPGRW)_{it}$表示未来3年的聘用增减率，$(PEMPGRW)_{it}$表示过去3年的聘用增减率。

表5-1显示的是设备投资函数估算结果，表5-2显示的是聘用函数估算结果。从表5-1可知，无论预测周期长短，国内生产总值增速预测和行业需求增速预测均对设备投资产生了显著的积极影响。国内生产总值增速预测对设备投资的影响效果大于行业需求增速预测。设备投资对国内生产总值增速预测的弹性，无论预测周期长短，都超过了1。如果预测国内生产总值增长率提高1%，设备投资增长率会以更快的速度增长。

表5-1 日本设备投资计划与国内生产总值增速预测

解释变量	1	2	3	4	5	6
行业需求增速预测						
下一年度	0.9869*** （5.63）	0.9849*** （5.6）	—	—	—	—
未来3年	—	—	0.9236*** （4.4）	0.9138*** （4.31）	—	—
未来5年	—	—	—	—	0.6268*** （2.7）	0.5921** （2.53）
国内生产总值增速预测						
下一年度	1.0237*** （4.47）	1.0179*** （4.42）	—	—	—	—
未来3年	—	—	1.9946*** （6.1）	1.9731*** （6）	—	—
未来5年	—	—	—	—	1.5524*** （3.63）	1.5097*** （3.53）
过去3年间的设备投资变化率	—	0.0088 （0.29）	—	0.0222 （0.67）	—	0.056 （1.57）
常数项	1.5579*** （5.14）	1.5138*** （4.44）	−0.3088 （−0.67）	−0.4006 （−0.82）	0.3872 （0.6）	0.1588 （0.24）
修正后的决定系数	0.3436	0.3436	0.2386	0.2393	0.0965	0.1012
推算方法	RE	RE	RE	RE	RE	RE

注：1. 括号内是t值。

2. **、***分别表示有效性水平为5%、1%。

3. 推算方法中，RE代表随机效应模型。

资料来源：作者根据公开资料整理。

　　过去的设备投资增长率对未来3年的设备投资增长率没有产生影响，与此相反，如表5-2所示，过去的聘用增长率对未来的聘用增长率产生了显著的积极影响。将过去聘用增长率作为解释变量时，我们发现，日本国内生产总值增速预测、行业需求增速预测均对未来聘用增长率产生了明显的积极影响。如果预测国内生产总值增长率提高1%，聘用会增加0.35%（预测期间仅为下一年度）至0.74%（预测期间为未来3年）。由此可见，国内生产总值增速预测这样的宏观信息为企业制订设备投资计划、用人计划等提供了有价值的信息。

表5-2　日本聘用计划与国内生产总值增速预测

解释变量	1	2	3	4	5	6
行业需求增速预测						
下一年度	0.7036*** （6.52）	0.4835*** （6.15）	—	—	—	—
未来3年	—	—	0.7974*** （6.05）	0.4248*** （4.17）	—	—
未来5年	—	—	—	—	0.6593*** （4.34）	0.2915** （2.46）
国内生产总值增速预测						
下一年度	0.3234** （2.38）	0.3482*** （3.61）	—	—	—	—
未来3年	—	—	0.6533*** （3.45）	0.7447*** （5.36）	—	—
未来5年	—	—	—	—	0.2267 （0.9）	0.5013*** （2.72）
过去3年间的聘用变化率	—	0.4713*** （19.27）	—	0.4965*** （17.95）	—	0.5439*** （17.93）
常数项	0.1849 （0.73）	0.0424 （0.48）	−0.6807** （−2.03）	−0.71*** （−4.37）	−0.04 （−0.09）	−0.3455 （−1.39）

续表

解释变量	1	2	3	4	5	6
修正后的决定系数	0.2848	0.6956	0.1882	0.6432	0.081	0.6046
推算方法	RE	FE	RE	FE	RE	FE

注：1. 括号内是t值。

2. **、***分别表示有效性水平为5%、1%。

3. 推算方法中，FE代表固定效应模型，RE代表随机效应模型。

资料来源：作者根据公开资料整理。

• 日本国内生产总值增速预测

表5-3和表5-4显示的是将需求因素作为解释变量时，经济增速预测的推算结果。表5-3显示了同时使用构成日本国内生产总值的4个需求项目（消费、住房投资、设备投资、出口）的当期增长率作为解释变量求出的测算结果。首先，无论预测周期长短，所有情况下行业需求增速预测均对国内生产总值增速预测产生了显著的积极影响。该结果表明，在对整体经济前景进行预测时，各企业所属行业的需求增长率信息发挥了重要作用。个别需求项目方面，住房投资增长率的系数估算值为负。表5-3中也显示，解释变量中不包括住房投资增长率的测算结果，此时所有的需求项目都是明显的正系数值。此外，比较各计算公式修正后的决定系数发现，随着预测周期增长，国内生产总值增长前景的预测能力会下降。例如，不包括住房投资增长率的决定系数逐渐由下一年度的0.7331下降为未来3年的0.6027、未来5年0.4111。

表5-4是使用个别需求项目以及日本国内生产总值的当期至4年前增长率的测算结果[①]，可以看出，不仅当期数据，过去的各需求增长率也为进行国内生产总值增速预测提供了有意义的信息。在过去增

---

① 由于住房投资增长率对日本国内生产总值增速预测有负面影响，因此在后续的分析过程中没有将住房投资增长率作为国内生产总值增速预测的解释变量。

长率上得到明显系数值的需求项目为国内生产总值增长率、消费增长率、出口增长率。与此相对，设备投资增长率的许多滞后系数值都无效。与其他需求项目相比，设备投资增长率的波动更大，不能在预测国内生产总值增速时作为有效信息使用。

表5-3　日本国内生产总值增速预测相关的测算结果：需求因素（1）

解释变量	下一年度的 国内生产总值增速		未来3年的 国内生产总值增速		未来5年的 国内生产总值增速	
行业因素						
$INDGRW$	0.3216*** （16.14）	0.3687*** （17.16）	0.2165*** （10.91）	0.2576*** （12.07）	0.233*** （11.4）	0.2569*** （11.96）
需求因素						
$CGRW$	0.0807*** （4.39）	0.0407** （2.04）	0.0628*** （4.88）	0.0387*** （2.78）	0.0454*** （3.68）	0.0272** （2.11）
$RIGRW$	−0.0392*** （−9.46）	—	−0.0266*** （−9.08）	—	−0.0198*** （−7.13）	—
$FIGRW$	0.0954*** （12.13）	0.0486** （7.14）	0.057*** （10.74）	0.027*** （5.89）	0.0302*** （6.15）	0.0089** （2.14）
$XGRW$	0.0077** （2.15）	0.0129*** （3.23）	0.0107*** （4.24）	0.0148*** （5.43）	0.0059** （2.46）	0.0092*** （3.67）
常数项	0.5452*** （18.79）	0.6368** （20.92）	0.8398*** （33.24）	0.8761*** （31.79）	0.9989*** （36.31）	1.0285*** （35.51）
修正后的决定系数	0.7331	0.6662	0.6027	0.5077	0.4111	0.331
推算方法	FE	FE	FE	FE	FE	FE

注：1. 括号内是t值。
　　2. **、***分别表示有效性水平为5%、1%。
　　3. 推算方法中，FE代表固定效应模型。
资料来源：作者根据公开资料整理。

表5-4　日本国内生产总值增速预测相关的测算结果：需求因素（2）

解释变量	下一年度的国内生产总值增速		未来3年的国内生产总值增速		未来5年的国内生产总值增速	
行业因素						
$INDGRW$	0.3256*** （13.72）	0.4165*** （19.7）	0.2646*** （8.95）	0.2819*** （10.79）	0.2932*** （8.69）	0.2139*** （7.55）
需求因素						
$YGRW$	0.2207*** （10.51）	—	0.1376*** （9.64）	—	0.0523*** （4.1）	—
$YGRW_{-1}$	0.0771*** （5.06）	—	0.0449*** （3.73）	—	0.032*** （2.78）	—
$YGRW_{-2}$	0.0891*** （5.39）	—	0.0392*** （3.04）	—	0.0298*** （1.43）	—
$YGRW_{-3}$	−0.0372** （−2.46）	—	0.0059 （0.51）	—	0.0208* （1.87）	—
$YGRW_{-4}$	0.0583*** （3.56）	—	0.0366*** （2.86）	—	0.0158 （1.3）	—
$CGRW$	—	0.1787*** （7.95）	—	0.1588*** （10.66）	—	0.1088*** （8.76）
$CGRW_{-1}$	—	0.1477*** （6.73）	—	0.1502*** （9.75）	—	0.1362*** （10.35）
$CGRW_{-2}$	—	0.1179*** （5.6）	—	0.0858*** （5.8）	—	0.1087*** （8.49）
$CGRW_{-3}$	—	0.0067 （0.32）	—	0.0325** （2.25）	—	0.065*** （5.29）
$CGRW_{-4}$	—	0.051*** （2.58）	—	0.0696*** （5.05）	—	0.0761*** （6.48）
常数项	0.5525*** （13.73）	0.4803*** （9.73）	0.8211*** （22.4）	0.689*** （18.04）	0.9382*** （23.13）	0.8212*** （23.04）
修正后的决定系数	0.7344	0.6863	0.5109	0.5549	0.292	0.5441
推算方法	FE	FE	FE	FE	FE	FE

续表

解释变量	下一年度的 设备投资变化率		未来3年的 设备投资变化率		未来5年的 设备投资变化率	
行业因素						
INDGRW	0.4097*** （17.54）	0.3709*** （15.71）	0.3378*** （11.2）	0.2556*** （9.24）	0.3039*** （9.39）	0.2254*** （7.3）
需求因素						
IFGRW	0.0321*** （3.8）	—	0.0197*** （3.27）	—	−0.0049 （−0.97）	—
IFGRW$_{-1}$	0.0235*** （3.26）	—	0.0017 （0.3）	—	0.0055 （1.14）	—
IFGRW$_{-2}$	0.0061 （0.82）	—	0.0045 （0.8）	—	0.0028 （0.57）	—
IFGRW$_{-3}$	−0.0159** （−2.17）	—	−0.0024 （−0.43）	—	0.002 （0.41）	—
IFGRW$_{-4}$	0.0319 （0.42）	—	−0.014** （−2.46）	—	−0.0244*** （−4.95）	—
XGRW	—	0.0434*** （8.8）	—	0.034*** （10.72）	—	0.0182*** （6.75）
XGRW$_{-1}$	—	0.0183*** （5.06）	—	0.013*** （4.99）	—	0.0129*** （5.44）
XGRW$_{-2}$	—	0.0146*** （3.78）	—	0.0114*** （4.16）	—	0.0132*** （5.32）
XGRW$_{-3}$	—	−0.0074** （−2）	—	0.0039 （1.54）	—	0.0101*** （4.45）
XGRW$_{-4}$	—	−0.0062* （−1.89）	—	−0.0007 （−0.3）	—	0.0041** （2.02）

129

续表

解释变量	下一年度的设备投资变化率		未来3年的设备投资变化率		未来5年的设备投资变化率	
常数项	0.73*** （21.48）	0.5992*** （12.85）	0.9275*** （25.46）	0.7909*** （21.23）	1.0568*** （27.12）	0.8829*** （24.01）
修正后的决定系数	0.6672	0.7031	0.4145	0.5567	0.3153	0.4421
推算方法	FE	FE	FE	FE	FE	FE

注：1. 括号内是t值。

2. *、**、***分别表示有效性水平为10%、5%、1%。

3. 推算方法中，FE代表固定效应模型。

资料来源：作者根据公开资料整理。

另外，将当期到4年前的增长率作为解释变量的测量结果也显示，决定系数会随着预测期间的增长下降。

最后，对同时使用3个需求项目（消费、设备投资、出口）当期增长率的测算结果与使用各需求项目当期至过去增长率的测算结果，从解释变量预测能力角度进行比较发现，个别需求项目当期至4年前增长率的预测能力更强。特别是使用国内生产总值增长率、消费增长率和出口增长率时决定系数较高。

下一年度国内生产总值增速预测，因为预测周期相对较短，当期至4年前国内生产总值增长率推算公式的决定系数最高，为0.7344，其次是本期至4年前出口增长率推算公式的系数为0.7031。

但是随着预测周期增长，过去国内生产总值增长率推算公式的决定系数会下降。未来3年国内生产总值增速预测的决定系数为0.5109，未来5年国内生产总值增速预测的决定系数进一步下降到0.292，过去出口增长率的变动情况是一样的，虽然下降幅度没有过去国内生产总值增长率推算公式那么大，但决定系数还是随着预测周期的增长下降。未来3年国内生产总值增速预测的决定系数为0.5567，未来5年国内生产总值增速预测的决定系数0.4421。

另外，与预测周期长短无关，消费增长率是预测能力最强的需求项目。下一年度日本国内生产总值增速预测的决定系数为0.6863，略低于过去国内生产总值增速和出口增长率；未来3年国内生产总值增速预测的决定系数为0.5549，未来5年间国内生产总值增速预测的决定系数为0.5441。未来5年国内生产总值增速预测的决定系数，在需求因素中是最高的。从以上结果可以看出，企业在对长期国内生产总值增速进行预测时，消费增长率发挥着重要的作用。

总结基于需求因素的国内生产总值增速预测推算结果发现，与同时使用构成国内生产总值个别需求项目的当期增长率相比，国内生产总值增长率、消费增长率、出口增长率各自的本期至过去的增长率信息，为预测未来国内生产总值增长提供了更有用的信息。特别是企业对长期国内生产总值增速进行预测时，消费增长率发挥了非常重要的作用。

日本国内生产总值增速预测与供给因素

接着，我们来看一下供给因素作为解释变量时的推算结果。

将当期资本存量增长率、劳动增长率、全要素生产率增长率同时作为解释变量的测算结果（见表5-5）显示，无论预测周期长短，各系数估算值均为明显的正数，因此可以说供给因素也为国内生产总值增速预测提供了有用的信息。而且，与同时使用4个需求项目本期增长率的测算结果相比，所有预测周期的决定系数都略高。同样，解释变量的预测能力也随着预测周期的增长下降。下一年度预测的决定系数为0.7089，未来3年的决定系数为0.5328，未来5年的决定系数为0.3437。

表5-5　日本国内生产总值增速预测相关的测算结果：供给因素（1）

解释变量	下一年度的 国内生产总值增速	未来3年的 国内生产总值增速	未来5年的 国内生产总值增速
行业因素			
INDGRW	0.3299*** （15.63）	0.2388*** （11.49）	0.2496*** （11.64）
需求因素			
KGRW	0.1235*** （5.05）	0.083*** （4.68）	0.0836*** （5.03）
LGRW	0.3762*** （11.47）	0.2272*** （10.14）	0.1058*** （5.31）
TFPGRW	0.0677*** （2.61）	0.0603*** （3.22）	0.0487*** （2.78）
常数项	0.6725*** （15.25）	0.9209*** （24.98）	0.9968*** （27.55）
修正后的决定系数	0.7089	0.5328	0.3437
推算方法	FE	FE	FE

注：1. 括号内是 *t* 值。

　　2. ***表示有效性水平为1%。

　　3. 推算方法中，FE代表固定效应模型。

资料来源：作者根据公开资料整理。

　　此外，来看一下供给因素个别项目的本期至4年前增长率为解释变量时的测算结果（见表5-6）。可以看到，有些情况下为明显的正系数值，但多数情况下都是无效系数。比较决定系数发现，在下一年度国内生产总值增速预测中，本期至4年前劳动增长率推算公式的决定系数最高为0.7091，同时使用本期资本、劳动力以及全要素生产率增长率推算公式的决定系数，有同等解释效力。但是，未来3年、未来5年国内生产总值增速预测中，没有出现超过同时使用本期资本存量增长率、劳动增长率、全要素生产率增长率测算结果的决定系数。

表5-6 日本国内生产总值增速预测相关的测算结果：供给因素（2）

解释变量	下一年度的国内生产总值增速			未来3年的国内生产总值增速			未来5年的国内生产总值增速		
$INDGRW$	.4957*** (22.85)	0.3451*** (13.98)	0.4191*** (17.29)	0.3963*** (13.83)	0.2994*** (10.1)	0.3454*** (11.4)	0.3193*** (10.65)	0.3187*** (9.63)	0.3405*** (10.21)
行业因素									
需求因素									
$KGRW$	0.0087 (0.47)			-0.0199 (-1.49)			0.0152 (1.4)		
$KGRW_{-1}$	-0.0579*** (-3.17)			-0.0089 (-0.67)			-0.0054 (-0.5)		
$KGRW_{-2}$	0.0301 (1.62)			0.0353*** (2.58)			0.023** (2.07)		
$KGRW_{-3}$	0.0143 (0.78)			0.0143 (1.07)			0.0206* (1.88)		
$KGRW_{-4}$	0.044*** (2.59)			0.0539*** (4.31)			0.0699*** (6.82)		
$LGRW$		0.3201*** (8.43)			0.1669*** (6.62)			0.0291 (1.31)	
$LGRW_{-1}$		-0.0441 (-1.42)			-0.0349 (-1.48)			0.0114 (0.51)	
$LGRW_{-2}$		0.0898** (2.55)			0.0089 (0.33)			-0.0185 (-0.74)	

续表

解释变量	下一年度的国内生产总值增速		未来3年的国内生产总值增速			未来5年的国内生产总值增速		
$LGRW_{-3}$		-0.124*** (-4.04)		-0.0212 (-0.93)			0.0182 (0.86)	
$LGRW_{-4}$		-0.0346 (-1.18)		-0.0718*** (-3.19)			-0.0814*** (-3.86)	
$TFPGRW$		0.0965*** (4.92)			0.074*** (5.56)			0.0153 (1.32)
$TFPGRW_{-1}$		0.0847*** (5.11)			0.0404*** (3.26)			0.0227** (2.06)
$TFPGRW_{-2}$		0.0336** (1.99)			0.0004 (0.03)			-0.0028 (-0.25)
$TFPGRW_{-3}$		-0.0041 (-0.26)			0.005 (0.42)			0.0087 (0.8)
$TFPGRW_{-4}$		0.0209 (1.23)			0.0058 (0.46)			-0.0157 (-1.38)
常数项	0.6715*** (12.43)	0.7075*** (20.79)	0.7855*** (16.89)	0.9718*** (26.15)	0.8943*** (24.73)	0.8759*** (21.03)	1.0091*** (24.86)	0.9931*** (24.95)
修正后的决定系数	0.6035	0.6477	0.3609	0.4702	0.3956	0.3388	0.2739	0.2353
推算方法	FE	FE	FE	FE	FE	FE	FE	FE

注: 1. 括号内为t值。
2. *、**、***分别表示有效性水平为10%、5%、1%。
3. 推算方法中，FE代表固定效应模型。
资料来源：作者根据公开资料整理。

考虑到供给因素个别项目过去增长率的系数值多为无效数值，或者决定系数偏低，因此在供给因素方面，同时使用本期资本存量增长率、劳动增长率和全要素生产率增长率时，国内生产总值增速展望的预测能力更高。

需求因素和供给因素的相对重要性

我们来探讨一下在预测未来经济增长率时，需求因素和供给因素的相对重要性。下一年国内生产总值增速预测中，本期至4年前国内生产总值增长率的决定系数为0.7344，最有说服力。但是，同时使用本期资本增长率、劳动增长率、全要素生产率增长率，或使用本期至4年前劳动增长率，以及使用本期至4年前出口增长率的决定系数都超过了0.7，具有较高的预测能力。但是，随着预测周期增长，供给因素的解释效力也大幅下降。未来5年国内生产总值增速预测中，使用供给因素的回归方程式的决定系数，最高仅为0.34，远不及需求因素中使用本期至4年前消费增长率得到的0.5441决定系数。

表5-7显示了将本期需求因素和供给因素同时作为解释变量的测算结果。同时考虑两个因素时，由于多重共线性的影响，求出的大多都是有效的低系数估算值，出现无效系数值的变量都是供给因素。另外，未来5年国内生产总值增速预测中，供给因素中没有求出有效正系数值的变量。根据以上结果，我们可以判断，企业在进行国内生产总值增速预测时，比起供给因素更重视需求因素，而且在预测长期国内生产总值增速时，本期至过去的消费增长率为企业提供了最有价值的信息。

表5-7 日本国内生产总值增速预测相关的测算结果：需求因素和供给因素

解释变量	下一年度的 国内生产总值增速	未来3年的 国内生产总值增速	未来5年的 国内生产总值增速
行业因素			
INDGRW	0.3194*** （15.62）	0.2152*** （10.73）	0.2186*** （11.04）
供给因素			
KGRW	−0.0374 （−0.83）	−0.1097*** （−3.44）	−0.0933*** （−3.21）
LGRW	0.3134*** （6.03）	0.1488*** （4.16）	−0.03 （−0.93）
TFPGRW	−0.258*** （−3.43）	−0.319*** （−5.95）	−0.3131*** （−6.41）
需求因素			
CGRW	0.2208*** （4.68）	0.2367*** （7.05）	0.2124*** （6.94）
FIGRW	0.03*** （2.95）	0.0239*** （3.3）	0.0339*** （5.12）
XGRW	0.023*** （3.17）	0.0351*** （6.8）	0.0379*** （8.04）
常数项	0.69*** （13.48）	0.9537*** （23.98）	1.0009*** （26.84）
修正后的决定系数	0.7304	0.6007	0.459
推算方法	FE	FE	FE

注：1. 括号内是t值。

2. ***表示有效性水平为1%。

3. 推算方法中，FE代表固定效应模型。

资料来源：作者根据公开资料整理。

经济增速预期波动

在本章的最后，我们将进一步阐明经济增速预期波动的特征。在《企业行为相关的问卷调查》中，用标准偏差记录了各行业的企业之间预测变动。在发生重大经济冲击事件时，各经济主体的预测波动会变大，这也反映出经济主体拥有的信息量的差异。随着不确定性的升高，标准偏差也会变大。国内生产总值增速预期波动也会受到行业需求增速波动的影响，因此需要在控制该变量的基础上，通过年度虚拟变量，定量化地追踪国内生产总值增速预测波动的长年变动趋势。因此，回归方程式见式（5-10）。

$$\left(STDYGRW\right)_{it,J} = \sigma_{0J} + \sigma_{1J}\left(STDINDGRW\right)_{it,J} +$$
$$\sum\nolimits_{k=2002}^{2018} \sigma_{kJ}\left(YDUM\right)_k + u_{i,J} + v_{it,J} \qquad （5-10）$$
$$\left(J = 1,3,5\right)$$

式中，$(STDYGRW)_{it,J}$表示i行业在t期的J年后国内生产总值增速预期的标准偏差，$(STDINDGRW)_{it,J}$表示i行业在t期的J年后行业需求增速预期的标准偏差。$(YDUM)_k$表示年度虚拟变量。

另外，k年度的J年后国内生产总值增速预测变动，可以用$\sigma_{0J} + \sigma_{kJ}$表示。

图5-1显示的是根据式（5-10）计算出的年度虚拟变量的系数估算值，求出与下一年度、未来3年和未来5年国内生产总值增速预测相

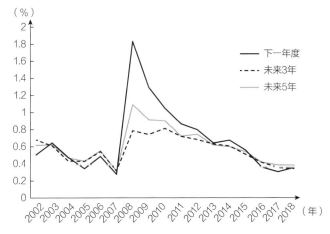

图5-1　日本经济增速预期波动趋势
资料来源：作者根据公开资料整理。

对应的标准偏差的变动趋势。

在正常情况下，无论预测周期长短，波动幅度几乎是相同的，但通过分析可以看出，当发生较大经济冲击事件时，预测周期越短波动越大。其中最好的例证就是2008年爆发的全球金融危机。与2007年相比，2008年的下一年度预测标准偏差上升了6.6倍，未来3年的上升了3.5倍，未来5年的上升了2.5倍。无论预测周期长短，标准偏差要恢复到与此前大致相同的幅度都需要5年时间。

• 本章小结

本章中，我们定量分析了企业在对日本经济增长前景进行预测时的决定因素。结果显示，比起供给因素，企业更重视需求因素。特别是对长期前景进行预测时，过去的消费增长方式提供了重要的信息来源。

综合本章和第4章的分析结果，我们得到了有关日本经济长期低迷原因的重要信息。第4章中，我们阐明了设备投资率的长期均衡值与经济增长前景长期预测之间的紧密联系。在本章中，我们发现过去的消费增长率会影响企业的长期经济预测。综合来看可以认为，消费低迷导致对日本经济增长前景的预期下降，进而导致设备投资萎靡的结果。

2013年以来，虽然实施了所谓"安倍新经济学"政策，但是到目前为止，日本经济的增长力仍未恢复，经济"闭塞"感仍挥之不去。根据本书的分析，我们认为其根本原因是消费不振。那么消费不振又是从何而来呢？在本书的第二部分，我们会通过定量分析的方法阐明消费不振的原因。

日本经济需求侧发生了
怎样的变化？

第6章
家庭消费认知与消费行为

　　家庭的消费行为会受到各种因素的影响。各类经济学教科书中列举的影响家庭消费行为的重要因素包括，家庭获得的收入、家庭持有资产的多少。影响消费水平的收入和资产，均可作为观察变量。日本内阁府《国民经济核算》中记录了经济整体中家庭的可支配收入和资产规模。此外，日本总务省统计局的《家计调查》中，详细记录了不同属性家庭的可支配收入和资产持有情况。但是，家庭的消费行为不单纯是由这些可观测变量决定的，家庭的消费水平还会受到其所处环境以及对环境看法的影响。对未来持悲观预期的家庭，会通过抑制当前消费，为充满不确定的未来增加预防性储备。在绪论中我们已经看到，根据日本厚生劳动省《国民生活意向调查》，回答"生活艰难"的家庭占比在不断增加，消费行为也趋于谨慎。

　　本章中，我们希望通过定量分析，验证对家庭消费行为产生影响的消费者意识出现了怎样的变化。与收入变量、资产变量不同，消费者意识是无法通过直接观察获取的，因此我们希望通过进行问卷调查，捕捉消费者意识的变化。

　　我们认为，消费者对自身所处的经济环境形成了两种认知。一个是对日常经济状况的认知，另一个是对经济制度的认知。消费者每天通过报纸、电视、广播和互联网等大众媒体获取有关经济形势的新信息，并通过这些信息更新他们对经济环境的认知。例如，失业率、有效用人比率、工资率等的公布都会影响消费者对劳动力市场的认识。日常购物活动中获取到的商品价格和数量信息，也会使人们对商品形成供应不足或供应过剩的感受，同样也会改变消费行为。

　　另外，人们对经济制度的认识是系统性、结构性的，一旦形成后，是需要一些时间才能改变的。对于家庭来说，最重要的经济制度是税收和社会保障制度。特别是随着人口老龄化进程的加快，家庭对政府社会养老制度的收益和负担结构的看法，会对家庭的消费、储蓄行为产生重大影响。如果一个家庭认为社会养老制度坚如磐石，在工作过程中就会相对安心，也能够维持目前的消费水平。但是，如果一个家庭认为社会养老制度十分脆弱，在日常生活中可能就会抑制消费，为晚年生活增加储蓄。

本章中，我们基于家庭的意识调查，探讨家庭对于经济状况、经济制度的认知变化趋势。对于前者的认知，我们使用日本内阁府《消费动向调查》中的《消费者态度指数》进行分析。对于后者，我们使用日本金融广报中央委员会《家庭金融行为民意调查》和人寿保险文化中心《生活保障调查》数据，追踪消费者对晚年生活以及社会养老制度的认知变化情况。

• 基于消费者态度指数的家庭消费认知

日本内阁府在开展《消费动向调查》时，为了获得判断经济形势的基础数据，询问了消费者对于未来生活的展望。

日本内阁府抽取2人以上家庭、单人家庭8400户，对被调查家庭进行了为期15个月的调查[①]。2004年4月起，调查由原来的每年4次（6月、9月、12月、次年3月）改为每年12次（每月1次）[②]。下面是以2人以上家庭为对象的分析结果。

本分析中，重点关注的是消费者意识。对于4个调研项目"生活取向""收入增加""就业环境""购买耐用品时的决断"相关的未来6个月预期，我们准备了5个不同程度的评价回答。具体的问题

---

① 截至2013年3月调查6720户。

② 2007年4月，调查方法由传统的家访和电话调查相结合的方式变更为每月1次家访。此外，2013年4月，家访调查又变更为邮寄调查。

如表6-1所示。5个不同程度的评价回答分别为"变好、变大、增加"（+1），"稍微变好、稍微变大、稍微增加"（+0.75），"无变化"（+0.5），"稍微变坏、稍微变小、稍微减少"（+0.25），"变差、变小、减少"（0），用分数乘以各回答的占比（%），对结果进行统计后，就可以计算出每个项目的消费者认知指数。消费者态度指数，是4项消费者认知指数的简单平均值。

表6-1　日本消费者态度指数调研项目的问题和回答

调研项目	问题和回答
生活取向	您家庭的生活在未来六个月会变好还是变差？ 变好、稍微好转、无变化、稍微糟糕、变差
收入增加	您家庭未来六个月的收入会变多还是变少？ 变多、稍微增多、无变化、稍微减少、变少
就业环境	您认为就业环境，包括工作的稳定性、找工作难易程度等在未来六个月会变好还是变差？ 变好、稍微好转、无变化、稍微糟糕、变差
购买耐用消费品时的决断	购买耐用消费品时的决断力，未来六个月会变好还是变差？ 变好、稍微好转、无变化、稍微糟糕、变差

资料来源：日本内阁府《消费动向调查》。

图6-1显示的是1982年第二季度至2019年第一季度，消费者态度指数和国内家庭最终消费支出的变动趋势。每个指标都是以季度为基础的，并经过了季节性调整。随着时间的推移，消费支出在不断上升，但20世纪90年代之后增速放缓。与此相对，消费者态度指数的变动十分明显。泡沫经济时期，1988年第四季度达到峰值50.8%，1990年以后开始下降，且下降趋势一直持续到2003年第一季度（34.9%）。之后，指数又开始回升，此后因全球金融危机的影响又再次大幅下降，2008年第四季度降至最低水平27.6%。之后又开始上升，2017年第四季度已恢复至44.5%。

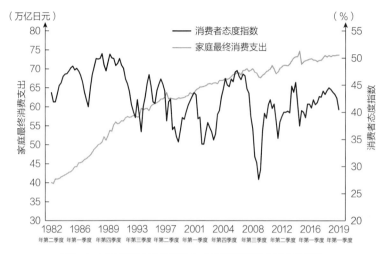

图6-1　日本消费者态度指数与家庭最终消费支出变动趋势

资料来源：日本内阁府《国民经济核算》《消费动向调查》。

消费者态度指数的变动趋势是与日本经济的重大事件联系在一起的。消费者态度指数下降对应的时期为"失去的十年"时期、全球金融危机时期、日本东北部海域大地震时期。此外，消费者态度指数上升对应的时期为2003—2007年"失去的十年"恢复期以及安倍经济学时期。

消费者意识与消费行为：前期研究

消费者态度指数是从生活取向、收入增加、就业环境、购买耐用品时的决断等几个方面表现出的消费者认知，但在解释家庭行为时，需要包含哪些信息呢？此外，除了收入、资产水平、利率、股票价格等可观察变量，消费者态度指数中是否还包含其他可以解释家庭消费行为的信息呢？美国有很多关于消费者意识和消费行为之间关系的研究，下面我们先来概述一下目前的研究成果。

消费者意识或者消费者心理究竟代表什么，学界有两种不同的观点。第一种观点认为，消费者意识是消费者的一种心理因素，是独立于决定消费的基本因素之外的，这是一种以悲观或乐观前景为代表的动物精神观看法。例如，布兰查德认为，1990—1991年美国经济衰退是由家庭的外生悲观情绪造成的。第二种观点认为，消费者意识包括与现在、未来经济状况相关的信息，消费者意识和消费支出之间存在联系。有关第二种观点，我们对消费者意识中包含的内容进行了验证。其中需要验证的一个重要假说是，消费者意识中包含的信息不过是消费者在决定消费水平时可利用的信息集合，并不包括新信息。迄今为止，已经有很多的实证研究都验证了这一假说。用以消费支出为被解释变量的回归分析方法，很容易地就可以验证这一假说。

布拉姆运用密歇根大学和美国会议委员会发布的、美国代表性的消费者意识指标"消费者信心指数"，按照以下步骤验证了上述假说。首先，将消费增长率作为被解释变量，消费增长率滞后值、劳动收入增长率、股价增长率、财务省短期证券利率作为解释变量进行回归分析。然后，再加上消费者信心指数进行回归分析，验证解释效力在这种情况下增加了多少。结果显示，当总消费支出为被解释变量时，加上密歇根大学的指数，解释效力增加了3%～5%；加上美国会议委员会的指数，解释效力增加了5%～7%。

卡罗尔等人的研究是这一领域的开创性研究，他们通过两步走方法，在解释消费支出的基础上，对消费者信心指数是否包含新信息进行了验证。第一步，将劳动收入和资本增长率作为被解释变量，将过去消费增长率、劳动收入增长率、股价增长率、财务省短期证券利率、消费者信心指数作为解释变量进行回归分析，求出劳动收入增长率和资产增长率的预测值。第二步，将消费增长率作为被解释变量，除了第一步中求出的劳动收入增长率和资产增长率的预测值，将消费者信心指数也作为解释变量，推算消费函数。如果消费者信心指数通过劳动收入、资产等对消费支出产生影响，那么在第二步的分析中，消费者信心指数就不会对消费支出产生明显影响。如果消费者信心指数的系数估算值明显有效，就可以说在预测消费支出时，消费者信心指数中包含一些未包括在劳动收入和资产中的新信息。在预测消费支出时，消费者信心指数中包含一些未包括在劳动收入和资产中的信息，第二步的回归分析验证了这一结果。

受他们的实证研究的启发，各国都开展了很多研究，本书为大家介绍的是一个围绕消费者认知的两种观点展开的非常有趣的实证研究。斯塔尔等人运用密歇根大学的消费者信心指数创建了一个序列，并从消费者意识中删除了包含经济新闻的部分后，分析其对消费支出产生的影响。结果显示，外生的消费者意识对消费有显著的影响。这一分析结果也显示出自主消费心理在消费中的重要性。

巴尔斯基和西姆斯估算了一个新凯恩斯模型，该模型结合了反映经济信息的消费者情绪冲击和自主动物精神冲击两方面内容。他们希望通过这一模型，验证究竟哪一种冲击能够更好地描述现实经济活动之间的关系。他们的实验结果验证了反映经济信息的消费者情绪的重要性。艾哈迈德和卡苏使用密歇根大学消费者信心指数发现，消费支出对消费者认知的反应在经济扩张和收缩时期存在差异。此外，在经济扩张期，消费者信心指数的震荡能够反映新信息，而在经济收缩期，消费者信心指数的震荡反映的是自主消费情绪，这与动物精神观的看法是一致的。

与其他国家相比，日本有关消费者认知和消费行为的实证研究极少。据我所知，只有竹田等人、土屋和藤冈。竹田等人将《国民经济核算》中的家庭最终消费支出作为被解释变量，推导了消费函数。其中，解释变量使用的是三种类型的消费心理：第一是报纸上的"衰退"两字，第二是各种消费者心理变量、生活焦虑指数，第三是各智库对国内生产总值实际增速预测的修正范围，这些都会对消费支出产生重大影响。

土屋使用市场时机测试进行非参数验证，确认消费者态度指数对总消费支出、耐用消费品支出、消费者物价指数等是否具有预测能力。结果表明，消费者态度指数对耐用消费品支出、消费者物价指数有预测能力，具体情况取决于临界值。藤冈使用2004年4月至2015年9月的月度数据，分析了消费者态度指数及构成指数的4个认知项目对不同收入群体消费支出产生的影响。他还对消费者态度指数的决定因素进行了实证分析，结果表明，消费者态度指数对收入水平不满300万日元的家庭和750万日元以上家庭的消费支出有显著影响。此外，有关决定消费者态度指数因素的分析发现，无论收入水平如何，日经平均股价和汇率都对认知指数产生了显著的积极影响。

消费者态度指数与消费行为：日本案例

在日本，消费者认知会在多大程度上对消费行为产生影响呢？对此，我们进行了定量分析。分析使用的模型是由消费者态度指数、实际国内家庭最终消费支出、家庭部门实际国民调整可支配收入组成的3变量VAR模型。国内家庭最终消费支出和家庭部门的国民调整可支配收入源自日本内阁府《国民经济核算》。所有变量均为季度数据和季节调整后的时序数据。抽样区间为1982年第二季度至2019年第一季度，总计184期，滞后为4次。

首先，验证消费者态度指数和构成指数的4个认知项目与消费支出之间的格兰杰因果关系。格兰杰因果关系检验基于消费者态度指数或构成指数的4个认知项目、消费支出、可支配收入的三变量VAR模型展开。

无论使用哪一个认知项目，可支配收入与消费支出无因果关系的原假设，水平仅为1%或5%，因此假设被否定，由此得知可支配收入对消费支出有显著影响。此外，有关消费者意识变量，除了增加收入方法指数，消费者意识变量与消费支出之间没有因果关系的原假设水平仅为1%，同样被否定。由此我们可知，与可支配收入相同，消费者意识也对消费支出产生了明显影响。对于增加收入方法指数未对消费支出产生明显影响这一结果，因为可支配收入中已经包含了增加收入的信息，在控制可支配收入的基础上，可以认为消费支出不受增加收入指数的影响。

相反，除了消费支出、就业环境指标等条件，消费支出、可支配收入与消费者认知指数之间没有因果关系的原假设，并未被否定。换句话说，消费者认知指数中包括消费支出和可支配收入中不包含的信息。

其次，消费者态度指数能够在多大程度上说明消费支出的波动呢？下面为大家介绍消费支出预测误差的方差分析结果。方差分析结果与VAR模型中变量的顺序有关。为了确认消费者态度指数与消费支出之间关系的稳健性，我们推算了两个乱序模型。如果根据模型求出的测算结果之间没有较大差异，就可以认为消费者态度指数与消费支出之间关系具有稳健性。模型一是将消费者态度指数作为第一个变量，其后是可支配收入、消费支出。模型二是将消费者态度指数置于可支配收入、消费支出之后。在模型二中，如变量顺序所示，首先求出对可支配收入、消费支出的冲击，对位于最后的消费者态度指数的冲击不同于可支配收入、消费支出，这一点需要注意。如果永久性收入假设成立，家庭会结合获得的所有新信息修改他们的消费计划。因为代表了消费波动的消费支出冲击，反映出了家庭获得的所有新信息，所以由这些信息的一部分构成的对消费者态度指数的冲击完全不会对消费支出冲击产生影响。也就是说，在方差分析中，消费者态度指数的冲击对消费支出冲击的贡献为零。

同样我们也对两个模型的消费支出进行了方差分析，预测周期为40期（10年）。消费者态度指数作为第一个变量时，消费者态度指数对消费支出波动的贡献率在16期之后维持在22%左右的水平。消费者态度指数作为最后一个变量时，消费者态度指数对消费支出波动的贡献率虽然略有下降但并不是零，而是维持在15%左右的水平。因此，从长期看，可以认为消费者态度指数对消费支出是有影响的。

我们还对两个模型的消费者态度指数进行了方差分析。无论哪种模型，消费支出对消费者态度指数的贡献率几乎均为零，在消费者态度指数作为最后一个变量时，可支配收入的贡献率也未超过11%。在消费者态度指数作为最后一个变量时，其自身的长期贡献率为85%。消费者态度指数的这种波动，并未反映出可支配收入和消费支出包含的波动现象，却包含一些特有的信息。这一结果，与上述消费支出、可支配收入与消费者认知指数之间没有因果关系的结果是相吻合的。

图6-2显示的是分别使用消费者态度指数的4个认知项目，对消费支出进行方差分析后的结果。VAR模型显示了消费者态度指数位于最后时，各认知指标对消费支出的贡献率。

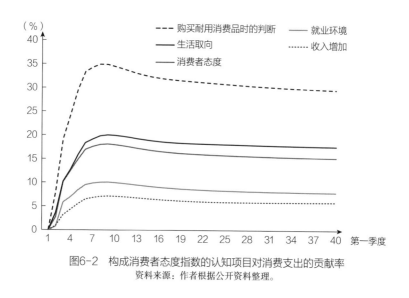

图6-2 构成消费者态度指数的认知项目对消费支出的贡献率
资料来源：作者根据公开资料整理。

其中，贡献率最高的是确定购买耐用消费品时的判断指标，长期贡献率达到30%。其次是生活取向指标，长期贡献率为18%。与此相反，对消费支出贡献率较低的是收入增加指标、就业环境指标，长期贡献率分别为6%、8%。可以认为，收入增加指标、就业环境指标信息与可支配收入的变化有直接关系。因此我们认为，在收入增加指标、就业环境指标中，独立于可支配收入冲击之外的其他部分，对消费支出的贡献率较低。

如果消费者态度指数受到冲击，消费支出会发生怎样的变化呢？我们根据脉冲响应函数来计算一下结果。图6-3展示了消费支出在消

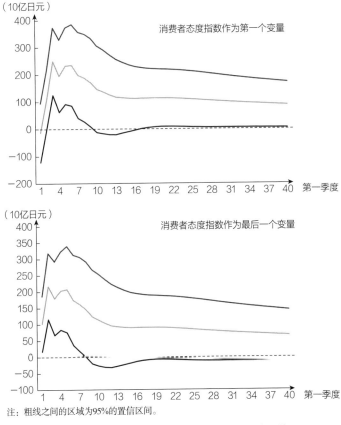

注：粗线之间的区域为95%的置信区间。

图6-3　消费支出对消费者态度指数的脉冲响应函数
资料来源：作者根据公开资料整理。

费者态度指数前40期的脉冲响应函数。脉冲响应函数是将消费者态度指数置于前后不同情况下求出的。在消费者态度指数上升一个标准偏差，消费者态度指数置于最后的情况下，2期后的消费支出增加了2160亿日元，长期来看增加了700亿日元。此外，消费者态度指数变量置于第一位时，消费支出在2期后增加了2480亿日元，长期来看增加了900亿日元。无论哪一种情况，消费支出的增加额均为明显的正数。

最后，我们来看一下不同收入群体之间消费者态度指数的波动情况。即使发生对家庭有冲击的事件时，每个家庭的接纳方式都是不同的。特别是在经济环境存在不确定时，家庭对冲击事件反应的差异会扩大，消费者态度指数使用的是2004年4月开始的、7个不同年收入群体的数值。对年收入不同群体的消费者态度指数进行季节调整，然后计算出每个月各收入群体之间的系数变动。用这种方法求出的不同年收入群体的消费者态度指数的变动系数图如图6-4所示。变动系数在

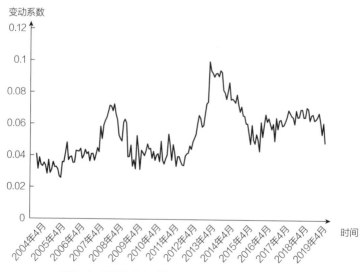

图6-4　不同年收入群体的消费者态度指数的变动系数
资料来源：作者根据公开资料整理。

2012年5月至2013年10月出现大幅上升后开始下降，2016年8月之后保持平稳状态。但是，2016年8月之后的水平高于2012年之前的水平，表明消费者态度指数的波动有所增强。

截至目前的分析，使用的都是日本内阁府《消费动向调查》中记录的消费者态度指数，即家庭对周围经济环境的认知，通过追溯1980年以后的变化情况，定量阐明消费者态度指数对消费支出产生的影响。接下来，我们看一下家庭对于更具有社会结构性的经济制度的认知是如何变化的？

• 家庭对于晚年生活以及社会养老制度的认知

家庭的经济活动是在税收制度、社会保障制度等经济制度基础上展开的。经济制度变更时，家庭对这些变化的看法会影响家庭的经济活动。如果认为制度变化是一次进步，家庭活动就会更活跃，经济的表现也会上升。相反，如果认为制度变化是一种退步，家庭活动就会受到限制，经济表现就会下降。家庭对经济制度的认识会通过这种方式，对经济活动产生重要影响。

日本的出生率快速下降、老龄化加剧，为了应对这一社会现象，社会保障制度，特别是社会养老制度进行过多次变更。对于社会养老制度的这些变更，家庭是如何看的呢？接下来我们就要追踪家庭对社会养老制度的认知变化情况。社会养老制度是家庭晚年生活的重要经济来源保障，所以对于社会养老制度的认识也会影响家庭的晚年生活。笔者也希望通过分析看到家庭对晚年生活的意识变化情况。

下面，笔者希望通过两个调查，阐明家庭对社会养老制度的认知变化。一是日本人寿保险文化中心的《生活保障调查》；二是日本金融广报中央委员会《家庭金融行为民意调查》。

《生活保障调查》数据

《生活保障调查》是日本人寿保险文化中心1987年开启的一项调

查，每3年进行一次，其目的是把握人们对保险的准备情况，包括人生规划意识、人寿保险意识、人寿保险覆盖情况等。调查对象为全国18～69岁的男性和女性，样本数4000人。

本次调查中，针对人们是否对晚年生活有不安和焦虑设置了以下问题。在"您对自己晚年生活的焦虑程度如何"这个问题中，设置了"非常焦虑""焦虑""稍有焦虑""不焦虑""不清楚"5个选项。这份调查中，我们把选择前3项的家庭作为对晚年生活感到焦虑的家庭比例。对晚年生活感到焦虑的家庭占比，自1998年后逐年上升，1998年为79.9%，2013年高达86%，之后一直保持平稳状态。此外，感到非常焦虑的家庭占比，1998年为16.1%，2010年上升了将近10%，达到26%。相反，感觉不焦虑的家庭占比1998年为16.6%，之后一直下降，2010年已经降至11.5%。

具体来说，家庭究竟是对晚年生活的什么方面感到焦虑呢？人寿保险调查为回答对晚年生活感觉焦虑的家庭准备了如下问题："具体来说，您到底焦虑、担心什么呢？"

在选项中，选择比例最高的是"仅靠退休金不够用"，其次是"担心身体健康影响日常生活"。回答"仅靠退休金不够用"的家庭占比从1998年开始上升了近10%，2010年达到峰值83.7%，2019年也超过了80%，一直保持高水平运行。回答"担心身体健康影响日常生活"的家庭占比也是逐年上升，在2019年达到57.4%，比回答"仅靠退休金不够用"的家庭占比低了20%以上。

公众对社会养老制度的信心，可以从"您是否认同退休金可以提供晚年日常生活所需的大部分资金"这个问题的答案中分析出来。选项包括"完全认同""认同""不太认同""完全不认同""不清楚"。可以将其中回答"不太认同"和"完全不认同"的家庭占比合计，认为是不相信退休金可作为晚年生活主要手段的家庭占比。初期，这一比例是下降趋势，1988年为63.1%，1993年降至58%。这一阶段，对应的是日本泡沫经济的产生期至破灭初期，家庭对社会养老制度的信心短暂高涨，反映了当时经济的蓬勃发展。之后，对社会养老制度失去信心的家庭占比出现增加趋势。2007年升至82.3%，之后一直在78%～80%之间波动。近八成的家庭认为，仅靠退休金是很难维持日常生活的。

我们从《生活保障调查》中发现，很多家庭认为靠退休金无法维持稳定的晚年生活，并因此对晚年生活感到担忧。

《家庭金融行为民意调查》数据

《家庭金融行为民意调查》是日本金融广报中央委员会开展的，自1963年开始每年实行一次，其目的主要包括两个方面：一是掌握家庭的资产、债务以及家庭规划等情况，通过这些方式宣传掌握金融知识的重要性；二是为家庭行为分析提供相关调查数据。

采用分层两阶段随机抽样的方法，从全日本抽取调查对象[①]，对象家庭为20岁以上，成员2人以上的家庭（8000户），以及20岁以上70岁以下的单人家庭（2500户），这里的分析对象是数据可以长期使用的2人以上家庭。

在这项调查中，对晚年生活认识的提问内容与《生活保障调查》几乎是相同的，而且每年都进行，其调查数据的长期可用性正是《家庭金融行为民意调查》的优势。图6-5是以成员不满60岁的家庭为对象，显示了对晚年生活未感到担忧的家庭占比变化。此外，对于不担心晚年生活的家庭，他们的理由是因为有退休金和保险，图中也显示出了这些家庭的占比情况。不担心晚年生活的家庭占比，1992年为33.6%，之后急速下降。降幅较为明显的时期为"失去的十年"中的1992—1998年，1998年为14.3%，降至1992年的一半以下。1998年

[①] 该调查在2000年以前叫作《储蓄和消费相关民意调查》，2001—2006年叫作《家庭金融资产相关民意调查》。

以后，其降幅趋缓，2019年降至11%。在不担心晚年生活的理由中，回答因为有退休金和保险的家庭占比在1984年为49.2%，之后上升，1996年达到最高值67.8%。因此可以认为，20世纪90年代中期，人们对社会养老制度依然是有信心的。这种趋势与《生活保障调查》中的"您认为退休金可以提供晚年日常生活所需的大部分资金"这个问题是有相似之处的，即回答"不认同"的家庭占比合计，自20世纪80年代后期至90年代前期是下降的。

图6-6显示的是以不满60岁的家庭为对象，其中担心晚年生活的家庭占比变化图。此外，对于担心晚年生活的家庭，他们的理由是因为退休金和保险不够用，图中也显示了这些家庭的占比。担心晚年生活的家庭占比，在1992年至21世纪前期出现了急速上升，之后上升趋缓。1992年占比为63.7%，金融危机之后的1998年为85.5%，爆发全球金融危机的2009年上升到91%，之后一直在86%~89%之间波动。

此外，回答"退休金和保险不够用"的家庭，自20世纪80年代后

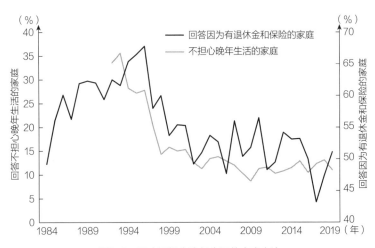

图6-5　日本不担心晚年生活的家庭占比
资料来源：日本金融广报中央委员会《家庭金融行为民意调查》。

图6-6　日本担心晚年生活的家庭占比
资料来源：日本金融广报中央委员会《家庭金融行为民意调查》。

期的泡沫经济时期至90年代中期减少后，又出现了增长势头，1996年
占比为59%，2019年增长到70.5%[①]。

• **本章小结**

　　本章中，作为影响家庭行为的重要因素，我们重点关注的是消费
者认知，并且分析了日本家庭意识的变化情况。消费者认知大致可以
分为随着日常经济形势变化的经济周期认知，以及家庭对经济制度形
成的结构性认知。

　　对于前者，我们使用日本内阁府《消费动向调查》中的消费者态
度指数，定量分析消费者认知中包含的一些信息对于消费支出产生的
影响。对于消费者认知的后者，我们选取了社会养老制度，通过使用
人寿保险中心的《生活保障调查》以及金融广报中央委员会的《家庭

---

① 比起"退休金和保险不够用"，许多家庭担忧晚年生活的更重要的原因是"金融资产不足"。
　　无论在哪一时期，七成以上的家庭都将"金融资产不足"作为他们担忧晚年生活的理由之一。

金融行为民意调查》的数据，分析消费者对社会养老制度看法的变化与家庭对晚年生活的担忧之间的联系。通过分析得知，在每项调查中，家庭都认为社会养老制度是脆弱的，并因此对晚年生活感到焦虑。

消费者对于经济制度的认知一旦形成，在很长一段时间是不会改变的，因此我们可以认为它会对家庭行为产生影响。为了分析对社会养老制度的认知如何影响家庭的消费行为，我们首先需要阐明家庭对退休金的认知是如何形成的，明确其发生机制，因此就需要问卷调查的个票数据。下一章中，我们使用《家庭金融行为民意调查》中的个票数据，从担心晚年生活的家庭群体中识别出了认为"退休金和保险不够用"的家庭，分析这些大概率属于"因为退休金和保险不够用而担心晚年生活"的家庭有哪些属性，同时定量分析迄今为止的数次养老制度改革使家庭对这一制度的认知发生了怎样的变化。

第7章
基于《家计调查》的家庭行为

家庭的经济活动多种多样,通过提供劳务获得工资收入,同时也通过提供劳务之外的其他各种生产要素获得收入。比如通过出租房屋或土地等实物资产赚取租金和地租,通过存款、购买债券、股票等金融资产赚取利息和分红。此外,开展个体经营的家庭,通过经营也能够获得收益。将这些劳动收入、财产收入以及混合收入合计起来就是家庭的总资产。总资产减去个人所得税、社保费用等就是可支配收入,分配给家庭储蓄和消费。储蓄不仅包括购买金融资产,还包括购买住房等实物资产。为购买实物资产从银行等金融机构借款的话,则计为负储蓄。购买实物资产、金融资产净增长都会使实物资产和金融资产存量增加,会影响下一期的财产收益。

家庭行为包括劳动供给行为、消费储蓄行为、资产选择行为等多方面。本章中,我想系统性地捕捉1970年以后至现在日本家庭的行动轨迹。在日本,分析家庭行为的代表性的政府统计数据有3个:日本总务省统计局的《家计调查》《全国消费调查》,以及厚生劳动省的《国民基本生活调查》。其中,《国民基本生活调查》是针对构成国民生活的基本内容,包括保健、医疗、福利、退休金、收入等进行的调查,不包括家庭的消费行为以及与资产形成相关的内容。

日本总务省统计局的两个调查中有一些相似点和不同点。《全国消费调查》是每5年一次,而《家计调查》是每月一次。《全国消费调查》是大规模的调查,在2014年的调查中,对象家庭约5.64万户(其中单人家庭4700户)。而《家计调查》的样本数量不到9000户(其中单人家庭700户),部分原因可能是因为每月都进行调查。也正是因为《家计调查》每个月都进行,所以总务省统计局能够及时掌握经济

157

冲击发生时对家庭行为产生的影响[1]。

到目前为止，日本经济遭受了石油危机、资产泡沫、"失去的十年"、金融危机、全球金融危机、日本东北部海域大地震、新冠肺炎疫情等各种各样的冲击。本章的目的之一是希望探明这样的经济冲击事件会对家庭造成怎样的影响，家庭行为会发生怎样的变化？家庭调查是描述家庭对冲击事件反应的最佳统计数据。

下面，我们使用1970年以后的家庭调查数据，以2人以上职工家庭为对象，从收入、支出、资产选择等多角度阐述家庭的行为，并阐明1970年以来家庭行为的变化趋势[2]。

•《家计调查》的结构

第二次世界大战后的《家计调查》，是由1946年7月开始的《消费物价调查》演变而来的。1962年7月，调查总体扩展至全国区域，调查对象扩大至168个县市町，约8000户家庭。此外，1981年1月开始，调查对收支项目进行了大幅修正，消费支出由原来的5大支出分类调整为10大支出分类。为了配合这次调整，将1970年以后月度数据的基本结果按照新的分类方法重新进行了制作、公布。2002年1月开始，调查对象扩大到包括单人家庭在内的约9000户。

在调查项目上，根据家庭账簿，对在职家庭和失业家庭的日常收入、支出进行了调查，对于非在职、失业家庭，则只调查了其支出方面。此外，对于包括入账开始月份在内的过去1年的收入，根据"年收入调查表"进行调查。针对所有被调查家庭，根据"户籍卡"对家庭以及家庭成员的属性、居住状态等相关事项进行调查。最后，对2人以上的家庭，使用"储蓄调查表"对家庭的储蓄、债务状况，以及

---

[1] 佐野等人对《国民基本生活调查》《全国消费调查》《家计调查》中的各项数据的统计特征进行了整理。他们发现，对于2人以上的家庭，被调查家庭的属性平均值没有明显差异。

[2] 有关资产和债务情况，使用2002年以后的数据进行分析。

住房等土地房屋购买计划进行调查。

《家计调查》结果分为"家庭收支篇"和"储蓄、债务篇"两部分。"家庭收支篇"中记载了家庭日常的收支状况。"储蓄、债务篇"中，自2002年1月开始将原来实施的《储蓄动向调查》并入《家计调查》，发布了2人以上家庭的储蓄、债务状况。

· 家庭收入的变化

通过年收入五分位等级，我们看一下1970年以后家庭实际年收入的变化情况。年收入指的是家庭各成员的税前收入，即实际收入的月平均值乘以12的年化值。用其除以2015年的基准消费物价指数（综合）求出实际值。

在确认年收入的变动趋势之前，先来简要介绍一下这里的年收入概念。《家计调查》中记录的年收入金额，不是根据实际收入求出的，而是"年收入调查表"中的调查数据。实际收入是家庭账簿中记录的金额。根据家庭账簿计算出的年收入金额小于"年收入调查表"中的金额。

以2018年2人以上职工家庭为例，第1、2、3、4、5分位按实际收入计算的年收入金额分别为378万日元、513万日元、616万日元、762万日元、1084万日元。"年收入调查表"中的分别为355万日元、527万日元、662万日元、831万日元、1228万日元。可以看出，除了第1位，根据实际收入计算的年收入金额都被低估了[①]。

尽管存在这种低估收入的问题，但是因为1970年以前的"年收入调查表"中的金额无法根据年收入五分位级别进行计算，所以我们使

---

① 多田隼士和三好向洋对由家庭账簿计算的年收入被低估的原因进行了详细分析。根据他们的分析，在家庭账簿的户主收入中，存在漏记奖金、未记录收入的情况。配偶和其他家庭成员的工资收入、退休金等也存在漏记情况，因此导致年收入被低估。

用基于家庭账簿的年收入金额展开讨论①。

图7-1显示的是1970—2018年家庭实际年收入金额按年收入五分位级别表示的结果。从1970年到进入"失去的十年"的1991年，所有阶层的实际年收入均有所增加。1991年以后，年收入增长趋势停止，而且还略有下降。值得一提的是，1970—1991年五个级别实际年收入的年平均增长率分别为2.0%、2.1%、2.3%、2.4%、2.5%，随着收入阶层的提高，增长率也略有增加。此外，1991—2018年实际年收入的年平均增长率分别为-0.1%、-0.2%、-0.3%、-0.2%、-0.1%，所有阶层都是负增长。由此可见，1990年以后日本家庭年收入一直停滞不前。

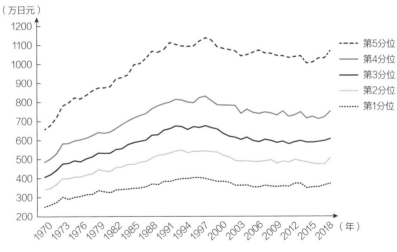

图7-1　日本家庭年收入五分位级别变动趋势
资料来源：日本总务省统计局《家计调查》。

---

① 在抽样区间中，如果根据家庭账簿计算出的年收入与年收入调查表中的年收入低估比率是一定的，即使使用的是根据家庭账簿计算出的年收入，也可以很好地捕捉到年收入的变化特征。

• 对道格拉斯－有泽法则的验证

在上文中，我们发现，家庭收入下滑可能对家庭的劳动力供给行为产生影响。丈夫的收入水平与妻子的就业率水平之间是负相关关系，发现这一关系的就是著名的道格拉斯－有泽法则，在日本也有很多实证分析。小原美纪使用家庭经济研究所《消费生活相关面板数据调查》中1993—1997年的调查数据，在1993年以24～34岁的女性为调查对象，并使用有配偶的样本数验证了这一假说。在样本期间，道格拉斯－有泽法则设想的丈夫收入高与妻子就业率低之间的关系正在减弱。

武内真美子也使用家庭经济研究所《消费生活相关面板数据调查》中的个票数据，通过面板数据分析验证了道格拉斯－有泽法则的有效性。使用固定效应模型时，同一个家庭中，丈夫3年间的长期收入变化并未对妻子的就业决定产生统计学意义上的影响，这一结果否定了道格拉斯－有泽法则。但是在随机效应模型下，丈夫收入水平与妻子就业率之间呈负相关关系，表明道格拉斯－有泽法则是成立的。

小原美纪将《消费生活相关面板数据调查》的时间延长至2004年，再次验证道格拉斯－有泽法则。此研究的一大特色是分析了丈夫在非自愿情况下离职时对妻子就业的影响。结果显示，丈夫在非自愿情况下失业的话，已经工作的妻子会增加劳动时间，未就业的妻子则会参与到劳动市场中，支持了道格拉斯－有泽法则的有效性。这项研究包含了21世纪初期的经济严重衰退期，可以认为是妻子通过工作弥补丈夫收入的减少。

长町理惠子和勇卜和中的研究也证实了这一点。他们将抽样时间从1986年延长至2013年，使用日本总务省统计局《劳动力调查》中详细汇总的个票数据分析了妻子的就业行为。在整个分析期间，丈夫收入增加、妻子就业率逐渐下降这一现象一直非常稳定，但是在1992—1997、1998—2001年，下降趋势放缓，这与小原美纪、武内真美子的研究结果是一致的。但是接下来，因丈夫收入增加，妻子就业率下降的趋势再次出现。

下面，我们将使用《家计调查》的近期数据，验证道格拉斯－有泽法则的有效性，本研究的对象家庭为2人以上的职工家庭。家庭的固定收入分为18个等级，包括固定收入不满9.9999万日元到110万日元以上的家庭。通过合并年度数据，可以确保样本数量的充足性。样本区间为2000—2018年的19年，样本总数为342。图7-2显示了自2002年起，每5年按照户主的固定收入等级划分的妻子就业率。每一年，妻子的就业率模式都是相同的，在固定收入35万日元以上40万日元以下级别是上升趋势，之后到60万日元以上65万日元以下是持平状态，然后急速下降。此外，妻子的就业率曲线独立于丈夫的收入之外，逐年上移，表明拥有稳定工作的女性在增加。

可以将这里的数据集视作一个以固定收入阶层为单位的面板数

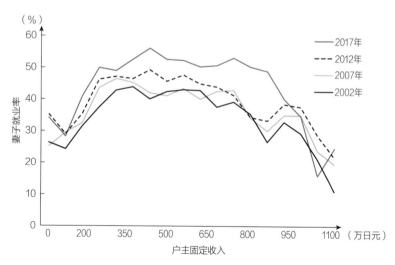

图7-2　按户主固定收入等级划分的妻子就业率
资料来源：日本总务省统计局《家计调查》。

据。我们可以使用这一数据定量分析决定妻子就业率的因素。被解释变量是妻子的就业率，解释变量为户主实际收入的对数值、户主固定收入占其收入的比重、社保费用占工资收入的比重以及时间趋势。样本期间为2000—2018年的19年。社保费用包括养老费、健康医疗费、护理费和其他社保费用。社保费用占工资收入的比重升高，意味着会对家庭产生压力。因此，这一比重可看作家庭对社会保险制度负担感的指标，后面会为大家介绍这一指标的变动情况。

估算方法是可行的广义最小二乘法。假定误差项具有异方差性，并且每个固定收入阶层的误差项是根据不同的一阶序列相关性假设估算的。

估算结果如式7-1所示。

$$workwife = 99.4657^{***} - 2.5303^{***}\log(rincome) - 0.6156^{***}yregular$$
$$(5.51) \qquad (-3.05) \qquad\qquad (-6.86)$$
$$+2.1368^{***}ssecurity + 0.3288^{***}time \qquad\qquad (7-1)$$
$$(6.40) \qquad\qquad (3.84)$$

式中，括号内为t值，***表示有效性水平为1%。

所有变量的系数估算值都是有意义的，结果与经济学理论吻合。户主的实际收入对妻子的就业率有明显的负面影响，这一结果支持了道格拉斯 – 有泽法则。另外，户主的固定收入占家庭收入的比重升高，妻子的就业率会出现明显的下降。这一结果表明，如果丈夫的固定收入占比下降，收入波动增加的话，为了保持家庭收入的稳定性，妻子的就业率就会升高。

社保费用占工资收入的比重越高，家庭对社会保障制度的负担越强。此外，社保费用给家庭收入带来的压力，也会提高家庭对社会保障制度脆弱性的认识。在这种情况下，为了弥补社会保障制度出现的问题，妻子会采取行动增加劳动力供给和家庭收入。

最后，时间趋势为明显的正系数数值表明女性正在走向社会。《家计调查》中不同收入阶层的数据分析也支持了道格拉斯－有泽法则。第9章中，我们使用庆应义塾大学面板设计分析中心提供的《日本家庭面板数据调查》中的微观数据，对道格拉斯－有泽法则再次进行验证，得到了与《家计调查》数据相同的结果，从实证分析的角度支持了道格拉斯－有泽法则。

• 非消费支出和社保费用的变动

非消费支出，指的是家庭无法自由控制的支出项目，如直接税、社保费用等。直接税包括个人所得税、居民税以及其他税费（财产税、遗产税、汽车税等）。社保费用包括养老保险、健康保险、护理保险以及其他保险费用（聘用保险等）。此外，滞纳金、罚款等也属于非消费支出。

《家计调查》中记录的直接税和社保费用的规模，是否正确反映出了家庭的实际负担呢？大野太郎等人使用《全国消费调查》《家计调查》的数据，对统计结果中的各项税费、社保费用的录入值进行比较，分析各统计的特征及其中的不同。多田、三好指出，由于固定收入和奖金被低估，所以申报的个人所得税可能会降低。与所得税相同，社保费用也可能会申报过少。家庭账簿中记录的收入并不全面，这在社保费用申报过少上也有所反映。特别是2003年，导入了福利养老金保险和健康保险的全额补偿制度，因为对奖金部分也要征收社保费，所以也会对社保费用的录入值产生影响。

在注意以上这些要点的同时，我们看一下家庭负担的税费、社保费用的变动情况。图7-3显示了按年收入五分位等级划分的非消费支出占实际收入比重的变动趋势。无论阶层，20世纪70年代至80年代中期，非消费支出占实际收入的比重均有所上升，例如第1分位1970年的占比为4.8%，1985年上升至11.1%；第5分位1970年的占比为10.6%，1985年上升至20.1%。之后，虽然上升的速度有所下降，但

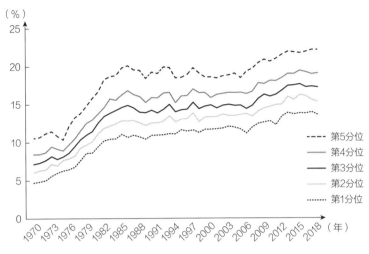

图7-3 日本非消费支出占实际收入的比重
资料来源：日本总务省统计局《家计调查》。

仍然维持稳定的上升势头。2018年，第1分位的占比为13.6%，第5分位的占比为22.2%。比较收入阶层发现，随着收入阶层的升高，非消费支出占实际收入的比重也在上升，而且呈现递进结构。

那么，非消费支出的内部又是怎样变化的呢？图7-4显示了社保费用占非消费支出比重的变动趋势。无论收入阶层，20世纪70年代中期至80年代后期，社保费用占非消费支出的比重都在缓慢下降。第1分位1977年的占比为67.2%，1987年降至61.0%；第5分位1977年的占比为35.7%，1987年降至30.0%。但是，1990年以后，社保费用的占比又大幅上升。2018年社保费用占非消费支出的比重为第1分位67.9%，第5分位51.0%，第5分位的上升幅度更大。这是因为经过"失去的十年"以后，家庭的收入增长一直低迷，而家庭缴纳的税费没有增加正反映了这一点。观察家庭1991—2018年缴纳的直接税费额的变化可见，第1分位微增0.3%，而第2分位～第5分位均减少了。

近年来，家庭缴纳的社保费用在稳步上升。另一方面，我们在前

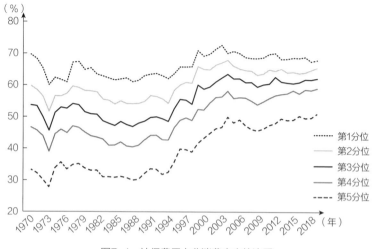

图7-4　社保费用占非消费支出的比重
资料来源：日本总务省统计局《家计调查》。

文中已经看到，1991—2018年所有阶层的家庭年收入都降低了。这些事实都意味着，增加支出的社保费用正在给家庭生活带来压力。

在这里，我们将社保费用占工资收入的比重作为显示家庭对社保费用负担感的指标。

图7-5显示了按年收入五分位等级划分的，1970年以后社保费用占工资收入比率的变化图。除去20世纪80年代后期和21世纪中期，1973年以后，社保费用占工资收入的比重一直在上升，而且不同收入阶层之间没有明显的差距。社保费用占工资收入的比重，1973年为3.41%~3.97%，2018年为11.09%~11.99%，上升了约8个百分点。

社保费用的多少取决于家庭的工作收入，社保费用占家庭工作收入的比重越高，家庭的社保费用负担越大。家庭社保负担的增加，会使他们意识到社会保障制度本身的脆弱性，也会导致家庭行为的变化，这在社会养老制度中表现最为明显。一旦家庭认识到社会养老制度的脆弱性，他们就会增加储蓄以备晚年之需。下面我们通过数据来

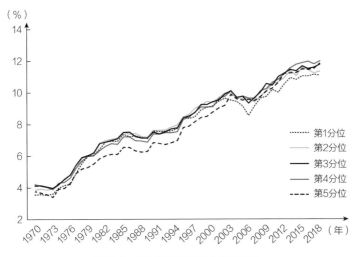

图7-5　社保费用占工资收入的比重
资料来源：日本总务省统计局《家计调查》。

证明这一点。

1984年以后，在日本金融广报中央委员会的《家庭金融行为民意调查》中显示了被问及"如何看待自己的晚年生活"时，回答"担忧"的家庭（户主未满60岁的家庭）占比；也显示了在被问及"为什么担忧晚年生活"时，回答"因为退休金和保险费不够用"的家庭（户主未满60岁的家庭）占比情况。计算两者的乘积可以求出"在担心晚年生活的家庭中，回答'退休金和保险费不够用'的家庭占比"。然后按照年收入五分位等级，计算出这一占比与"社保费用占工资收入比率"之间的相关系数。相关系数的大小为第1分位0.7755，第2分位0.8231，第3分位0.8289，第4分位0.8139，第5分位0.8378，随着收入阶层的升高，正相关性增强[①]。此外，《家庭金融行为民意调查》中也公布了在被问及"持有金融资产的目的是什么"时，回答"作为养老

---

① 　相关系数在1%水平均有效。

生活费"的家庭占比情况，同样也按照年收入五分位等级，计算出这一占比与"社保费用占工资收入的比重"之间的相关系数。相关系数的大小为第1分位0.9435，第2分位0.9495，第3分位0.9559，第4分位0.9649，第5分位0.9670[①]。综合以上的结果，我们认为可以将"社保费用占工资收入的比重"作为反映家庭对社会保障制度信心程度的指标。

• 盈余率的变化

《家计调查》中的盈余率是与家庭储蓄率相对应的概念。实际收入指的是家庭税前收入，从中扣除非消费后就是可支配收入。盈余是实际收入与实际支出的差额，实际支出包括消费支出和非消费支出，盈余是从可支配收入中扣除消费支出后的余额，也就是储蓄部分。因此，盈余额除以可支配收入得到的盈余率，就是与家庭储蓄率相对应的概念。

虽然盈余率是一个与家庭储蓄率相对应的概念，但根据《家计调查》计算出的盈余率与国民经济核算（SNA）计算出的宏观家庭储蓄率之间出现了较大程度的背离。到目前为止，有关这一差距从何而来的研究已经很多了。下面笔者会在对过去研究进行整理的基础上，观察盈余率的变动情况。

岩本康史等人是对《家计调查》的储蓄率与宏观储蓄率之间的背离现象进行综合分析和研究的先驱。他们认为，1970—1993年，《家计调查》与国民经济核算的家庭储蓄率背离情况中，其中超过40%可以用两个统计概念之间的差异进行说明，超过20%可以用《家计调查》的样本偏差进行说明。因此，背离中的三分之一是不能用这两个原因解释的。

---

① 相关系数在1%水平均有效。

　　宇南山卓和米田泰隆在继承岩本康史等人研究成果的基础上，进一步对《家计调查》与国民经济核算储蓄率背离情况的发生原因进行了综合研究。他们的研究基于新标准2008国民经济核算数据，分析了1994—2015年产生背离的原因。他们认为，产生背离的原因主要有3个。

　　第一个原因是调查总体的差异。国民经济核算调查覆盖了日本所有的家庭，但《家计调查》仅以2人以上家庭中的职工家庭为对象，并不包括失业家庭。失业家庭的盈余率为负数，由于样本中包含了失业家庭，导致两者之间的差距缩小。此外，对于2000年以后有数据的情况下，储蓄率根据包括单人家庭在内的家庭总数进行了调整。

　　第二个原因是收入、消费概念的不同。这一原因中包括很多项目，其中特别重要的一项是房屋可归属租金的处理方法[1]。国民经济核算体系中，房屋的可归属租金计入消费支出，也计入个体经营业者的经营结余，《家计调查》中没有对可归属租金进行调整。

　　第三个原因是统计中的一些误差[2]。根据他们的研究报告，通过对以上因素进行调整，对这一时期平均值为21%的储蓄率背离中的93%都可以进行说明。调整效果最明显的是失业家庭。根据宇南山卓和米田泰隆的研究，如果将失业家庭考虑在内，《家计调查》储蓄率平均下降8.8%，到2015年将下降14.1%[3]。

　　基于以上前期研究成果，对盈余率和国民经济核算家庭储蓄率进行了两种调整。我们会对两种调整如何缩小盈余率与国民经济核算家庭储蓄率的背离情况进行评估。图7-6显示的是未对失业家庭进行调

---

[1]　除了对持有房屋的收入和支出进行调整，宇南山卓和米田泰隆的研究中包括的项目还有其他投资所得、其他普通转移、资产税、非寿险净保险费、现金收支、个体经营企业的存货评估调整额、利息支出、利息收入等。
[2]　统计中的误差为《家庭调查》中对耐用消费品等支出的低估、财产收入的低估、家庭账簿收入金额的低估等。
[3]　岩本光一郎等人的研究指出，将失业家庭因素考虑在内，可以对差异中的约3%进行解释。

整前的盈余率与国民经济核算家庭储蓄率趋势。《家计调查》的盈余率是以家庭成员2人以上的职工家庭为对象计算的。如前期研究指出的那样，盈余率与国民经济核算家庭储蓄率存在较明显的背离情况。盈余率自1974年开始缓慢下降后，1983—1998年上升，之后又出现缓慢的下降趋势，但在2014年之后又开始上升。2018年盈余率超过30%，为1970年以来的最大值。与此相对，国民经济核算储蓄率的变动情况是，截至20世纪70年代中期与盈余率基本相同，之后一直是下降趋势。与盈余率的背离程度逐年扩大，但在2014年之后也呈现上升趋势，这与盈余率的变动是相同的。

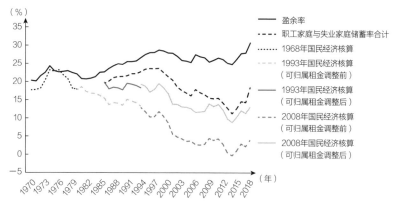

图7-6　盈余率与国民经济核算家庭储蓄率的比较
资料来源：日本内阁府《国民经济核算》、总务省统计局《家计调查》。

在此，我们还对盈余率与国民经济核算家庭储蓄率进行了如下调整。首先是盈余率，计算的是2人以上职工家庭与失业家庭盈余率的合计储蓄率。

1986年以后的失业家庭盈余率是可以使用的。1986—2018年，失业家庭的平均年龄为69.6岁，盈余率平均值为-27.0%。可以看出，失业家庭中的退休家庭正在通过提取储蓄维持晚年生活。2人以上职工家庭与失业家庭的合计盈余率的计算方法是，将各自的盈余率按可支配收入份额进行加权平均①。

另外一个调整是针对国民经济核算家庭储蓄率展开的。在国民经济核算体系中，房屋的可归属租金计入消费支出，也计入个体经营业者的经营结余，构成可支配收入的一部分。为了配合《家计调查》中的盈余率概念，从消费支出和可支配收入中减去可归属租金后，再计算家庭储蓄率。图7-6显示的是调整后的盈余率与国民经济核算家庭储蓄率1986年以后的变化情况。两组储蓄率的走向极为接近，两者间的背离幅度大大缩小。1986—2018年间背离幅度，调整前为18.9%，调整后缩小至3.6%。

因此，家庭层面微观储蓄率与国民经济核算层面宏观储蓄率之间差距的大部分可以通过调整调查总体和可归属租金弥补。此外，两组数据在1998—2014年均为下降趋势，这是由失业家庭相对增加引起的。

最后，我们看一下年收入五分位阶层的盈余率变动情况。高收入阶层、盈余率越高。进入21世纪后，第5分位和第1分位的盈余率差不断扩大，2018年达到23.9%。我们接着看一下不同时期的变化情况。无论收入阶层，盈余率在20世纪80年代初期至20世纪90年代后期都在稳步上升，之后是持平状态，除第1分位，21世纪前十年初期再次上升。

• 家庭持有资产的变动

家庭盈余（储蓄）会用于存款、购买股票、债券等金融资产。此外，当用于购买土地或者房产时出现了超过自身储蓄的部分，或者将目前为止的储蓄提取出来使用，或者向金融机构借款。盈余会导致金融资产余额、实物资产余额以及借款余额的改变。在这里，我们希望

---

① 可支配收入份额，是用2人以上职工家庭和失业家庭的平均可支配收入乘以各自家庭总数得到合计可支配收入后求出的份额。

探明这类家庭的资产持有情况。

2002年以后，《家计调查》中增加了《储蓄和负债篇》。下面，我们将按照与收入、消费、储蓄相同的方法，研究1970年以后持有资产的变动趋势①②。

图7-7显示的是1970年以后实际总金融资产余额与实际净金融资产余额的变动趋势。在1970年至20世纪90年代初期，总金融资产余额与净金融资产余额几乎是平行移动的，之后两者之间的差距不断扩大。也就是说，进入"失去的十年"以后，20世纪90年代中期总金融

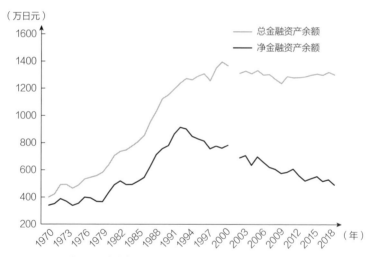

注：1970—2000年的金融资产余额为《储蓄动向调查》中的数据。

图7-7　日本金融资产余额变动图
资料来源：日本总务省统计局《储蓄动向调查》《家计调查》。

---

① 前田佐惠子确认了有关家庭资产和负债的典型统计调查《全国消费调查》《家计调查》《国民基本生活调查》《金融广报中央委员会调查》之间的相互一致性，同时通过对宏观统计数据进行比较，分析了调查的特点以及使用过程中的注意事项。

② 《家计调查》中并没有公布家庭持有的土地资产和住宅资产的价值。但是，岩本光一郎等人据《家计调查》中的个别数据估算了每个家庭的住宅、土地资产价值。根据他们的分析结果，家庭持有的住宅、土地资产占家庭总资产价值的绝大部分。

资产余额几乎没有变化，但是由于负债的增速快于金融资产的积累速度，所以净金融资产余额出现了减少的趋势。我们认为，负债的增加主要与购买土地和住宅等行为密切相关。表7-1显示的是2002—2018年各年龄阶层住房拥有率的变化情况，可见年轻人的住房拥有率明显上升。住房拥有率的上升幅度为29岁以下人群12.7%，30~39岁人群16.7%。表7-2也显示了不同年龄阶层在2002—2018年，购买土地、房屋的负债余额与年收入之间的比率。随着29岁以下和30~39岁人群住房拥有率的上升，负债余额占年收入的比率也明显上升。负债余额占年收入比率的上升幅度分别为71.2%、96.2%。在近年来负债激增的背景下，40岁以下的年轻一代引领了购买土地和住宅的热潮[1]。

表7-1　日本不同年龄层住房拥有率（%）

年龄层 / 年份	29岁以下	30~39岁	40~49岁	50~59岁	60~69岁
2002	18.1	47.9	74.1	85.4	84.6
2018	30.8	64.6	77.9	85.8	88.3
差额	12.7	16.7	3.8	0.4	3.7

资料来源：日本总务省统计局《家计调查》。

表7-2　日本不同年龄层购买土地、住房的负债余额占年收入比率（%）

年龄层 / 年份	29岁以下	30~39岁	40~49岁	50~59岁	60~69岁
2002	47.7	109.7	101.2	52.9	23.8
2018	118.9	205.9	135.9	67.1	30.5
差额	71.2	96.2	34.8	14.3	6.7

资料来源：日本总务省统计局《家计调查》。

---

[1] 堀冈和新见使用《家计调查》的数据分析发现，以30岁人群为中心，2000年以后，他们获取住房贷款更加容易，这使得房屋所有者数量激增。但是，他们发出了这样的警告：住房贷款还款负担的增加，导致金融资产的积累受阻，无法为晚年生活积累足够的资产财富。

如果总结2002年以后日本家庭资产的变动情况，可以发现总金融资产余额几乎没有变化，以年轻一代为中心，住房拥有率不断上升，负债余额不断增加。那么其背后的原因是什么呢？下面，我们会将5个年龄层（29岁以下、30～39岁、40～49岁、50～59岁、60～69岁）在2002—2018年的汇总数据作为面板数据，进行定量分析，推算住房拥有率函数、金融资产余额函数以及负债余额函数。各函数的被解释变量分别为住房拥有率、总金融资产余额对数值、负债余额对数值[①]。相同的解释变量为实际年收入对数值、实际利率、户主年龄以及家庭成员数。实际利率，是用城市银行住房抵押贷款利率减去基于消费物价指数的通货膨胀率。此外，负债余额函数中，住房拥有率也为解释变量。估算方法是可行的广义最小二乘法。

表7-3总结了测算结果。无论在哪个函数条件下，实际年收入的系数估算值，是明显的正系数值。年收入下滑，在购买住房、积累金融资产、负债等方面没有发生明显的变化。事实上，金融资产余额在21世纪基本没有变化，所以这与测算结果是一致的。此外，住房拥有率的升高以及负债余额的增加，都可以用实际利率的下降说明。

日本央行在1999年2月至2000年8月实行了零利率政策，2002年3月以后实行了量化宽松的政策，2013年4月以后实施了量化定性的宽松政策，利率已降至接近于零。因为实际利率会对住房拥有率产生明显的负面影响，因此可以认为利率的下降与住房拥有率的上升相关。此外，由于住房拥有率对负债余额产生了明显的正面影响，住房拥有率的上升导致负债余额的增加。

[①] 这里的负债是包括购买土地、住宅的负债在内的总负债。即使仅使用购买土地、住宅相关的负债进行测算，结果也基本没有变化。

表7-3　住房拥有率函数、金融资产余额函数、负债余额函数的测算结果

项目	解释变量					
	实际年收入对数值	实际利率	户主年龄	家庭成员	住房拥有率	样本数
被解释变量 住房拥有率	0.1705*** （4.67）	−0.7572*** （−3.37）	0.0174*** （23.32）	0.1477*** （6.48）	—	85
金融资产的余额对数值	0.5701*** （4.03）	0.4496 （0.74）	0.0484*** （20.36）	0.1233** （2.19）	—	85
负债余额的对数值	0.6919*** （4.37）	−1.3133 （−1.26）	−0.0888*** （−12.96）	0.2221** （2.43）	3.7909*** （10.49）	85

注：1. 括号内为t值。
　　2. **、***分别表示有效性水平为5%、1%。
资料来源：作者根据公开资料整理。

• 本章小结

　　本章中，我们从收入、社保费用的缴纳、盈余率和资产形成等多角度分析了日本1970年以后的家庭行为。1990年以后，家庭所处的经济环境对家庭行为产生了压力，年收入持续下滑，家庭无法自由支配的非消费支出，特别是社保费用占收入的比重不断升高。为了弥补家庭收入的减少，妻子的就业率上升。自21世纪前十年的中期开始，职工家庭的盈余率不管攀升，但家庭金融资产余额的增长依然很低。虽然以年轻人为中心的住房拥有率升高了，但是与土地、住房相关的负债也有所增加，金融资产余额在稳步下降。

　　人口老龄化的发展是对未来家庭行为影响最大的社会现实。在老龄化程度不断加深的情况下，稳定的社会保障体系是人们度过舒适、安心的晚年生活必不可少的。但是家庭对于现行社会保障体系持怎样的看法，也就是家庭对社会保障制度的信心如何，这一点是非常重要的。社保费用占工资收入的比率是反映家庭对社会保障制度负担感的指标，家庭社保费用负担越高，对社会保障制度的脆弱性认识也会不

断升高。

在下一章中，我们会使用日本金融广报中央委员会《家庭金融行为民意调查》的个票数据，对回答"因退休金和保险不够用担心晚年生活"的家庭群体进行识别，分析具有哪种属性的家庭被划入这一群组的概率更高。此外，我们还会对至今为止开展过的社会养老制度的改革是否成功消除了家庭对于这一制度的担忧和不安进行定量分析。

第8章
家庭对社会养老制度的看法

　　家庭的经济活动会受其所处经济环境的巨大影响。对家庭来说，重要的经济环境包括税收制度和社会保障制度。家庭通过提供各种生产要素获得收入，从收入中扣除个人所得税、社保费用后，再加上退休金等社会福利就构成了可支配收入。可支配收入分配给家庭消费和储蓄。如果税收制度或者社会保障制度发生变化，家庭的劳动供给行为、消费储蓄行为就会随之变化。但是，最重要的一点是，对经济制度变更的看法是家庭的主观评价。即使政府已经做好准备，根据经济社会制度的变化调整政策，但如果家庭没有认识到这种变化的重要性，家庭行为是不会发生改变的。

　　第6章中，我们运用各种统计数据和方法，从宏观角度分析了日本家庭的意识变化情况。但是在经济制度发生变化时，由于家庭属性的不同，每个家庭的反映情况应该也不同。本章中，我们会使用家庭的个票数据，定量分析经济制度变化时每个家庭的感知情况。本章中作为分析对象的经济制度是社会养老制度。

　　社会养老制度原本每五年变革一次，目标是通过预测未来的出生率、死亡率，并根据与经济增长相关的各种情景进行财政再计算，在此基础上预测未来的养老金财务状况，并通过制度变革维持财务状况的稳定。变革内容主要包括调整退休金支付水平、上调保险费率等导致家庭负担加重的举措。

　　对社会养老制度进行的改革，应该会对家庭的消费、储蓄行为产生很大的影响。为了了解制度变革如何影响家庭行为，捕捉其变动趋势，最重要的是要了解家庭对养老制度变革的评价以及产生的心理影响。例如，如果家庭认为制度变革会使未来的收益减少，那么他们对晚年生活的不安就会被放大，进而采取增加储蓄等预防性的行为弥补退休金的不足。

尽管家庭对每五年一次的社会养老制度变革的主观评价是影响家庭消费、储蓄行为变化的重要因素，但以往的研究并未对其进行充分分析。前期研究的重点主要是人们对社会养老制度的担忧，以及退休金变动对消费储蓄行为产生的影响，从社会养老制度变革导致人们对晚年生活的担忧发生变化这一角度展开的研究极少。

本章中，我们将根据日本金融广报中央委员会《家庭金融行为民意调查》中的个票数据，重点分析家庭对社会养老制度的变革的看法。这项调查中收录了最适合本章分析的问题，即"对于您家庭的晚年生活，在经济层面您是否会担心呢？"这一问题设置的选项有不怎么担心、有些担心、非常担心。对于回答"有些担心"和"非常担心"的家庭，还设置了追问原因的提问。选项中包括"因为退休金和保险不够用"，选择这一选项的可以视作因为退休金和保险不够用而担心晚年生活的家庭。此外，对于回答"不怎么担心"的家庭，也设置了询问理由的选项，选项中包括因为有退休金和保险，所以对于选择这一项的，可以将其视作因为有退休金和保险不担心晚年生活的家庭。我们对这样两个截然不同的家庭群体进行比较。

在本章，我们运用这些提问内容，对1984—2008年的25年间的长期数据进行分析。如前所述，目前的社会养老制度是在财政再计算的基础上，每五年变更一次。由于制度变革的时间是可以确定的，通过观察修订前后"因为退休金和保险不够用而担心晚年生活"的家庭，以及"因为有退休金和保险而不担心晚年生活"的家庭占比变化，可以定量分析家庭对社会养老制度变革的看法和主观评价。而且，由于调查中户主的职业也是确定的，所以可以探讨他们对社会养老制度变革的接受程度和方式，是否会因为他们参加的养老制度不同存在差异。

我们先看一下应用混合逻辑模型得到的分析结果。我分析了家庭对以下5次社会养老制度变革的看法，该分析是在对家庭持有的资产、收入等经济环境以及家庭的各种属性做出一定限制的基础上展开的。

引入基本养老制度的1985年修正案，其对晚年生活产生的影响与参加的养老制度无关，评价各异。引入全自动价格浮动系统的1989年修正案以及采用固定保费水平和宏观经济浮动系统的2004年修正案，无论是第一被保险人还是第二被保险人，对晚年生活感到担忧的家庭占比均明显下降。此外，对于决定上调退休金领取年龄的1994年修正案、2000年修正案，在第二被保险人中担忧晚年生活的家庭比重明显降低。

平均而言，虽然养老制度变革减轻了人们对晚年生活的担忧，但因户主年龄、收入所代表的家庭属性不同，对制度变革的反应也存在差异。对于1989年修正案、1994年修正案、2004年修正案，20岁、30岁的第二被保险人对修正案的效果持怀疑态度，这导致不担忧晚年生活的家庭占比下降。此外，对于2004年修正案和2004年修正案，我们发现第二被保险人的收入越低，对晚年生活焦虑的降幅越小。

• 社会养老制度对家庭生活的影响：前期研究回顾

我们先介绍一下有关家庭对社会养老制度感到担忧的研究。长井提出了一个与本章内容密切相关的结论，即对社会养老制度的认知程度会导致对未来生活的担忧。长井发现，了解养老制度会对伴随保费增加出现的近期生活焦虑产生影响。与长井不同，笔者着眼于养老制度变革后，家庭如何重新评估未来的养老金收益，以及其结果会使晚年生活的焦虑出现怎样的变化。

村上雅俊等人通过网络调查发现，公众获取准确的养老金知识，能够防止社会养老制度可信度的下降。他还指出，在减轻人们对晚年生活担忧的同时，更重要的是普及养老教育以及了解养老制度的体系结构。

中岛邦夫使用人寿保险文化中心1998—2001年开展的《生活保障调查》中的数据，基于潜在类别分析方法，按照对社会养老制度评价的高低分为5个群体，阐明每个群体的特征。但是，中岛邦夫为了阐明每个群体特征而开展的研究只是描述性的，并未进行统计学上的分析。

奥村和臼井基于2007—2009年进行的《生活与健康调查》中的个票数据，从1994年和2000年修正案是否加剧了中老年人对养老制度的担忧，是否促使他们进一步增加储蓄的角度进行了验证。这一研究的主要特点是，使用《生活与健康调查》中直接询问调查对象认为未来养老金会减少的主观概率这一项目，明确了对养老制度的担忧。此外，他还将研究重点放在由于养老制度改革，开始领取退休金的年龄每隔几年就会提高这一现象上，进而估计养老制度改革对家庭未来的退休金预测以及储蓄行为产生的影响。

对他们的研究成果总结后发现，与年龄更高的人群相比，50岁左右的人更担心未来领取的退休金的减少。此外，由于养老制度变革对开始领取退休金的年龄以及预期领取金额产生了影响，导致人们未来获得的预期退休金的现值下降。为了弥补退休金的减少，私人的目标储蓄额出现了明显上升。以上结果支持了养老资产与家庭储蓄之间的可替代性结论，并表明人们越是对养老制度感到担忧，越会增加个人储蓄弥补缺口。

下面为大家介绍另外两项研究，这两项研究也通过实证分析，论证了对社会养老制度的担忧给家庭的消费和储蓄行为产生的影响。肥后雅博等人使用日本央行2000年9月开展的《生活意识相关问卷调查》中的数据，重点关注了人们对晚年生活方式的认识与消费支出变化之间的关系。根据对社会养老制度认识的不同，将受访者分为两类。

"养老金依赖族"指的是那些认为晚年生活应该主要靠养老金等国家和公共制度维持的人群。"自救一族"指的是那些认为晚年生活应该主要依靠就业、储蓄等自身努力维持的人群。过去一年里，"养老金依赖族"群体中，消费支出减少比率为45%；"自救一族"群体中，消费支出减少比率为32%。根据这一结果可以得知，由于对社会养老制度的担忧不断加深，"养老金依赖族"减少了他们的消费支出。

村田使用日本家庭经济研究所《消费生活相关面板数据调查》中1993—1998年的个票数据，对家庭的预防性储蓄进行了实证分析。结果显示，当调查对象为不与父母共同生活或者没有接受父母经济援助的家庭时，对养老制度感到担忧的家庭所持有的金融资产明显多于不感到担忧的家庭。

森川正之的研究也十分有趣。这一研究基于2016年实施的《与经济结构变化、经济政策与生活、消费相关的问卷调查》，探讨了税收制度和社会保障制度对未来不确定和消费产生的影响。对于政策不确定性的认识，我们通过对问卷调查中的各种经济制度、政策的未来不确定性程度进行量化，创建了"不确定性分数"指标。此外，关于政策不确定性对生活的影响，我们通过量化问卷调查中显示的对生活影响程度，创建了"影响程度分数"指标。

基于这些指标，森川正之对制度、政策的不确定性，以及其对生活的影响程度进行了比较。结果发现，对家庭来说，不确定性最高的是养老政策；在政策不确定性对生活的影响中，程度最高的也是养老政策。

此外，森川正之也定量分析了政策不确定性对消费的影响。分析显示，女性、工人、低收入阶层抑制消费的概率更高，税收制度、社会保障制度等的不确定性分数越高，抑制消费的概率也越高。由此可见，家庭对社会养老制度的担忧导致消费受限。但是，这项研究只是关于家庭对现行社会保障制度感到担忧的调查，并没有就各修正案对家庭的担忧产生了怎样的影响进行分析。

- **引入基础养老制度后的社会养老制度改革**

本部分概述了1984年以后实施的主要养老制度改革的特征。按照目的不同，可以将这一时期的养老制度改革分为三大类。

第一类是1985年引入的基础养老制度。引入该制度的目的是缩小各独立运行的养老制度之间的资金基础差异，进而建立稳定的养老制度。

第二类是1989年、1994年以及2000年修正案。在这些养老制度改革中，为了达到法律规定的收益水平，每次进行财政再计算时都会审视收益和负担水平，并据此调整保费和领取保费的起始年龄。

第三类是2004年修正案。2004年修正案与此前的修正案不同，它是通过法律规定了保费水平，建立了与宏观层面的收益和负担变动相适应的给付水平调整机制。

下面，我们详细看一下每次社会养老制度改革的特征。

1985年基础养老制度

1985年实施了一次大刀阔斧的改革，即引入了基础养老制度。日本的社会养老制度，在很长一段时间都是各行业独立运行的，如国民养老金、福利养老金、共济养老金等，但是随着第一产业的衰退以及第二产业、第三产业的兴起，产业结构发生了重大变化，出现了参保人员在各制度间的流动。参保人数减少的领域与缴纳额相比，支付额大幅增加，凸显出养老制度的脆弱性。因此，为了纠正各养老制度之间资金基础的差异，保证各制度的稳定运行，日本政府引入了基础养老制度。

在引入全民通用的基础养老制度（第一层）的同时，对员工而言，福利养老金和共济养老金还会各自提供额外福利（第二层），这也正是进行养老制度改革的本质。基础养老金的支付，主要由各制度承担，国库负担三分之一。此外对于员工的被抚养人配偶，可以作为第三被保险人申请国民养老金，并且配偶参加员工养老保险、缴纳费用后也可领取基本养老金。

1989年修正案

为了保障退休金的实际价值不受物价波动的影响，1989年修正案中引入了一个全自动养老金价格浮动系统。此外，还强制20岁以上的学生申请国民养老金。

1994年修正案

随着人口老龄化的加剧，领取养老金的人数越来越多。为了应对这一现象，迫切需要采取措施保障养老制度的稳定运行。因此，日本政府决定从2001—2013年将男性开始领取福利养老金定额部分的年龄提高至65岁，女性在5年后提高到65岁。日本政府希望通过这一举措达到支付和负担的平衡。此外，对于福利养老金的保费负担，规定将从奖金中征收1%的特别保费。

2000年修正案

20世纪90年代后期，新生儿出生率的降幅超过预期，日本经济仍无法摆脱金融危机的影响，持续长期低迷的状态。在这种情况下，人们担心现有劳动者的未来负担会变得更加沉重。为了维持收益与负担结构的平衡，减轻下一代人的负担，日本政府对社会养老制度进行了改革。其中一项是将下一代人福利养老金保险费率的负担上限设定为20%（以总薪酬为基础）。福利养老金方面，将薪酬比例部分的收益水平优化了5%，决定2013—2025年将男性开始领取薪酬比例部分的年龄提升至65岁，女性在5年之后提高年龄。此外，2003年4月，日本引入了对月薪和奖金适用相同保险费率的总薪酬制度。

2004年修正案

2002年发布的未来估计人口预测显示，未来出生率会进一步下降，人口老龄化程度会进一步加深。针对这一预测结果，为了保持收益和负担的平衡，养老修正案重点围绕控制保险费率、控制工资水平以及增加国库负担水平展开。

一是采用固定保费水平与宏观经济浮动相结合的方式。固定保费水平在2004年改革之前为13.58%，而且是逐年提高的。2017年达到18.3%后保持不变（福利养老金）。保费率固定的情况下，也必须控制给付水平，因此引入了宏观经济浮动制度。过去对于新裁定部分，养老金支付金额的调整规则是根据工资水平增长率进行调整；对于已裁定的退休金，原则上是根据消费物价增长率浮动。现在更改为用工资增长率、物价增长率减去浮动调整率。浮动调整率考虑到了平均寿命增加的恒定比率（0.3%）和社会养老保险参保人数的减少比率[1]。对给付水平的调整被称作宏观经济浮动。

标准福利养老金家庭（丈夫40年内一直是民营企业员工，妻子为家庭主妇）领取的养老金数额与在职男性年平均收入之比称为收入替代率。改革之初宣称，通过对给付水平进行上述调整，收入替代率将超过50%。

此外，关于国库负担方面，日本决定将基础养老金的国库负担比率由三分之一提高至二分之一。由于政府引入了固定保费水平和宏观经济浮动政策，以前每5年实施一次的财政再计算就无须再开展，并被取消了。为了验证养老金财务状况，取代财政再计算，引入了财务核查。

2019年财务核查

根据社会和经济的变化，同时基于适当的养老金精算，定期验证养老金财务状况的长期稳健性，是社会养老金财务运营管理的一项基本任务，这也就是财务核查。日本每5年编制国民养老金和福利养老金财务状况以及展望。2004年以后，分别在2009年、2014年以及2019

---

[1] 调整的下限是名义金额，并且名义金额要保持不变。

年实施了3次财务核查。

　　下面我们来介绍2019年财务核查的结果。财务核查是以人口、劳动力、物价、工资、全要素生产率增长率等长期预期为前提，计算各种情况下的现阶段可预期的未来养老金收益水平，然后基于收入替代率指标对养老金收益水平进行评估，评估期截至2015年。样板家庭为丈夫参加了福利养老金、妻子为家庭主妇的家庭。

　　首先，我们看一下2004年、2009年、2014年和2019年的实际收入替代率。各年度的收入替代率在60%左右，分别为59.3%、62.3%、62.7%和61.7%。根据经济增长率和劳动参与率的大小，我们考虑了6种情景。其中，在经济增长和劳动参与都取得发展的三种情况下（情景一至情景三），截至宏观经济浮动结束的2046年，收入替代率在50.8%～51.9%之间变动①。根据2014年实施的财务核查结果，高增长情况下，由于宏观经济浮动引发收益水平调整后，收入替代率为50.6%～51%，表明收入替代率略有改善。其理由可以认为是出生率的提升和劳动参与率的提高。

　　但是，如果观察经济增长和劳动参与率仅有一定程度发展或者没有发展的情景，情况就不太乐观了（情景四至情景六）②。即便是在收入替代率达到50%后，为了实现财务状况均衡，宏观经济会持续浮动，在调整结束的节点，情景四和情景五的收入替代率分别为46.5%和44.5%，低于50%③。在情景六中，即使通过宏观经济浮动继续进行调整，到2052年，社会养老金准备金也会耗尽，不得不实行完全的现收现付制度。从收入替代率来看，依靠保费和国库负担可覆盖的给付水平下降到36%～38%。

　　2019年财务核查中，展望了未来领取的养老金在出生后每一年

---

① 情景一到情景三2029年以后的实际经济增长率分别设定为0.9%、0.6%和0.4%。
② 情景四到情景六2029年以后的实际经济增长率分别设定为0.2%、0和−0.5%。
③ 调整结束的时间节点分别为情景四2053年、情景五2058年。

的变化情况。根据推测，无论哪种情景下，在开始领取养老金的那一年，收入替代率都会超过50%，但之后会逐年下降。以经济增长和劳动参与预测前景最为光明的情景一为例，1954年出生、2019年开始领取养老金的家庭，初始收入替代率为61.7%，80岁时（2034年）为48.4%，低于50%，到90岁时（2044年）将降至41.9%。

而且，年轻一代收入替代率的降幅更大。例如，1984年出生的家庭在开始领取养老金当年的收入替代率为51.9%，略高于50%，80岁以后将保持在41.5%的水平。按照出生年份对领取的养老金进行计算发现，年轻一代仅靠社会养老金是很难维持晚年生活的。

改革之初宣称，2004年养老金修正案可以使未来的收入替代率维持在50%左右，但2019年财务核查结果显示，社会养老制度并非坚如磐石。"保持50%的收入替代率"是现行社会养老制度的一大支柱，但这只是开始领取养老金当年的收益水平，开始领取后这一水平逐年下降。准确了解现行养老制度特点的家庭会主动增加储蓄，为自己的晚年生活做准备。

• 家庭对于养老金以及晚年生活的主观评价：微观数据分析

在本部分，我们会运用第6章中已经使用过的日本金融广报中央委员会《家庭金融行为民意调查》的个票数据，分析家庭从经济角度如何看待晚年生活，以及这种看法与家庭对养老制度的主观评价之间有何关系。我们以《家庭金融行为民意调查》中的提问回答为基础，阐明时间序列上的变化情况以及特征。

本部分的研究对象为2人以上家庭。抽样区间为1984—2008年的25年，涵盖了四分之一个世纪的长期横截面数据。可以说，这是研究每5年实施一次的养老制度修正案对家庭产生何种影响的最好数据来源。

本章中，我们重点关注的是当前一代人，主要以60岁以下有工作的人为分析对象。由于社会养老制度改革主要是为了调整未来的保费负担和收益水平，因此不适用于已经领取养老金的家庭。

首先，针对"从经济角度，您如何看待家庭的晚年生活?"这一问题，我们设置的回答有"我不怎么担心""我有点担心""我很担心"。

图8-1显示的是日本担心晚年生活（回答"我有点担心"和"我很担心"）的家庭占比。这一占比，20世纪80年代维持在30%左右的水平，1991年上升至40%，而且在1992年激增至65%，之后仍然持续上升，1998年已达到84%，之后呈现缓慢上升的态势。2008年，有90%的家庭对晚年生活感到担忧。担心晚年生活的家庭占比持续上升的时期与泡沫经济破灭后，日本经济长期低迷的时期（"失去的十年"）是吻合的。弥漫整个社会的经济"闭塞"感以及未来生活不确定性的加剧，可能是导致人们对晚年生活深感担忧的原因。

在《家庭金融行为民意调查》中，调查者还询问了人们担忧以及不担忧晚年生活的原因。虽然选项包括各种各样的内容，但我们只选取了4项在整个抽样区间都可以使用的内容。我们来看一下选择这些

图8-1　日本担心晚年生活的家庭占比
资料来源：日本金融广报中央委员会《家庭金融行为民意调查》。

项目的家庭占比是如何变化的。4个选项为："因为没有（有）足够的储蓄""因为一次性退休津贴不够（足够）""因为退休金和保险不够（不够）""因为考虑（未考虑）到物价对生活前景不确定性的影响"。每个选项都可以多次选择。图8-2显示的是在回答担心晚年生活的家庭中，选择各个选项的家庭占比变化图，占比最大的是"没有足够的储蓄"，一直在70%左右。其次是"退休金和保险不够"，1984—1989年上升了22%后，1992—1996年下降，在55%～65%的水平波动，此后又开始上升，20世纪90年代后期以后，其占比已上升至与回答"没有足够的储蓄"家庭占比相当的程度（70%）。

选择"一次性退休津贴不够"的家庭，占比一直稳定在30%左右的水平。选择"考虑到物价对生活前景不确定性影响"的家庭占比，1984年为54%，之后随着物价上涨速度的降低，其占比也出现了下降。20世纪90年代后期，由于通货紧缩导致物价出现负增长时，其占比不足20%。

接着，我们来看一下在回答"不担忧晚年生活"的家庭中，选择

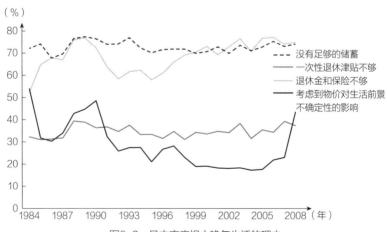

图8-2　日本家庭担心晚年生活的理由

资料来源：日本金融广报中央委员会《家庭金融行为民意调查》。

上述选项的家庭占比变动趋势。被选率最高的是"因为有足够的退休金和保险",而且引入基础社会养老制度后的1986年比1984年高出12%。这一比例在之后一段时期缓慢上升,1996年达到顶峰(72%),之后却开始下降,1999年以后维持在50%左右。

有趣的是,许多担心和不担心晚年生活的家庭都提到了养老金和保险的充足性这一原因。这不仅反映出家庭参加的养老制度差异,还因为家庭对养老制度的评价中包含着一些主观因素。

选择"因为有一次性退休津贴"的家庭占比大约为30%,而且水平很稳定。"未考虑物价对生活前景的不确定影响"的家庭占比在1989年达到峰值33%后一直下降,2007年已不足10%。

最后,我们来看一下回答"因为有足够储蓄"的家庭占比。这个比率在20世纪80年代后半期,即以股票和土地为代表的资产价格飙升的时期,上升至20%。由于资产价格的飞涨使家庭持有的资产价值增加,也使家庭认为他们有足够的储蓄。但是20世纪90年代,由于地价暴跌导致资产价值下降,回答"因为有足够的储蓄"的家庭占比也直线下降。1994年下降到4%,此后大部分时间都低于10%。

为了完善对养老制度改革以及晚年生活的主观评价相关的讨论,我们需要结合到目前为止的信息进行展示。也就是说,将家庭分为以下4个群组。

"因为养老金和保险不够而担忧晚年生活"的家庭群体(以下称第1组)、"因为其他原因担忧晚年生活"的家庭群体(以下称第2组)、"因为养老金和保险足够不担忧晚年生活"的家庭群体(以下称第3组)、"因为其他原因不担忧晚年生活"的家庭群体(以下称第4组)。

图8-3显示的是每一群体的占比变化情况。1991年以前,第1组的占比一直在20%左右,随着泡沫经济的破灭,其占比开始上升。20世纪90年代中期后,第1组的占比已经完全超过了其他小组。1997年达到52%,超半数的家庭都表达出"因养老金不够而对晚年生活担

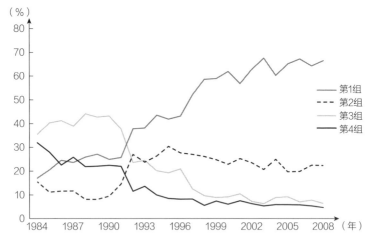

注：1. 第1组："因为养老金和保险不够而担忧晚年生活"的家庭群体。
　　2. 第2组："因为其他原因担忧晚年生活"的家庭群体。
　　3. 第3组："因为养老金和保险足够不担忧晚年生活"的家庭群体。
　　4. 第4组："因为其他原因不担忧晚年生活"的家庭群体。

图8-3　日本基于对养老金与晚年生活的主观评价进行的家庭分组
资料来源：日本金融广报中央委员会《家庭金融行为民意调查》。

忧"的想法。2003年达到峰值68%，之后也维持高水平运行。

　　担忧晚年生活的家庭中，因为其他原因而担忧的家庭（第2组）占比显示出不同的模式。20世纪90年代初期泡沫经济破灭后，上升时点与第1组相同。但是，在1995年达到顶峰30%之后出现了缓慢下降，2005年以后维持在20%左右的水平。

　　下面我们看一下不担忧晚年生活的家庭群体。1985年引入基本养老制度后，第三组的占比较上一年增加了5%。此后，20世纪80年代后半期继续缓慢上升，其占比一直是四组中最高的。但是在20世纪90年代以后，第3组的占比却急速下降，1998年跌至10%以下，此后一直在稳步下降，2008年第3组的占比仅为6.4%。第4组的占比在20世纪80年代中期之后一直呈下降趋势。1984年为32%，2008年已降至4.7%。

接下来，我们来看一下4组家庭的特征及其属性。表8-1显示的
是各组家庭的属性。

表8-1　日本各组家庭的属性

变量名称	第1组	第2组	第3组	第4组	整体
户主年龄分布					
20 岁（%）	3.56	4.84	3.49	8.07	4.44
30 岁（%）	23.52	23.44	20.23	29.66	23.61
40 岁（%）	36.47	36.67	33.96	32.46	35.35
50 岁（%）	36.45	35.04	42.31	29.8	36.6
户主收入分布					
300 万日元以下（%）	18.79	23.79	13.51	22.6	19.09
300 万 ~ 500 万日元（%）	31.03	30.36	29.91	35.31	31.24
500 万 ~ 700 万日元（%）	31.65	27.94	29.02	22.72	29.03
700 万 ~ 1000 万日元（%）	12.14	11.33	16.35	10.68	12.76
1000 万日元以上（%）	6.38	6.58	11.22	8.69	7.88
户主收入（百万日元）	5.12	4.85	6	5.2	5.29
持有金融资产（百万日元）	8.94	7.75	11.31	8.99	9.26
有借款的家庭占比（%）	52.39	49.41	47.22	39.43	48.75
借款余额（百万日元）	6.06	5.23	4.04	3.76	5.1
净金融资产余额（百万日元）	2.88	2.52	7.26	5.23	4.17
住房拥有率（%）	66.91	61.8	73.59	61.47	66.69
制订生活计划的家庭占比（%）	39.85	36.6	52.58	44.7	42.87
家庭人数	3.95	3.97	4.09	4.14	4.01
居住在大城市的家庭占比（%）	23.23	22.31	23.2	27.49	23.64
风险回避型家庭占比（%）	48.38	43.41	44.93	43.61	45.91

注：1. 计算户主收入时，使用各收入阶层的中位数。此外，300万日元以下、1000万日元以上的阶
　　　层的中位数分别为225万日元和1250万日元。
　　2. 第1组："因为养老金和保险不够而担忧晚年生活"的家庭群体。
　　3. 第2组："因为其他原因担忧晚年生活"的家庭群体。
　　4. 第3组："因为养老金和保险足够不担忧晚年生活"的家庭群体。
　　5. 第4组："因为其他原因不担忧晚年生活"的家庭群体。
资料来源：日本金融广报中央委员会《家庭金融行为民意调查》。

　　第1、第2组持有的金融资产总额在4组中是最低的（分别为894万日元、775万日元）。此外，第1、第2组是4个家庭分组中持有借款占比最高的（分别为52.4%、49.4%），而且他们的借款余额也是最多的（分别为606万日元、523万日元）。因此，第1、第2组的净金融资产余额与第3、第4组相比有很大差距。第1、第2组的净金融资产余额分别为288万日元、252万日元，而第3、第4组的净金融资产余额分别为726万日元、523万日元。

　　家庭收入的差异情况与金融资产余额相同。第1、第2组的家庭收入分别为512万日元和485万日元，与第3组的600万日元相比有很大差距[①]。第1、第2组的另一个显著特征是制订生活规划的家庭占比偏低，均低于40%。

　　由此可见，"不担心晚年生活"的家庭群组（第3、第4组）与"担心晚年生活"的家庭群组（第1、第2组）之间有明显的属性差异。第3组最明显特征之一是户主的年龄偏高。在第3组中，20多岁、30多岁年轻人占比为23.7%，是4组中最低；相反，50多岁的人占比为42.3%，是4组中最高。无论是资产总额还是净金融资产余额，在4组中都是最多的（分别为1131万日元、726万日元），反映出了户主年龄较大这一事实。持有住房的家庭占比为73.6%，近四分之三的家庭都购买了自有住房，而且家庭收入也是4组中最高的。家庭收入在700万日元以上的占比为27.6%。此外，制订生活规划的家庭占比也是4组中最高的，为52.6%。由此可知，第3组家庭拥有足够的财富、较高的收入水平，并且对家庭的未来生活进行了详细的规划。换言之，第3组家庭是生命周期型家庭。

　　第4组的家庭属性与第3组有很大差别。首先，20多岁、30多岁年

---

① 第4组中，家庭收入在700万日元以上的家庭占比较低，仅为19.4%，可以认为这反映出户主年龄较低的事实。

轻人占比为37.7%，是4组中最高的；其次，居住在大城市的家庭占比为27.5%，也是4组中最高的。最后，住房拥有率最低（低于第2组61.5%）、持有借款的家庭占比以及借款余额（分别为39.4%、376万日元）也都是4组中最低的，这也反映出了户主年龄较低的事实。资产总额并不是很高（为899万日元，与第1组894万日元相差不大），但是因为借款余额低，所以净金融资产余额为523万日元，仅次于第3组，远远高于第1、第2组。户主年轻化在收入分布中也有所反映。家庭收入在500万日元以下的占比为57.9%，比第1组（49.8%）、第2组（54.1%）略高。

　　接着我们看一下各家庭群组属性在时间序列上的变化情况。图8-4显示的是各组净金融资产持有余额的变动情况。20世纪80年代至1992年，各组的资产余额稳步增长，之后各组间表现出了明显的不同。在整个抽样期间，第3组的资产余额一直在稳步增长，1984年为390万日元，2008年已经达到2232万日元。第4组的资产余额在20世纪80年代中期至90年代初期增加，此后保持平稳并反复出现大幅波动。第1组和第2组的资产余额在20世纪80年代中期至90年代初期缓慢增加，但从长期来看是下降的[①]。第2组的净金融资产余额在2005年为负值。

　　图8-5显示的是制订家庭规划的家庭占比变化图。通过这个图我们也发现了几件非常有趣的事情。第3组的占比明显高于其他组，制订生活规划的家庭占比几乎在所有时期都超过50%。20世纪80年代至20世纪90年代初期，这一占比与其他组没有明显差距，但是在其后的整个20世纪90年代却出现了显著差距。第1、第2组中，制订生活规划的家庭占比大幅下降，而第3组的降幅微弱。1994年，第1、第2组中

---

① 第1、第2组的净金融资产余额峰值分别出现在1990年和1992年，分别为457万日元和467万日元。

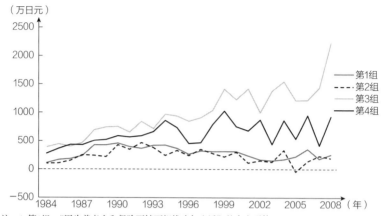

注：1. 第1组："因为养老金和保险不够而担忧晚年生活"的家庭群体。
　　2. 第2组："因为其他原因担忧晚年生活"的家庭群体。
　　3. 第3组："因为养老金和保险足够不担忧晚年生活"的家庭群体。
　　4. 第4组："因为其他原因不担忧晚年生活"的家庭群体。

图8-4　日本家庭净金融资产余额变化
资料来源：日本金融广报中央委员会《家庭金融行为民意调查》。

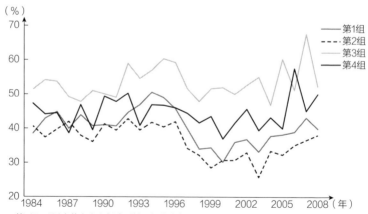

注：1. 第1组："因为养老金和保险不够而担忧晚年生活"的家庭群体。
　　2. 第2组："因为其他原因担忧晚年生活"的家庭群体。
　　3. 第3组："因为养老金和保险足够不担忧晚年生活"的家庭群体。
　　4. 第4组："因为其他原因不担忧晚年生活"的家庭群体。

图8-5　制订生活规划的家庭占比变化图
资料来源：日本金融广报中央委员会《家庭金融行为民意调查》。

制订生活规划的家庭占比分别为51%、42%，到1999年下降至34%、29%，降幅分别为17%、13%。另外，1994年，第4组中制订生活规划的家庭占比为47%，1999年为44%，仅下降3%。在20世纪90年代，随着泡沫经济的破灭，日本经济陷入长期低迷的状态，对第1、第2组中的家庭产生了深远影响，甚至已经使他们失去了制订生活规划的闲暇。

• 家庭对社会养老制度改革的主观评价：混合逻辑模型定量分析

上文中，我们基于是否担忧晚年生活以及理由的不同，将家庭划分为4组，并基于各组的属性分析了其特征。本部分中，我们会围绕目前为止实施的养老金制度改革是否消除了家庭对晚年生活的担忧以及取得的效果展开定量分析。

具体来讲，就是根据混合逻辑模型对家庭归属4组的概率进行限定，在控制家庭属性这一解释变量的同时，定量评估社会养老制度改革对于家庭归属每组的概率产生了多大影响。本部分将受访者选择哪一项作为被解释变量。但是，独立于不相关选项的假设是不成立的。我们也根据多项逻辑模型进行了推算，但是不支持这一假设。因此本部分中，我们运用了混合逻辑模型——一种放宽假设条件的估算方法。

我们先来介绍一下模型中的变量。问卷调查的方式是，当被问及"您觉得晚年生活会如何"时，受访者会选择"担心"和"不担心"中的一项；之后会设置几个选项询问他们选择的理由。首先，我们决定将每个选项对应的变量作为候补解释变量，这些变量包括①实际净金融资产持有额[1]；②是否持有住房；③是否有借款；④是否有生活规划；⑤是否有意愿制订未来的生活规划；⑥家庭成员数量。此外，

---

[1]　实际净金融资产持有额是用金融资产持有额减去贷款余额，并以消费物价指数为依据的实际金额。

还将实际净金融资产余额与目标储蓄额的比率、实际家庭收入、户主年龄（表明属于4个年龄阶层中的那一层的虚拟变量）、规避风险程度虚拟变量、居住在大城市虚拟变量、家庭的居住区域（表明住在9大区域中的何处的虚拟变量）作为解释变量。

此外，为了控制每年发生的宏观经济冲击的影响，也将不同地区的失业率、出生率、老龄化率、通货膨胀率、地区生产总值增长率以及表示消费者意识的"消费者态度指数"作为解释变量。考虑到这些变量之外未被观察到的趋势性因素的影响，还将1984年为1的趋势变量作为解释变量。

本书最关心的是社会养老制度改革对人们晚年生活的影响，为了衡量这一效果，我们还创建了5种不同于第3节但与社会养老制度改革相对应的虚拟变量。例如，1985年改革虚拟变量，在1985年之前取0，1985年之后取1。其他的改革虚拟变量也是按照相同方法创建的。

在推算社会养老制度改革对晚年生活的影响时，下面几点内容是需要注意的。也就是说，在进行问卷调查时，受访者是否了解社会养老制度改革的内容。如果养老制度修正案在国会通过的时间早于进行问卷调查的时间，则满足条件。1985年修正案、2000年修正案、2004年修正案的通过时间分别为4月24日、3月28日和6月4日，而这些年份的问卷调查均是在6月下旬至7月上旬进行的，所以满足上述条件。

1989年修正案、1994年修正案的通过时间分别为12月15日和11月2日，因为问卷调查是在6月下旬至7月上旬进行的，所以问卷调查先于养老金修正案。因此，对于1985年修正案、2000年修正案和2004年修正案，我们可以使用养老制度改革当年的问卷调查结果，估算其对人们晚年生活的影响；对于1989年和1994年修正案，我们假设养老金制度改革的影响将在下一年度显现，并据此估算结果。

分析中，除了养老制度改革对应的虚拟变量，在确定每个家庭的分组时，考虑到家庭所在区域上一年度的该组占比会对选择该组的概率产生影响（同级效应），所以将这个变量作为特定替代变量。

在估算养老制度改革对晚年生活的影响时，有一点是不容忽视的，即由于职业不同，家庭参加的社会养老制度是不同的，所以家庭关心的永远都是自己参保制度的改革。因此，我们将家庭划分为第1被保险人和第2被保险人，分别使用混合逻辑模型进行估算[①]。

测算使用的是1984—2008年的综合横截面数据，按照混合逻辑模型进行，以第1组为基准。表8-2显示的是根据测算结果求出的参数估算值，围绕每个变量的平均值进行评估的边际效应。解释变量为虚拟变量的情况下，显示的是当变量从0变为1时，每个组被选中的概率变化情况。

我们看一下家庭属性如何影响入选每个群组的概率。首先，如果家庭持有的净金融资产余额增加，属于第1、第2组的概率会明显下降，属于第3、第4组的概率会明显上升。有借款的家庭属于第1组的概率会明显升高，属于第4组的概率会明显降低。此外，拥有住房的家庭属于第1、第2组的概率会明显下降，属于第3、第4组的概率会明显上升。家庭持有的住房资产和金融资产的多少以及有无负债会对晚年生活的评价产生明显影响。家庭收入方面也有类似趋势。家庭收入越高，属于第3、第4组的概率越高，而属于第1、第2组的概率越低。此外，随着家庭成员数量的增加，属于第1组的概率会降低，属于第4组的概率会升高。对于第2被保险人，可以看出，风险规避型家庭属于第1组的概率更高[②]。

---

① 第1被保险人指的是户主的职业为农林渔业、个体经营业者、服务业、自由职业者（2007年、2008年的调查中指的是个体营业者、小时工、大学生）；第2被保险人指的是户主的职业为文职人员、劳务人员（2007年、2008年的调查指的是全职工作者）。

② 第1被保险人，主要由风险规避程度低的个体经营者组成，风险规避程度虚拟变量对归属第1组的概率没有明显影响，可能是因为风险规避程度虚拟变量与第2被保险人的含义不同。关于这一点还需要进一步验证。

表8-2 日本混合逻辑模型求出的边际系数（基准案例）

变量名称	第1被保险人				第2被保险人			
	第1组	第2组	第3组	第4组	第1组	第2组	第3组	第4组
1985年修正案	0.0941*** (0.0301)	-0.1008*** (0.0322)	0.0579*** (0.0183)	-0.0512*** (0.0196)	0.0505*** (0.0183)	-0.0848*** (0.0207)	0.0369*** (0.0102)	-0.0027 (0.0083)
1989年修正案	-0.0555* (0.029)	0.0638*** (0.0226)	-0.0005 (0.0189)	-0.0078 (0.0228)	-0.104*** (0.0148)	0.1094*** (0.0127)	-0.0049 (0.014)	-0.0006 (0.0103)
1994年修正案	-0.0093 (0.0278)	0.0598*** (0.0212)	-0.005 (0.0236)	-0.0455* (0.024)	-0.0301** (0.0137)	0.0487*** (0.0117)	0.0021 (0.0129)	-0.0207* (0.0111)
2000年修正案	-0.0236 (0.0331)	-0.0155 (0.0271)	0.0083 (0.0294)	0.0307 (0.033)	-0.0453*** (0.0151)	0.0028 (0.0144)	0.0143 (0.0186)	0.0282* (0.0173)
2004年修正案	-0.0723** (0.0369)	0.0751* (0.0416)	0.053 (0.0375)	-0.0558* (0.0329)	-0.0951*** (0.0179)	0.0415** (0.0173)	0.0166 (0.0208)	0.037* (0.0194)
净金融资产额	-0.0011*** (0.0003)	-0.0008*** (0.0003)	0.0013*** (0.0002)	0.0007** (0.0003)	-0.0011*** (0.0002)	-0.0017*** (0.0002)	0.0026*** (0.0002)	0.0002 (0.0002)
金融资产持有额和目标储蓄额	0.0071* (0.0042)	-0.0001 (0.0035)	0.0062 (0.0039)	-0.0132** (0.0072)	0.0009 (0.0026)	0.0001 (0.0016)	0.0033 (0.0024)	-0.0042 (0.0028)
有借款	0.0562*** (0.0101)	0.0042 (0.0089)	-0.0056 (0.0083)	-0.0548*** (0.0084)	0.0495*** (0.0072)	-0.0044 (0.0055)	-0.0049 (0.0057)	-0.0402*** (0.004)
自有住房	-0.0081 (0.0117)	-0.0568*** (0.0099)	0.0592*** (0.0099)	0.0056 (0.0104)	-0.0306*** (0.0063)	-0.0463*** (0.0057)	0.0689*** (0.0053)	0.008* (0.0043)
制订生活规划	0.0133 (0.0134)	-0.0203 (0.0134)	0.0351*** (0.0106)	-0.0281*** (0.01)	0.0216** (0.0088)	-0.0281*** (0.0072)	0.032*** (0.007)	-0.0256*** (0.0056)
从现在开始制订规划	0.0558*** (0.0144)	0.0302** (0.0132)	-0.0349*** (0.0112)	-0.0511*** (0.0116)	0.0456*** (0.0094)	0.0078 (0.0075)	-0.0186*** (0.0068)	-0.0348*** (0.0057)
家庭成员数量	-0.014** (0.0031)	-0.0034 (0.0027)	0.0028 (0.0025)	0.0146*** (0.0028)	-0.0058*** (0.0022)	0.0013 (0.002)	0.0005 (0.0018)	0.004** (0.0015)
30岁	0.12*** (0.0268)	-0.0342* (0.0208)	-0.0296 (0.0196)	-0.0562*** (0.0185)	0.0904*** (0.0134)	0.0048 (0.0116)	-0.0358*** (0.0118)	-0.0595*** (0.0058)
40岁	0.1414*** (0.0248)	-0.0017 (0.0227)	-0.0445** (0.0197)	-0.0952*** (0.0177)	0.1149*** (0.0131)	0.0271** (0.0115)	-0.0369*** (0.0124)	-0.1051*** (0.0067)
50岁	0.1103*** (0.0255)	-0.0202 (0.0219)	-0.0033 (0.0216)	-0.0867*** (0.0196)	0.0925*** (0.0137)	0.0313*** (0.0112)	-0.0009 (0.0132)	-0.1228*** (0.0072)
家庭收入	-0.0001*** (0.00001)	-0.0001*** (0.00001)	0.0001*** (0.00001)	0.0001*** (0.00001)	-0.0001*** (0)	-0.0001*** (0)	0.0001*** (0)	0 (0)

续表

变量名称	第1被保险人				第2被保险人			
	第1组	第2组	第3组	第4组	第1组	第2组	第3组	第4组
风险回避度	-0.0031 (0.0097)	-0.019** (0.0078)	0.004 (0.0067)	0.0181** (0.0079)	0.0265*** (0.0056)	-0.0193*** (0.0051)	-0.0009 (0.0053)	-0.0063* (0.0037)
大城市	0.0054 (0.0106)	-0.0187** (0.0092)	-0.0008 (0.0097)	0.014 (0.0095)	0.009 (0.0061)	-0.0083 (0.0056)	-0.0105* (0.0055)	0.0097*** (0.0039)
失业率	-0.0039 (0.0138)	-0.0119 (0.0098)	-0.0038 (0.0112)	0.0196 (0.0127)	0.0165** (0.0079)	-0.0183*** (0.0059)	-0.011* (0.0064)	0.0127** (0.0055)
出生率	0.305** (0.1524)	-0.0797 (0.118)	-0.1307** (0.0561)	-0.0946 (0.1078)	-0.0873 (0.1037)	0.1933* (0.1046)	-0.0544 (0.0727)	-0.0516 (0.0488)
老龄化率	-0.4007** (0.1929)	-0.1877 (0.2222)	-0.1851 (0.1387)	0.7734** (0.3299)	0.1133 (0.3061)	-0.0421 (0.2752)	-0.2478*** (0.0385)	0.1767 (0.327)
通货膨胀率	0.0061 (0.0066)	-0.0137*** (0.0048)	0.0028 (0.0049)	0.0047 (0.0054)	0.0071* (0.0037)	-0.0153*** (0.0032)	-0.0008 (0.0034)	0.0091*** (0.0029)
地区生产总值增长率	-0.0037 (0.0034)	-0.0063** (0.0028)	0.0039 (0.0025)	0.006** (0.003)	-0.0011 (0.0021)	-0.0084*** (0.0017)	0.006*** (0.0017)	0.0035*** (0.0014)
消费者态度指数	-0.0048** (0.0022)	-0.0028 (0.0023)	0.0067*** (0.0025)	0.001 (0.0025)	0.0008 (0.0014)	-0.0039*** (0.0011)	0.0035*** (0.0013)	-0.0004 (0.0009)
趋势	0.0179*** (0.0014)	0.0064 (0.0072)	0.0008 (0.0097)	-0.0251** (0.0129)	0.017*** (0.0014)	0.0034 (0.0048)	-0.0059 (0.0079)	-0.0145* (0.0087)
受访居住地上一年度被选各组的占比	2.54E-10 (1.72E-10)	-3.17E-10 (3.60E-10)	-3.47E-10 (2.36E-10)	4.10E-10 (3.72E-10)	2.86E-10*** (8.34E-11)	-6.2E-10*** (1.56E-10)	-2.51E-10*** (8.19E-11)	5.85E-10*** (1.50E-10)
样本数	10247				30509			
对数似然	-11993.871				-34328.689			

注：1. 推算使用的是混合逻辑模型。此外，省略了地域虚拟变量的效果。括号内的标准误差是根据引导方法求出的。*、**、***分别表示有效性水平为10%、5%、1%。

2. 第1组："因为养老金和保险不够而担忧晚年生活"的家庭群体。

3. 第2组："因为其他原因担忧晚年生活"的家庭群体。

4. 第3组："因为养老金和保险足够不担忧晚年生活"的家庭群体。

5. 第4组："因为其他原因不担忧晚年生活"的家庭群体。

资料来源：作者根据公开资料整理。

对上述结果进行解读可知，如果家庭收入水平高，而且形成了足够的资产，养老金作为晚年生活的辅助会被给予积极评价，其结果就是消除了对晚年生活的不安和焦虑。相反，如果家庭持有的资产水平较低、无自有住房且只有借款，则会加重对晚年生活的不安。

此外，根据家庭成员数量区分第1、第2组，也产生了不同的影响，即家庭成员数量的多少不影响属于第2组的概率，但家庭成员数量越多属于第1组的概率越低。家庭成员越多意味着劳动力越多，家庭内部援助有助于晚年生活的稳定。但是，如果劳动力少，维持晚年生活所需时，养老金的重要性就会增加，并因此导致不安的加剧。

宏观经济冲击对于群组选择也有重要影响。失业率的上升显著增加了第2被保险人归属第1组的概率。

地区内生产总值也产生了同样的效果。地区内生产总值下，归属第2组的概率会升高，归属3、第4组的概率会降低。此外，通货膨胀率上升会导致归属第4组的概率上升。消费者态度指数的上升意味着家庭所处经济环境的改善，会导致归属第1、第2组的概率出现明显下降，归属第3组的概率明显上升。从趋势变量的影响来看，无论是第1被保险人还是第2被保险人，归属第1组的概率都明显升高，并且由于养老金和保险的不足，对晚年生活的担忧也在不断增强。

最后，介绍一下笔者最关心的养老制度变革的影响。首先我们来看一下引入基本养老制度的效果。随着基本养老制度的导入，第1被保险人和第2被保险人归属第1组和第3组的概率均升高。这一结果意味着，对于新建立的基本养老制度对老年生活的影响，不同家庭的评价是不同的。我们认为对基础养老制度的不同评价与家庭属性有关，关于这一点我们会在下文中继续探讨。

1989年修正案引入了全自动价格浮动系统后，无论是第1被保险人还是第2被保险人，归属第1组的概率均明显下降，可见根据物价波动调整养老金给付系统，有助于晚年生活的稳定。

1994年、2000年修正案的实施，大大降低了第2被保险人归属第1组的概率，人们对保持养老制度稳定运行的政策给予高度评价，减轻了对晚年生活的担忧。

接着我们看一下2004年修正案的效果。由于制度改革，第1被保险人和第2被保险人归属第1组的概率大幅下降，这意味着2004年修正案在某种程度上是成功的。

虽然1989—2004年养老制度修正案对于第2被保险人来说起到了减轻晚年生活焦虑的作用，但在归属第3组的概率方面没有明显变化。值得注意的是，养老制度的改革并没有提高对改革给予积极评价的家庭占比，即认为"养老金够用而不用担心晚年生活"的家庭比例。

- **家庭对社会养老制度修正案的评价**

本部分中，我们希望通过定量分析，探明年龄、收入水平等家庭属性因素如何影响对社会养老制度修正案的评价。

具体而言，是运用混合逻辑模型进行推算，解释变量为4个年龄阶段（20岁、30岁、40岁、50岁）虚拟变量与各养老金制度修正案虚拟变量的交叉项，或者家庭收入与各养老金制度修正案虚拟变量的交叉项。表8-3显示了与各养老金制度修正案相对应的不同年龄阶段的边际系数。表8-4显示的是收入水平与各养老金制度修正案虚拟变量交叉项的边际系数[1]。

---

① 省略了其他解释变量的系数值，但基本上与表8-2中的数值没有明显差异，比较稳定。

表8-3 日本根据混合逻辑模型求出的边际系数：不同年龄段反应不同

变量名称	年龄	第1被保险人				第2被保险人			
		第1组	第2组	第3组	第4组	第1组	第2组	第3组	第4组
1985年修正案	20岁	0.0042 (0.1275)	-0.0955 (0.067)	0.0323 (0.1459)	0.0589 (0.0954)	-0.0324 (0.0723)	-0.0619 (0.0561)	0.1126** (0.0511)	-0.0183 (0.02)
	30岁	0.0937 (0.0776)	-0.0805** (0.0344)	0.1014** (0.0517)	-0.1146*** (0.0265)	0.0214 (0.0279)	-0.0675*** (0.0223)	0.0515*** (0.0192)	-0.0054 (0.0111)
	40岁	0.0471 (0.0382)	-0.0583** (0.0278)	0.0439 (0.0343)	-0.0328 (0.0244)	0.0788*** (0.0244)	-0.089*** (0.0197)	0.0231 (0.0155)	-0.0129 (0.0112)
	50岁	0.121** (0.0564)	-0.1271*** (0.0362)	0.0499* (0.029)	-0.0438* (0.0268)	0.0216 (0.0311)	-0.0519* (0.0277)	0.0114 (0.0186)	0.0188 (0.0175)
1989年修正案	20岁	-0.0561 (0.0846)	0.0508 (0.0747)	0.0972 (0.0694)	-0.0918*** (0.0317)	-0.1185*** (0.0422)	0.1964*** (0.0565)	-0.0547** (0.0244)	-0.0232 (0.0176)
	30岁	-0.0624* (0.0364)	0.065* (0.0358)	-0.0028 (0.0301)	0.0002 (0.0279)	-0.1438*** (0.0189)	0.1727*** (0.0259)	-0.0354* (0.0183)	0.0065 (0.0123)
	40岁	-0.0647* (0.035)	0.0818*** (0.037)	-0.0069 (0.0174)	-0.0102 (0.0213)	-0.1146*** (0.0212)	0.1239*** (0.0253)	-0.0038 (0.0168)	-0.0055 (0.0121)
	50岁	-0.0536* (0.0304)	0.0657* (0.0352)	-0.0006 (0.0226)	-0.0115 (0.0257)	-0.097* (0.0197)	0.1176*** (0.0218)	-0.0039 (0.016)	-0.0167 (0.0114)
1994年修正案	20岁	0.1026 (0.0879)	0.0408 (0.0652)	-0.0773 (0.0544)	-0.0661 (0.0582)	-0.0608* (0.0345)	0.0796*** (0.0311)	0.0202 (0.0338)	-0.0391*** (0.0153)
	30岁	0.0206 (0.0337)	0.0714** (0.0315)	-0.0574 (0.0359)	-0.0345 (0.0324)	0.0006 (0.0213)	0.0587*** (0.0209)	-0.0426** (0.0182)	-0.0167 (0.0127)
	40岁	-0.0324 (0.0314)	0.0608** (0.0282)	-0.0106 (0.0318)	-0.0179 (0.0289)	-0.0237 (0.0175)	0.0614*** (0.0156)	-0.0246 (0.0153)	-0.0131 (0.0128)
	50岁	-0.0152 (0.0359)	0.0628** (0.0286)	0.0163 (0.0253)	-0.0639*** (0.0228)	-0.0541*** (0.0165)	0.0356** (0.0164)	0.0374** (0.0167)	-0.019 (0.0149)

续表

变量名称	年龄	第1被保险人				第2被保险人			
		第1组	第2组	第3组	第4组	第1组	第2组	第3组	第4组
2000年修正案	20岁	-0.0849 (0.1091)	-0.0027 (0.0619)	0.0395 (0.1491)	0.0481 (0.1132)	-0.0012 (0.0392)	-0.0257 (0.0297)	0.0012 (0.052)	0.0257 (0.0382)
	30岁	-0.0206 (0.0407)	-0.0308 (0.0442)	-0.0816* (0.0459)	0.133*** (0.0571)	0.0146 (0.0269)	0.0027 (0.0207)	-0.028 (0.0323)	0.0107 (0.0231)
	40岁	-0.041 (0.0334)	0.0017 (0.034)	0.0347 (0.0494)	0.0046 (0.0428)	-0.0386** (0.0186)	0.0146 (0.0197)	-0.0167 (0.0243)	0.0407 (0.0262)
	50岁	-0.013 (0.0345)	-0.0229 (0.0217)	0.0159 (0.0339)	0.0199 (0.0344)	-0.077*** (0.0174)	0.0025 (0.0155)	0.0242 (0.0219)	0.0503*** (0.0231)
2004年修正案	20岁	0.0555 (0.1378)	-0.0413 (0.088)	-0.0982 (0.1025)	0.0841 (0.1359)	-0.0592*** (0.0543)	0.0517 (0.0544)	-0.1498*** (0.0461)	0.1573*** (0.0677)
	30岁	-0.0354 (0.096)	0.1717 (0.1072)	-0.0067 (0.186)	-0.1296** (0.0582)	-0.1102*** (0.0239)	0.0422* (0.0259)	0.0563 (0.0423)	0.0118 (0.0249)
	40岁	-0.0736* (0.0411)	0.0725 (0.0484)	0.0727 (0.0564)	-0.0716 (0.0464)	-0.093*** (0.0244)	0.0291 (0.0209)	0.0377 (0.0319)	0.0261 (0.0246)
	50岁	-0.0953*** (0.0353)	0.0672 (0.0427)	0.0553 (0.0512)	-0.0272 (0.0434)	-0.0972*** (0.0205)	0.0487** (0.022)	0.0076 (0.0255)	0.0409 (0.0274)

注: 1. 推算使用的是冗余逻辑模型。此外, 省略了地域虚拟变量。拈号内的标准误差是根据引导方法求出的。* 、**、*** 分别表示有效性水平为 10%、5%、1%。为了控制表8-2中使用的所有解释变量, 省略了5个修正案虚拟变量与年龄阶层交叉项之外的系数值。

2. 第1组: "因为养老金和保险不够而担忧晚年生活" 的家庭群体。

3. 第2组: "因为其他原因担忧晚年生活" 的家庭群体。

4. 第3组: "因为养老金和保险足够不担忧晚年生活" 的家庭群体。

5. 第4组: "因为其他原因不担忧晚年生活" 的家庭群体。

资料来源: 作者根据公开资料整理。

表8-4 日本根据混合逻辑模型求出的边际系数：不同收入水平反应不同

变量名称	第1被保险人				第2被保险人			
	第1组	第2组	第3组	第4组	第1组	第2组	第3组	第4组
1985年修正案虚拟变量与家庭收入	0.000197*** (0.000054)	-0.00013*** (0.000053)	0.000038 (0.000033)	-0.000104*** (0.000029)	0.000132*** (0.000034)	-0.000161*** (0.000026)	0.000031 (0.000019)	-0.000002 (0.000014)
1989年修正案虚拟变量与家庭收入	-0.000058* (0.000033)	0.000123*** (0.000034)	-0.00004** (0.000017)	-0.000025 (0.000023)	-0.000103*** (0.00002)	0.00019*** (0.000022)	-0.000078*** (0.000015)	-0.000009 (0.000013)
1994年修正案虚拟变量与家庭收入	-0.000002 (0.000025)	0.000065*** (0.000023)	-0.00001 (0.000018)	-0.000053*** (0.000021)	-0.000006 (0.000016)	0.000014 (0.000013)	0 (0.000013)	-0.000008 (0.000012)
2000年修正案虚拟变量与家庭收入	-0.000021 (0.000029)	-0.000027 (0.000027)	0.00001 (0.000025)	0.000038 (0.000027)	-0.000041** (0.000017)	-0.000014 (0.000014)	0.000015 (0.000016)	0.00004*** (0.000014)
2004年修正案虚拟变量与家庭收入	-0.000055 (0.000037)	0.00009*** (0.000032)	0.000015 (0.000032)	-0.00005 (0.00004)	-0.000071*** (0.000022)	0.000053*** (0.000018)	-0.000006 (0.00002)	0.000024 (0.000015)

注：
1. 推算使用的是混合逻辑模型。此外，省略了地域虚拟变量，省略了使用的所有解释变量的效果。括号内的标准误差是根据引导方法求出的。*、**、***分别表示有效性水平为10%、5%、1%。为了控制表8-2中修正案虚拟变量，省略了5个修正案虚拟变量与家庭收入交叉项之外的系数值。
2. 第1组："因为养老金和保险不够而担忧晚年生活"的家庭群体。
3. 第2组："因为其他原因担忧晚年生活"的家庭群体。
4. 第3组："因为养老金和保险足够不担忧晚年生活"的家庭群体。
5. 第4组："因为其他原因不担忧晚年生活"的家庭群体。

资料来源：作者根据公开资料整理。

下面通过对比各养老金制度修正案的预期效果与实际效果进行验证。

对1985年修正案的评价

根据人们对基础养老制度的评价不同，养老制度修正案对晚年生活认知产生的影响也是不同的。基础养老制度是为了调整不同制度之间的差异，建立保障全体国民领取等额养老金的一种制度，而且其中的三分之一由国库负担。制度起到了对收入进行再分配的作用。对于收入较低的家庭来说收益大于支出，对于高收入家庭来说支出大于收益。因此，家庭收入越高，基础养老制度引入起到的缓解晚年生活忧虑的作用越小。也就是说，随着收入的增加，第1组中的养老制度修正案虚拟变量的系数值越大，第3组中养老制度修正案虚拟变量的系数值越小。

事实上，如果关注养老制度修正案虚拟变量和收入水平的交叉项就会发现，第1组中的第1被保险人和第2被保险人都是明显的正系数值，可见随着收入水平的提高，担忧退休金不够用、对晚年生活感到焦虑的程度反而加深了。这一结果与前面的假设是一致的，即高收入阶层更重视基本养老制度收入再分配功能的负担层面。

对1989年修正案的评价

1989年修正案引入了全自动物价浮动系统，无论人们处于何种收入水平和年龄阶层，均可从中受益，所以可以认为这一修正案起到了缓解各阶层对晚年生活焦虑的作用。

从测算结果来看，除了20多岁的第1被保险人，所有年龄段的第1被保险人和第2被保险人因为养老金不足而担忧晚年生活的概率明显降低，这与上述理论预期是一致的。但是在20岁、30岁的第2被保险人中，因为有足够的养老金而不担心晚年生活的概率也在下降，所以不能说对修正案的评价都是正面积极的。此外我们还发现，有关修正案对晚年生活的影响的评价，主要取决于第1被保险人和第2被保险人的收入水平。

对1994年、2000年修正案的评价

1994年和2000年修正案中，分别规定了今后将逐步提高福利养老金定额部分和薪酬比例部分的措施。首先要关注的是受此影响的第2被保险人。事实上，这两次修正案对于第1被保险人来说，无论哪个年龄阶层，归属第1、第3组的概率几乎没有变化。

此外，在第2被保险人中，很多50多岁的家庭在修正案推出之前已经开始领取退休金，因此他们对于晚年生活的认知也不会发生变化。另外，提高领取养老金的起始年龄，会加重储蓄较少的家庭对晚年生活的焦虑。因此我们预测，第2被保险人中年龄越小、收入越少的人，在第1组中的养老制度修正案虚拟变量系数值越大，在第3组中的养老制度修正案虚拟变量系数值越小。

测算结果中的一部分支持了上述的预测，也有一部分未起到支持作用。1994年修正案明显降低了30岁第2被保险人归属第3组的概率；2000年修正案在一定程度上减轻了第2被保险人中收入较低群体对于晚年生活的不安，这一结果与前面的假设是一致的。但是，1994年修正案明显降低了20岁第2被保险人归属第1组的概率，2000年修正案也明显降低了40岁第2被保险人归属第1组的概率，这与前面的假设是不吻合的。

对2004年修正案的评价

2004年修正案引入了与固定保费水平和收益水平相关的宏观经济浮动体系。如果家庭认为通过这种方式能够保持未来养老制度的稳定，我们认为归属第1组的概率会下降。但是，如果家庭认为宏观经济浮动系统会导致未来养老金收益水平受限，那么储蓄较少的低收入家庭对晚年生活的不安会加剧。在这种情况下，我们预测收入越低，在第1组中的养老制度修正案虚拟变量系数值越大，在第3组中的养老制度修正案虚拟变量系数值越小。

通过测算发现，在所有年龄段，第2被保险人归属第1组的概率均

有所下降。而且除了20岁的第2被保险人，效果都非常明显。这些家庭认为修正案起到了维持未来养老制度稳定的作用，因此给予了高度评价，同时也降低了他们对晚年生活的不安。但是，第2被保险人方面，2004年修正案虚拟变量与收入水平交叉项在第1组中为明显的负数。由此我们得知，养老制度修正案在减轻低收入家庭对晚年生活的担忧方面收效甚微。

• 本章小结

本章基于家庭问卷调查的个票数据，对家庭如何评价1984—2008年的25年实施的5次养老制度改革，以及对晚年生活的不安出现了怎样的变化、家庭的主观评价等进行了实证分析。结果表明，家庭对于目前为止的养老制度改革普遍给予了积极评价，"因养老金和保险不够用而担心晚年生活"的家庭群体占比有所下降。但是，对于制度改革的评价会因户主年龄、收入水平等所代表的家庭属性的不同存在差异。而且也有不少家庭给出了消极评价，他们认为养老制度改革并没有为稳定晚年生活做出贡献。

特别是作为本章研究对象的社会养老制度改革在2004年就宣告结束，家庭对于之后的财政核查结果的评价，并不在我们的考虑范围之内。但是在2019年的财务核查中，根据出生年份预估了未来养老金的发放情况。结果显示，首次领取养老金当年的收入替代率超过了50%，但收入替代率逐年下降。而且越年轻收入替代率的降幅越大，表明年轻一代仅靠社会养老金很难维持晚年生活。

对于这样的实证结果，家庭会如何接受呢？不难想象，以年轻一代为中心，对于社会养老制度脆弱性的认识会不断提高。如果这种观念在家庭生活中根深蒂固，那么家庭就会通过抑制消费的方式为晚年生活增加储蓄。下一章，笔者想通过宏观和微观数据，定量验证家庭对社会养老制度的认识如何影响家庭的消费和储蓄行为。

第9章
社会养老制度与家庭储蓄行为

经济制度是经济活动的基础，家庭行为立足于经济制度。因此，如果家庭意识到经济制度的变化，会相应地改变家庭的行为模式。这里需要注意的是，影响家庭行为的不是经济制度的客观变化，而是家庭对这种变化的主观看法和认识。本章选取的经济制度是社会养老制度。社会养老制度是在职年轻人缴纳养老费，退休后领取养老金以维持安定的晚年生活的一种制度。但是随着出生率的下降和老龄化的发展，社会养老制度经历了数次变革。第8章中，基于家庭问卷调查的个票数据，我们分析了家庭对于这些养老制度修正案的看法。

本章我们会重点关注家庭的储蓄行为，希望分析社会养老制度对家庭储蓄行为的影响。关于社会养老制度对家庭储蓄的影响，关注的焦点是家庭养老资产与家庭储蓄之间的可替代性。如果认为政府正在取代家庭形成晚年生活所需的养老资产，遵循生命周期假说的家庭就会减少他们的储蓄。因此，家庭储蓄和养老金资产就完全可以互相替代。但是随着出生率的快速下降以及老龄化的迅速发展，如果家庭认为社会养老制度在未来无法持续，那么他们预期的养老资产就会大打折扣，因此家庭就会通过增加储蓄的方式维持晚年生活。

我们无法预估社会养老制度对家庭储蓄的影响，因为其效果会受社会养老制度所处环境的人口结构、经济增长率、劳动环境的影响。

本章的目的是使用《家计调查》中不同收入阶层的宏观数据和庆应义塾大学面板数据设计分析中心提供的《日本家庭面板数据调查》微观数据，定量分析日本社会养老制度变革对家庭储蓄行为的影响。预测结果发现，无论是使用宏观数据还是微观数据，社会养老金和家庭储蓄之间都没有替代关系。相反，通过研究发现，人们缴纳的社会养老费对于家庭来说并不是资产，而是反映家庭对社会养老制度负担感的指标。因此，如果社会养老费占家庭收入的比重上升，家庭对社会养老制度的负担就会增强，对养老制度的信心就会动摇。在对社会养老制度的担忧日益加剧的情况下，家庭会通过抑制消费的方式增加储蓄，以维持晚年生活的稳定。

• 社会养老金与家庭储蓄：前期研究综述

菲尔德是第一个研究社会养老金和家庭储蓄之间替代性的学者。他最初的研究侧重于使用时间序列数据，验证养老资产和家庭储蓄之间的替代性。为大家介绍一下在日本使用时间序列数据进行的分析。吉川薰使用《家计调查》和《储蓄动向调查》数据，通过扩展就业家庭的储蓄率函数，衡量社会养老金变量的影响。吉川薰使用的社会养老金变量是预期养老金收益额、社会养老金资产的简单估算以及养老金水平。根据他的测算结果，无法证明社会养老制度导致家庭储蓄率下降这一效果是稳健的。

野口悠纪雄使用《家计调查》和《储蓄动向调查》数据，通过在生命周期资产函数中加入社会养老资产变量，测算社会养老资产替代效果的大小。野口悠纪雄使用的社会养老金变量是总养老资产和净养老资产。测算结果显示，过去累计缴纳的保险费与个人储蓄额减少比例接近1∶1。

佐佐木基彦和橘木俊诏也使用《家计调查》和《储蓄动向调查》数据，测算了包括社会养老金变量在内的生命周期资产函数，并对其资产替代效果进行了验证。社会养老金变量是总养老资产和净养老资产。这项研究不仅进行了时间序列的分析，还进行了几代人的队列分析。结果显示，社会养老金有降低个人储蓄的作用。此外他们的研究还发现，随着养老金领取年龄的临近，社会养老资产的资产替代效果会加强。

笔者使用日本金融广报中央委员会《家庭金融行为民意调查》的汇总数据，按照户主的不同职业，对养老制度改革如何通过"晚年生活储蓄动机"影响储蓄余额和金融资产选择行为进行了实证分析。结果显示，1986年改革使家庭意识到了养老制度未来财政的脆弱性，刺激了家庭的养老储蓄，使家庭的资产需求由原来的存款储蓄转向人寿保险、股票和债权。

中山光辉以1974—1994年《家计调查》中的职工家庭为对象，估算了消费函数，并研究了对社会养老资产的影响，得到了明显的积极影响。

在日本，使用时间序列数据进行的分析普遍都观察到了社会养老金与家庭储蓄之间的相互替代性，但替代性的大小因研究不同存在差异。主要是因为汇总的时间序列数据无法准确地估算总养老资产和净养老资产的大小，而它们在分析中起着核心作用。总养老资产是家庭未来预期可领取养老金总额的折现现值，其多少在很大程度上取决于家庭的职业和收入水平。另外，净养老资产是用总养老资产减去累计缴纳的养老费，但养老费也因职业和收入水平存在差异。可以说，用汇总的时间序列数据正确估算家庭储蓄与社会养老金之间的替代性是有一定局限性的。

由于存在一些局限性因素，所以现在使用家庭微观数据代替宏观数据，验证家庭储蓄与社会养老金之间替代性的研究已经成为主流。

下面为大家介绍一下日本使用家庭个票数据进行的研究。艾伯特·安藤等人使用1974—1979年《全国消费调查》中的个票数据，将养老金净收益额（给付金额–负担金额）的贴现现值作为解释变量，添加到基于生命周期假设创建的消费函数中，验证其效果，但无明显效果。

高山宪之等人使用1979年、1984年的《全国消费调查》个票数据，验证家庭储蓄与社会养老金之间的可替代性。他们发现，由于社会养老制度的存在导致在职一代（户主年龄60岁以下）的储蓄率出现明显下降。他们预测，对于职工家庭而言，养老金收益贴现现值的1%左右用于消费。

　　驹村康平等人使用《社会保障与商业保障相关民意调查》数据，将社会养老资产作为解释变量推算储蓄函数，并在此基础上验证家庭储蓄与社会养老金之间的替代性。结果显示，在未满60岁的家庭中，社会养老资产可以提高储蓄率。麻生·何使用日本经济新闻社1998年进行的《金融行为调查》数据，分析了养老资产对持有的金融资产的影响。分析结果显示，并未发现社会养老资产有减少家庭金融资产的作用。

　　太田清和樱井俊行根据邮政研究所1994年11月开展的《家庭金融资产选择相关调查》的个票数据，以60岁以下家庭为对象，分析他们对社会养老金期待的高低（他们认为养老金在多大程度上可以满足晚年生活所需）会对现在的储蓄行为、退休后的就业期望产生何种影响。他们发现，年轻一代对晚年的社会养老金的期待较低，对未来的社会养老金持悲观态度。此外，他们还发现社会养老金的预期收益升高，储蓄率会下降。

　　尽管使用家庭微观数据进行的分析提高了准确性，但是有关家庭储蓄与社会养老金之间的关系仍未达成共识。原因之一是，社会养老资产会受到各种未被观察到的家庭属性的影响，而这些属性同时也会对家庭的储蓄和消费行为产生影响，这就是已经被指出的社会养老资产的内生性问题。阿塔纳西奥和布鲁贾维尼以及阿塔纳西奥和罗威德，使用独立于家庭属性之外、经过修正的外生养老制度信息作为工具变量，在规避了这一内生性问题的基础上进行了推算。内生性问题往往会低估社会养老资产对家庭储蓄的影响，但有研究称，考虑内生性会增强家庭储蓄与社会养老资产之间的替代性。

　　我们来看一下日本的研究，铃木亘使用日本邮政综合研究所《家庭与储蓄相关调查》中1996年、1998年、2000年和2002年的个票数据，验证养老资产与家庭储蓄的替代性。这项研究是将户主参加的养老制度的信息与1999年养老制度修正案综合在一起的信息作为工具变量进行推算，结果显示，养老资产与家庭储蓄之间有明显的替代性，但其系数值小于最小二乘法的估算值。

滨明使用《金融行为调查》数据验证养老资产与家庭资产的替代性。这项研究最主要的特点是使用了因1999年社会养老制度修正案产生的养老金收益减少的信息。结果显示，养老资产与家庭资产之间具有替代性，在中年一代中替代性更强。

奥村和臼井基于2007—2009年《生活与健康调查》中的个票数据，验证1994年和2000年养老制度改革是否增加了个人储蓄的目标额。在他们的研究中，也将因养老制度改革导致养老资产变动这样的外生因素作为工具变量使用。结果显示，如果养老金收益减少10%以上的概率增加10%，目标储蓄额会上升10.5%。日本最近的一项研究也表明，虽然家庭储蓄和社会养老资产之间不能完全替代，但还是有明显替代性的。

第8章中，家庭对晚年生活感到焦虑的理由是因为养老金和保险不够用，我们使用家庭个票数据对这些家庭的属性进行了详细的验证分析。分析结果表明，家庭会将社会养老资产视作未来养老金回报率的风险资产，而非安全资产。养老制度的改革降低了回答"因为养老金和保险不够用而担心晚年生活"的概率，但是正如2019年的财务核查显示的那样，当用收入替代率评估未来的收益水平时，出现了下降趋势，因此很难说社会养老资产的风险下降了。笔者想为大家介绍一项研究，是通过测算社会养老资产收益水平的不确定性，并分析这种不确定性对家庭持有的资产量产生了怎样影响的研究。

着眼社会养老资产风险的研究并不是很多。吉索等人通过推导意大利投资者收入替代率的主观概率分布，衡量养老金收益水平的不确定性。养老金收益水平的不确定性指的是主观概率分布的标准偏差，其大小因人而异。对于离退休还有很长时间的年轻一代来说，养老金收益水平的不确定性更大。此外，投资养老基金的概率会随着预期收入替代率的升高而降低，会随着收入替代率标准偏差的扩大而升高。

范桑腾使用类似于吉索等人的研究方法，推导出荷兰每个样本家庭养老金收益的收入替代率的主观概率分布情况，并据此计算收入替代率的期望值与标准偏差。收入替代率的标准偏差是衡量养老金收益水平不确定性的指标。同时他还通过推导了储蓄函数，估计预期收入替代率和收入替代率之间的标准差对家庭储蓄的影响。他将个人参加养老基金的资产负债率作为工具变量，需要注意的是这一比率是个人无法控制的外生变量。根据回归分析结果发现，当养老金收益水平的不确定性增加时，家庭会增加储蓄。此外，在不考虑收入替代率标准偏差的特定情况下，预期收入替代率对家庭储蓄的影响会被低估。

如果社会养老资产收益真的存在不确定性，我们预计家庭会采取包括社会养老资产在内的更多样的资产选择行为。如果养老制度改革导致养老金收益风险变化，为了降低整体的资产风险，家庭会调整资产选择行为。博塔齐等人通过对意大利家庭进行问卷调查，分析了当养老资产因养老制度变革发生波动时，家庭的资产选择行为会发生怎样的变化。结果显示，家庭会增加实物资产。当社会养老资产的减少额相当于一年收入时，实物资产的增加部分相当于7个月的收入，安全金融资产的增加部分相当于1个月的收入。但是，民间养老基金、人寿保险的购买行为未出现变化。

吉索等人以意大利的投资者为对象，求出了各投资者收入替代率的主观概率分布，将分布的标准偏差定义为养老金风险，并据此分析对投资者金融资产组合的影响。结果显示，面临养老资产风险增加的投资者，对民间养老基金、人寿保险、民间健康保险的需求会增加。也就是说，在养老资产不确定性增加时，为了维持金融资产的稳定性，投资者们会采取规避风险的行动。

德拉万德和罗威德利用美国开展的退休研究互联网调查，分析受访者对未来社会养老收益不确定性的认识。结果显示，如果受访者认为不确定性增加，就会减少股权投资。

• 社会养老金与家庭储蓄：基于宏观数据的分析

对社会养老制度的负担感与家庭储蓄：基于长期时间序列数据的分析

上文中，我们回顾了以往有关社会养老金与家庭储蓄之间关系的研究，并指出使用宏观数据估算社会养老资产有一定的局限性。这是因为，为了准确估计家庭持有的社会养老资产，我们需要家庭的职业、工作年限、收入水平等与家庭属性相关的信息，而在宏观层面我们很难获得这些与家庭有关的详细信息。

但是，使用宏观数据分析社会养老金与家庭储蓄之间的关系也有其优点，那就是我们能够很容易地创建一个家庭如何看待社会养老金的指数。第7章中，我们使用1970年以后的《家计调查》数据，概述了家庭行为的变迁，也将"社保费用占工资收入的比率"作为衡量家庭社保费用负担的指标。家庭的社保费用负担越高，越会认识到社会保障体系的脆弱性。特别是如果家庭认为社会保障体系是脆弱的，他们就会为了晚年生活增加储蓄。日本金融广报中央委员会《家庭金融行为民意调查》的数据也证实了这一点。

家庭对于社会养老制度的认识会对家庭的储蓄行为产生怎样的影响，关于这一点，笔者想更深入地进行挖掘并进行定量分析。具体而言，是通过测算以"社保费用占工资收入的比重"作为解释变量的储蓄函数，评估家庭对社会养老制度的负担如何影响家庭的储蓄行为。使用的数据全部都是《家计调查》中的变量。我们测算了各种情况下的储蓄函数，但基本的储蓄函数公式如式（9-1）所示。

$$\left(\frac{S}{DY}\right)_{it} = \alpha_0 + \alpha_1 \left(\frac{1}{DY}\right)_{it} + \alpha_2 \left(\frac{RY}{HY}\right)_{it} + \alpha_3 (AGE)_{it} +$$

$$\sum_{i=1}^{N} b_i \left(\frac{SSP}{WY}\right)_{it} + \varepsilon_{it} \qquad (9\text{-}1)$$

式中，下标i表示家庭所属收入阶层，下标t表示年份。被解释变量为家庭储蓄率，是用家庭储蓄对应的盈余$(S)_{it}$除以可支配收入$(DY)_{it}$。可支配收入是家庭成员人数的平方根除以等量的可支配收入。解释变量是实际可支配收入的倒数、固定收入$(RY)_{it}$占户主收入$(HY)_{it}$的比重、户主年龄$(AGE)_{it}$、社保费用$(SSP)_{it}$占工资收入$(WY)_{it}$的比重。式（9-1）的ε_{it}为误差项①。

可支配收入的倒数系数α_1的正负情况会引起储蓄收入弹性值的变化。如果系数估算值为负，弹性大于1；如果为正，弹性小于1。如果系数估算值为0，弹性为1。固定收入占户主收入的比重用于验证永久收入假设。永久收入假说认为，如果固定收入占户主收入的比重上升，平均消费倾向会上升，储蓄率会下降。因此，笔者预计α_2的符号为负。

表示家庭对社会保障制度负担的变量，即"社保费用占工资收入的比重"是本部分分析的重点。考虑到不同收入阶层，社会养老制度的负担对储蓄率的影响是有差异的，因此我们追加了收入阶层虚拟变量与"社保费用占工资收入比重"的交叉项作为解释变量。最后，将第1次石油危机之后的1974年和1975年对应的虚拟变量（D7475）也添加为解释变量。

式（9-1）是使用1970—2019年的年度数据测算的。年收入使用的是五分位阶层数据，样本数为250。假设误差项具有异方差性，并且各收入阶层的误差项是在遵循不同的一阶序列相关性假设下估算

---

① 实际可支配收入使用名义可支配收入除以消费物价指数（综合）。

的，结果如表9-1的第1列所示。可支配收入的倒数的系数估算值为明显的负数，储蓄的收入弹性大于1。固定收入占户主收入的比重为负数。因为固定收入占户主收入的比重是家庭赚取的稳定永久收入的代理变量，因此该结果表明，平均消费倾向与永久收入呈正相关性，因此储蓄率与永久收入之间的负相关性与永久收入假说是吻合的。但是，在统计上是无意义的。社保费用占工资收入的比重，在第3分位以上收入阶层中是明显的正系数值。此外，收入阶层越高系数估算值越大。第3分位收入阶层，社保费用占工资收入的比重上升1%，家庭储蓄率会上升0.5%，而第5分位收入阶层会上升0.71%。换言之，高收入阶层中，如果家庭对于社会保障制度的负担增加，储蓄率会大幅上升。这也可以解释为，由于未来社会养老收益不确定的增加，家庭增加预防性储蓄的影响超过了家庭储蓄替代社会养老金的效果。

表9-1的第2列显示的是使用家庭对社会保障制度的负担指标，即社保费用占实际收入（家庭全部收入）比重时的测算结果。从结果上看几乎没有变化，高收入阶层中，对社会保障制度的负担越大，储蓄率就会上升。家庭对社会保障制度的负担与家庭储蓄率之间的负相关性是一组非常强健的关系，与社会保障负担指数无关。

表9-1　储蓄率函数的测算结果（1）

项目		社保费用占工资收入的比重	社保费用占实际收入的比重
可支配收入的倒数		−1489207***	−1461896***
		（−3.26）	（−3.17）
固定收入占户主收入的比重		−0.0862	−0.0883
		（−0.84）	（−0.84）
户主年龄		0.2496**	0.2607*
		（1.66）	（1.79）
社保费用占工资收入的比重	（第1分位）	−0.0811	—
		（−0.28）	

续表

项目		社保费用 占工资收入的比重	社保费用 占实际收入的比重
社保费用占实际收入的比重	（第 1 分位）	—	−0.0904 （−0.28）
社保费用占实际收入的比重	（第 2 分位）	0.3737 （1.64）	0.4092 （1.62）
社保费用占实际收入的比重	（第 3 分位）	0.4969** （2.35）	0.5358** （2.36）
社保费用占实际收入的比重	（第 4 分位）	0.4824** （2.19）	0.5121** （2.22）
社保费用占实际收入的比重	（第 5 分位）	0.7111*** （2.65）	0.7499*** （2.71）
$D7475$		4.0639*** （6.88）	4.0533*** （6.86）
常数项		23.3306** （2.53）	22.8526** （2.54）
样本数		250	250

注：1. 括号内为t值。

　　2. *、**、***分别表示有效性水平为10%、5%、1%。

资料来源：作者根据公开资料整理。

增加储蓄的方式有以下3种：增加净金融资产、减少净借款和增加净实物资产。那么在社会保障制度负担增加，家庭储蓄率上升时，构成储蓄的要素会怎样变化呢？

我们可以使用《家计调查》1976年以后、按照年收入五分位阶层统计的《金融储蓄净增长》数据。使用这些数据，我们可以测算出将金融资产储蓄率作为被解释变量时的回归方程。金融资产储蓄率是用金融储蓄净增长额除以可支配收入；解释变量与家庭储蓄率相同。表9 2第1列显示的是测算结果。固定收入与家庭收入之比的系数估算值为明显的负数，固定收入占家庭收入（永久收入的代理变量）之比与储蓄率之间为负相关关系，这一结果对永久收入假说起到了支持作用。在1%水平上，社保费用占工资收入的比重在所有收入阶层均为明显的正系数值。社保费用占工资收入的比重上升1%，金融资产储蓄率会上升1.72%（第4分位）～2.08%（第5分位）。社保费用占工资收入的比重对金融资产储蓄率的影响大于对储蓄率的影响。

社保费用占实际收入（家庭全部收入）的比重是反映家庭对社会保障制度负担的指标，使用这一指标的测算结果如表9-2第2列所示。在1%水平，对金融资产储蓄率的影响在所有收入阶层均为明显的正系数值。

表9-2　日本金融资产储蓄率函数的测算结果

项目		社保费用占工资收入的比重	社保费用占实际收入的比重
可支配收入的倒数		−1362320* （−1.7）	−1223377 （−1.49）
家庭收入比重		−0.7252*** （−5.11）	−0.7106*** （−4.84）
户主年龄		0.0212 （0.11）	0.2054 （1.1）
社保费用占工资收入的比重	（第1分位）	2.0444*** （5.6）	—
社保费用占实际收入的比重	（第1分位）	—	2.1079*** （5.02）
社保费用占实际收入的比重	（第2分位）	1.97*** （6.75）	2.0059*** （6.17）
社保费用占实际收入的比重	（第3分位）	1.8669*** （6.71）	1.8472*** （6.15）
社保费用占实际收入的比重	（第4分位）	1.7153*** （6.01）	1.6291*** （5.44）
社保费用占实际收入的比重	（第5分位）	2.0812*** （6.23）	1.9649*** （5.66）
常数项		64.6997*** （5.34）	55.8998*** （4.73）
样本数		220	220

注：1. 括号内为t值。
　　2. *、***分别表示有效性水平为10%、1%。
资料来源：作者根据公开资料整理。

对社会养老制度的负担感与家庭储蓄：基于年收入阶层数据的分析

之前分析使用的是1970—2019年的长期时间序列数据，为了活用这些数据，我们汇总了年收入五分位阶层的数据用于估算。虽然可以使用长期的时间序列数据，但储蓄率函数公式会受到一定的制约，其中最大的制约就是没有考虑到金融资产余额对储蓄的影响。此外，也无法捕捉到家庭持有的实物资产对储蓄的影响。

为了克服这些制约因素，我们将抽样期间限定在2002年以后展开分析。2002年以后，《家计调查》中增加了《储蓄和负债篇》，这就便于按照统一格式对消费、储蓄、收入流和金融资产存量进行统计。在接下来的分析中，我们将抽样期间限定在2002—2018年的17年。为了弥补样本数减少的情况，我们将不同收入阶层的数据进行汇总后使用。年收入分为18个阶层，样本总数为306[①]。测算储蓄率函数时，除了上述解释变量外，追加了2个新变量，一是净金融资产余额（储蓄余额减去负债余额）除以可支配收入的比值；二是住房持有率。因为《家计调查》中没有记录家庭持有的实物资产的价值，所以将住房持有率作为实物资产的代理变量。此外，在之前的分析中，我们将社保费用占工资收入的比重，作为家庭对社会保障制度的负担指标。除此之外，为了更直接地反映家庭对于社会养老制度的负担，我们使用的是社会养老费占工资收入的比重。为了确认该指标是衡量家庭对社会养老制度负担感的合适指标，我们还将社会养老费之外的其他保险费占工资收入的比重作为解释变量，推算储蓄率函数。

[①] 年收入的18个阶层为200万日元以下、200万～250万日元、250万～300万日元、300万～350万日元、350万～400万日元、400万～450万日元、450万～500万日元、500万～550万日元、550万～600万日元、600万～650万日元、650万～700万日元、700万～750万日元、750万～800万日元、800万～900万日元、900万～1000万日元、1000万～1250万日元、1250万～1500万日元、1500万日元以上。年收入最低的为第1阶层，最高的为第18阶层。

估算结果如表9-3所示。首先总结一下在所有条件下通用的估算结果。可支配收入倒数对储蓄率产生了明显的负面影响，即储蓄的收入弹性大于1。此外，固定收入占家庭收入的比重对储蓄率也产生了明显的负面影响，即固定收入占家庭收入比重越高，储蓄率越低，消费支出的占比就会增加。这一结果与永久收入假设是吻合的。

表9-3 储蓄率函数的测算结果（2）

项目	社保费用占工资收入的比重	养老保险占工资收入的比重	养老保险费以外的社保费用占工资收入的比重
可支配收入倒数	−3983562 *** （−5.85）	−4111511 *** （−6.7）	−368762 *** （−5.42）
固定收入对家庭收入占比	−0.0377 *** （−3.37）	−0.0303 *** （−2.71）	−0.0461 *** （−4.48）
户主年龄	−0.2747 （−1.49）	−0.2745 （−1.53）	−0.2278 （−1.2）
净金融资产余额对可支配收入之比	−0.018 *** （−3.3）	−0.0175 *** （−3.24）	−0.0191 *** （−3.45）
住房持有率	−0.0294 （−0.61）	−0.0445 （−0.93）	−0.0136 （−0.29）
社保费（社会养老费）对工资收入占比 （第1阶层）	0.955 （1.25）	2.2669 * （1.8）	0.9553 （0.59）
社保费（社会养老费）对工资收入占比 （第2阶层）	−0.5873 （−1.47）	−0.706 （−1.07）	−1.9972 ** （−2.36）
社保费（社会养老费）对工资收入占比 （第3阶层）	−0.5183 （−1.49）	−0.5935 （−1.06）	−1.8159 ** （−2.41）
社保费（社会养老费）对工资收入占比 （第4阶层）	−0.2283 （−0.78）	−0.0641 （−0.13）	−1.1595 * （−1.85）
社保费（社会养老费）对工资收入占比 （第5阶层）	−0.1332 （−0.5）	0.1096 （−0.26）	−0.9345 * （−1.65）
社保费（社会养老费）对工资收入占比 （第6阶层）	−0.1209 （−0.49）	0.1072 （0.27）	−0.8774 （−1.63）
社保费（社会养老费）对工资收入占比 （第7阶层）	−0.0882 （−0.4）	0.1787 （0.51）	−0.8259 * （−1.72）
社保费（社会养老费）对工资收入占比 （第8阶层）	−0.0431 （−0.18）	0.254 （0.66）	−0.7407 （−1.37）

续表

项目	社保费用占工资收入的比重	养老保险占工资收入的比重	养老保险费以外的社保费用占工资收入的比重
社保费（社会养老费）对工资收入占比 （第9阶层）	0.0206 （0.1）	0.3541 （1.13）	−0.5662 （−1.28）
社保费（社会养老费）对工资收入占比 （第10阶层）	0.0295 （0.14）	0.3682 （1.12）	−0.5487 （−1.17）
社保费（社会养老费）对工资收入占比 （第11阶层）	−0.0222 （−0.12）	0.2719 （0.93）	−0.6701 （−1.59）
社保费（社会养老费）对工资收入占比 （第12阶层）	−0.0315 （−0.17）	0.2533 （0.86）	−0.7057 （−1.61）
社保费（社会养老费）对工资收入占比 （第13阶层）	−0.0158 （−0.08）	0.2855 （0.92）	−0.6815 （−1.47）
社保费（社会养老费）对工资收入占比 （第14阶层）	−0.0265 （−0.15）	0.2569 （0.91）	−0.6914 （−1.64）
社保费（社会养老费）对工资收入占比 （第15阶层）	0.1412 （0.69）	0.5051 （1.59）	−0.2019 （−0.39）
社保费（社会养老费）对工资收入占比 （第16阶层）	0.1646 （0.91）	0.5647 ** （1.96）	−0.1738 （−0.41）
社保费（社会养老费）对工资收入占比 （第17阶层）	0.4448 ** （2.43）	1.019 *** （3.43）	0.5606 （1.3）
社保费（社会养老费）对工资收入占比 （第18阶层）	0.598 *** （2.76）	1.3516 *** （3.71）	0.8396 * （1.72）
常数项	63.112 *** （8.9）	62.1429 *** （9.26）	61.8889 *** （8.45）
样本数	306	306	306

注：1. 括号内为t值。

　　2. *、**、***分别表示有效性水平为10%、5%、1%。

资料来源：作者根据公开资料整理。

　　但是，家庭对社会保障制度负担感的3项指标对储蓄率的影响普遍较弱，而且效果不同。从测算结果看，在3项指标中，最能反映家庭对社会养老制度负担感的指标为"养老费用占工资收入的比重"。养老费用占工资收入的比重对储蓄率产生积极影响的收入阶层为第1阶层（年收入200万日元以下）和第5阶层（年收入350万～400万日元）以上的阶层，养老费用占工资收入的比重越高，储蓄率越上升。而且，收入阶层越高，效果越明显。特别是对于第16阶层（年收入1000万～1250万日元）以上的阶层，效果非常明显。

另外，使用社保费占工资收入比重的情况下，社保费占工资收入比重对储蓄率的影响有正有负，很难找到规律性。使用"养老保险费以外的社保费占工资收入比重"的情况下，几乎对所有阶层的储蓄率都产生了负面影响。特别是对于第7阶层（年收入450万～500万日元）以下的低收入阶层，其影响在统计上是非常明显的。养老保险费以外的社保费用大部分都是健康保险费。"养老保险费以外的社保费占工资收入比重"的系数估算值为负数，是因为即使家庭认为健康保险费负担加重，也很难缩减医疗服务费等必要的支出，这就可以解释储蓄率的降低了。因此，"养老保险费以外的社保费占工资收入比重"对储蓄率产生了负面影响，是因为对社会养老制度的负担不断增加，与增加储蓄的机制是不同的。

对社会养老制度的负担感与储蓄形式

我们看到，社会养老费用占工资收入的比重上升，家庭对社会养老制度的负担也会增加，储蓄率就会上升，但是如果不考虑高收入阶层，这些影响就会减弱。那么是不是即便中低收入阶层认为社会养老制度负担加重了，他们的储蓄行为也不会发生变化呢？正如我们前面已经看到的，家庭在增加储蓄时，主要是通过金融资产净增长、借款净减少、实物资产净增长等方式实现的。因此，当社会养老制度负担加剧时，即便家庭增加金融资产，如果借款也同时相应减少的话，储蓄额应该不会变化。考虑到有这种可能性，所以需要从形式上把握储蓄，即当社会养老制度负担加剧时，有必要对构成储蓄的要素的变化情况进行分析。接下来，我们会将储蓄分为金融资产净增长、借款净减少、实物资产净增加3部分，分析在社会养老制度负担加剧时，这些构成要素的变化情况。

遵循前面实证分析的限定条件，不同形式的储蓄函数使用是与不同储蓄形式相对应的存量变量，即总金融资产余额占可支配收入的比重、借款余额占可支配收入的比重[①]。此外，使用社会养老费用占工资收入的比重，作为家庭对社会养老制度负担感的指标。

表9-4的第1列显示的是金融资产净增长函数的测算结果。被解释变量为金融资产净增长除以可支配收入的比率。除了第2阶层（年收入200万～250万日元），社会养老费用占工资收入比重的系数估算值均为正数，第5阶层（年收入350万～400万日元）以上具有统计学意义。我们得知，对社会养老制度的负担越高，越会增加持有的金融资产，这种倾向在高收入阶层更明显。第8阶层（年收入500万～550万日元）以上的系数估算值大于1，社会养老费用占工资收入的比率上升1%，金融资产净增加额占可支配收入的比重会以更快速度增长。

表9-4的第2列显示的是净金融资产增加额加上结转现金净增加额（现金净增加额）后，除以可支配收入的比率，并且将这一比率作为被解释变量时的测算结果[②]。这个结果与加入结转现金净增加额之前的结果没有本质上的变化。除了第2阶层和第3阶层（年收入200万～300万日元），第9阶层（年收入550万～600日元）以上的收入阶层中，社会养老费用占工资收入比重的系数估算值具有统计学意义。另外，高收入阶层的系数估算值较大，可以看出，随着社会养老制度负担的加剧，高收入阶层会增加持有的金融资产。

---

① 实物资产净增加额函数，由于没有记载家庭持有的实物资产价值的大小，所以没有作为存量变量使用。

② 转移金额也计入存量变量的金融资产余额中。

表9-4　不同形式储蓄率函数的测算结果

项目	金融资产净增加额	金融资产净增加额+结转现金净增加额	借款净减少额	实物资产净增加额
可支配收入倒数	−2306093 *** （−3.45）	−2462147 *** （−3.72）	−974490.7 *** （−3.95）	−190708.5 *** （−2.69）
固定收入占家庭收入比重	−0.0611 *** （−4.61）	−0.0539 *** （−4.12）	0.0247 *** （2.77）	0.0038 （1.17）
户主年龄	0.0344 （0.17）	−0.1477 （−0.73）	−0.0992 （−0.82）	0.0133 （0.48）
金融资产余额对可支配收入的占比	−0.0275 *** （−3.26）	−0.0264 *** （−3.2）	0.0129 * （1.92）	
住房持有率	0.0295 （0.55）	−0.0109 （−0.21）	0.0248 （0.73）	
社会养老费用对工资收入占比 （第1阶层）	1.848 （1.43）	1.6895 （1.31）	0.3447 （0.9）	−0.0171 （−0.23）
社会养老费用对工资收入占比 （第2阶层）	−0.0897 （−0.13）	−0.3559 （−0.52）	−0.0776 （−0.32）	−0.105 （−1.53）
社会养老费用对工资收入占比 （第3阶层）	0.2413 （0.43）	−0.1728 （−0.31）	−0.2696 （−1.12）	0.0963 （1.08）
社会养老费用对工资收入占比 （第4阶层）	0.6927 （1.42）	0.3214 （0.56）	−0.5119 ** （−2.16）	0.3498 * （1.86）
社会养老费用对工资收入占比 （第5阶层）	0.965 ** （2.11）	0.5904 （1.31）	−0.3643 * （−1.77）	0.183 （1.61）
社会养老费用对工资收入占比 （第6阶层）	0.9283 ** （2.14）	0.5937 （1.37）	−0.3435 * （−1.72）	0.0796 （0.83）
社会养老费用对工资收入占比 （第7阶层）	0.7679 ** （1.98）	0.4809 （1.26）	−0.481 ** （−1.98）	0.4114 ** （2.53）
社会养老费用对工资收入占比 （第8阶层）	1.0029 ** （2.44）	0.66 （1.58）	−0.4214 * （−1.84）	0.2051 （1.61）
社会养老费用对工资收入占比 （第9阶层）	1.082 *** （3.01）	0.76 ** （2.13）	−0.2783 （−1.3）	0.1318 （1.37）
社会养老费用对工资收入占比 （第10阶层）	1.2033 *** （3.31）	0.9102 ** （2.53）	−0.4751 ** （−2.22）	0.2262 * （1.8）
社会养老费用对工资收入占比 （第11阶层）	1.1625 *** （3.25）	0.8738 ** （2.52）	−0.3127 （−1.6）	0.0741 （0.57）
社会养老费用对工资收入占比 （第12阶层）	1.0481 *** （2.9）	0.7984 ** （2.26）	−0.4083 ** （−2.05）	0.1172 （1.18）
社会养老费用对工资收入占比 （第13阶层）	1.1885 *** （3.38）	0.9955 *** （2.86）	−0.5742 *** （−2.66）	0.0864 （0.74）

续表

项目	金融资产净增加额	金融资产净增加额+结转现金净增加额	借款净减少额	实物资产净增加额
社会养老费用对工资收入占比（第14阶层）	1.0009 *** （2.76）	0.7846 ** （2.22）	-0.4214 ** （-2.11）	0.141 （1.34）
社会养老费用对工资收入占比（第15阶层）	1.1002 *** （2.79）	0.9247 ** （2.41）	-0.3895 ** （-2）	0.0849 （0.76）
社会养老费用对工资收入占比（第16阶层）	1.4734 *** （3.86）	1.3282 *** （3.55）	-0.5954 *** （-3.02）	0.0878 （0.87）
社会养老费用对工资收入占比（第17阶层）	2.0096 *** （4.93）	1.8784 *** （4.68）	-0.7152 *** （-3.59）	0.0202 （0.17）
社会养老费用对工资收入占比（第18阶层）	2.9122 *** （5.71）	2.7722 *** （5.59）	-0.9424 *** （-3.69）	-0.0602 （-0.42）
常数项	28.3525 *** （3.55）	40.3543 *** （5.16）	12.7791 *** （2.77）	1.2045 （0.81）
样本数	306	306	306	306

注：1. 括号内是 t 值。
　　2. *、**、***分别表示有效性水平为10%、5%、1%。
资料来源：作者根据公开资料整理。

第3列是借款净减少函数的测算结果。除了第1阶层外，社会养老费用占工资收入比重的系数估算值都是负数，许多收入阶层特别是高收入阶层都是有意义的数值。也就是说，如果对社会养老制度的负担加重，偿还借款的速度也会放缓。

最后，第4列显示的实物资产净增加额的测算结果。社会养老费用占工资收入比重的系数估算值，虽然数值中可见有效的正数值，但大多数情况下都是无效的，说明社会养老制度负担的变化几乎不会对实物资产的获取行为产生影响[1]。

总结以上分析结果发现，如果社会养老制度负担加剧，家庭会增加持有的金融资产，同时会放缓偿还借款的速度。在本次分析中，我

---

[1] 购买房屋、土地等实物资产时，没有呈现连续性的变化，仅在购买的时候大幅增加，之后变为0。因此，有一些收入阶层的实物资产净增加额记作0。在分析这种二元资产选择行为时，个票数据比汇总数据更可取。

们已经发现社会养老费用占工资收入的比重不会对家庭储蓄产生较大影响，并且也阐明了其理由。虽然社会养老制度负担增加时，家庭会增加金融资产的持有额，但同时借款的净减少速度也会放缓，所以两者之间的效果可以抵消，从而削弱了对储蓄的影响。

对社会养老制度的负担感与金融资产选择

在社会养老金收益水平不确定性增加，社会养老资产被视作风险资产的情况下，需要从更广义的角度分析包括社会养老资产在内的资产选择行为。社会养老费用占工资收入的比重升高，养老保险费对家庭收入构成压力的话，家庭就会形成社会保障制度变得越来越脆弱的认识。在这种情况下，社会养老资产不再是安全资产，家庭会考虑全部资产的风险并重新构建自身的资产结构。

基于上述目的，在家庭对社会养老制度负担感不断加剧时，人们的资产选择行为会如何变化呢？我们已经看到，当社会养老制度负担增加时，家庭会增加金融资产储蓄。下面我们通过推导单个金融资产的需求函数，分析哪些金融资产的占比增加了以及金融资产间的分配情况。

《家计调查》中将金融资产储蓄分为4类：存款储蓄、个人企业养老保险、其他保险、有价证券。我们通过推算4类金融资产的需求函数，可以分析当社会养老费用占工资收入比重上升时，会对家庭的金融资产选择行为产生怎样的影响。被解释变量是各金融资产的净增加额除以可支配收入的比率。解释变量与上述储蓄率函数相同，分别为可支配收入的倒数、固定收入占家庭收入比重、户主年龄、各金融资产余额占可支配收入的比重以及社会养老费用占工资收入比重。

金融资产需求函数的推算结果如表9-5所示。第1列是现金存款需求函数的推算结果。社会养老费用占工资收入比重的系数估算值，在所有收入阶层均为正数，并且除了第2阶层（年收入200万～250

万日元）都有效，而且系数估算值随着收入阶层的升高逐渐变大[①]。社会养老费用占工资收入的比重上升1%，第3阶层（年收入250万～300万日元）家庭的现金存款占可支配收入比率上升1.3%，第18阶层（年收入1500万日元以上）上升3.1%。第2列是存款储蓄加结转现金的需求函数测算结果，社会养老费用占工资收入比重的系数估算值略低，但在大多数收入阶层均为明显的正系数值，第3列显示的是对个人、企业养老保险的需求函数的测算结果。在这种情况下，因收入阶层不同，保险需求对社会养老费用占工资收入比重的反应有很大差异。低收入阶层（第2阶层）到中等收入阶层（第9阶层：年收入550万～600万日元）中，社会养老费用占工资收入比重上升，对个人企业养老保险的需求会明显降低；但是第15阶层（年收入900万～1000万日元）以上的高收入阶层中，对可替代社会养老保险的个人、企业养老保险的需求明显增加。第4列显示的是对个人、企业养老保险以外的其他保险的需求函数的测算结果[②]。最后第5列显示的是对有价证券的需求函数的测算结果。在这种情况下，社会养老费用占工资收入比重的系数估算值几乎在所有收入阶层都是无意义的。

表9-5　金融资产需求函数的测算结果

项目	金融资产净增加额	存款储蓄净增加额＋结转现金净增加额	个人、企业养老保险净增加额	其他保险净增加额	有价证券净买入额
可支配收入倒数	−225096 *** （−2.98）	−2402269 *** （−3.23）	36272.33 （0.7）	−526734.6 *** （−3.62）	−44303 * （−1.89）
固定收入占家庭收入比重	−0.058 *** （−4.2）	−0.0545 *** （−4.04）	−0.0003 （−0.3）	−0.0019 （−0.59）	−0.0008 （−1.49）
户主年龄	0.5489 *** （3.54）	0.2613 * （1.75）	−0.0742 *** （−6.32）	−0.2646 *** （−7.77）	−0.0104 * （−1.93）

---

① 收入最低的第1阶层（年收入200万日元以下）出现了例外情况，社会养老费用占工资收入比重的系数估算值与收入最高的第18阶层（年收入1500万日元以上）几乎相当。

② 其他的保险包括人寿保险、简易人身保险、火灾保险等。

续表

项目	金融资产净增加额	存款储蓄净增加额＋结转现金净增加额	个人、企业养老保险净增加额	其他保险净增加额	有价证券净买入额
金融资产余额对可支配收入的占比	−0.0403 *** （−3.03）	−0.0417 *** （−3.23）	−0.0048 （−1）	0.0511 *** （9.56）	0.0439 （1.13）
社会养老费用对工资收入占比 （第1阶层）	3.1496 ** （2.12）	3.0688 ** （2.08）	−0.1317 （−1.36）	−0.2103 （−0.76）	0.0439 （1.12）
社会养老费用对工资收入占比 （第2阶层）	0.8265 （1.07）	0.6161 （0.81）	−0.1029 ** （−2.09）	−0.2904 * （−1.87）	0.0159 （0.76）
社会养老费用对工资收入占比 （第3阶层）	1.3055 ** （2.04）	0.9257 （1.47）	−0.0984 ** （−2.29）	−0.5176 ** （−2.34）	0.0158 （0.87）
社会养老费用对工资收入占比 （第4阶层）	1.6669 *** （2.95）	1.2901 ** （2.33）	−0.1395 *** （−3.52）	−0.4087 *** （−2.73）	−0.0005 （−0.03）
社会养老费用对工资收入占比 （第5阶层）	1.9552 *** （3.8）	1.5432 *** （3.07）	−0.1592 *** （−4.54）	−0.3839 *** （−3.37）	0.0004 （0.02）
社会养老费用对工资收入占比 （第6阶层）	1.8753 *** （3.9）	1.4666 *** （3.09）	−0.1432 *** （−4.46）	−0.3914 *** （−3.8）	−0.0013 （−0.09）
社会养老费用对工资收入占比 （第7阶层）	1.6741 *** （3.84）	1.2976 *** （3.04）	−0.1164 *** （−3.99）	−0.4187 *** （−4.23）	0.0042 （0.28）
社会养老费用对工资收入占比 （第8阶层）	1.8413 *** （3.79）	1.391 *** （2.91）	−0.0926 *** （−3.17）	−0.4531 *** （−4.9）	−0.0017 （−0.11）
社会养老费用对工资收入占比 （第9阶层）	1.8599 *** （4.64）	1.4215 *** （3.62）	−0.071 *** （−2.63）	−0.3998 *** （−3.83）	−0.0024 （−0.16）
社会养老费用对工资收入占比 （第10阶层）	1.9101 *** （4.77）	1.4905 *** （3.82）	−0.0284 （−0.96）	−0.4075 *** （−4.68）	−0.0119 （−0.54）
社会养老费用对工资收入占比 （第11阶层）	1.8055 *** （4.6）	1.3924 *** （3.68）	−0.0413 （−1.45）	−0.4569 *** （−5.1）	0.0034 （0.2）
社会养老费用对工资收入占比 （第12阶层）	1.6085 *** （3.98）	1.2326 *** （3.16）	−0.0011 （−0.05）	−0.3922 *** （−4.51）	0.0041 （0.25）
社会养老费用对工资收入占比 （第13阶层）	1.7678 *** （4.49）	1.4465 *** （3.74）	−0.0017 （−0.06）	−0.4316 *** （−5.02）	0.005 （0.31）
社会养老费用对工资收入占比 （第14阶层）	1.414 *** （3.54）	1.0702 *** （2.76）	0.04 （1.5）	−0.3619 *** （−4.17）	0.0239 （1.45）
社会养老费用对工资收入占比 （第15阶层）	1.4968 *** （3.44）	1.1988 *** （2.81）	0.0664 ** （2.34）	−0.3972 *** （−4.48）	0.0259 （1.44）
社会养老费用对工资收入占比 （第16阶层）	1.7365 *** （4.02）	1.4662 *** （3.47）	0.0821 *** （2.68）	−0.3838 *** （−4.06）	0.0355 ** （1.99）

续表

项目	金融资产净增加额	存款储蓄净增加额+结转现金净增加额	个人、企业养老保险净增加额	其他保险净增加额	有价证券净买入额
社会养老费用对工资收入占比　（第17阶层）	2.0692 *** （4.42）	1.7816 *** （3.88）	0.119 *** （3.62）	-0.3738 *** （-3.77）	0.0603 ** （2.52）
社会养老费用对工资收入占比　（第18阶层）	3.0519 *** （5.22）	2.7799 *** （4.89）	0.1623 *** （3.93）	-0.4281 *** （-3.13）	0.044 （1.57）
常数项	-4.8975 （-0.6）	10.5814 （1.35）	3.7728 *** （6.28）	20.5104 *** （10.7）	0.8374 *** （3.04）
样本数	306	306	306	306	306

注：1. 括号内是t值。
　　2. *、**、***分别表示有效性水平为10%、5%、1%。
资料来源：作者根据公开资料整理。

　　总结测算结果，我们发现，如果社会养老费用占工资收入的比重上升，社会养老制度的负担就会加剧，家庭就会更倾向于选择安全的金融资产。而且无论哪个收入阶层，对现金存款的需求都会增加，同时以高收入阶层为中心，对个人、企业养老保险的需求也会增加。将本分析结果与海外研究进行对比发现，有相同点，也有不同点。日本家庭会进行以安全资产为导向的资产选择行为，这一事实与博塔齐等人的研究结果是相似的，即当养老资产出现波动时，家庭对安全金融资产的需求会增加。另外，投资家在面临养老资产风险加剧的情况下，对民间养老基金的需求会增加，这与吉索等人的研究结果是一致的。但是，正如吉索等人指出的那样，并未发现他们对养老保险的需求会增加。此外，德拉万德和罗威德发现，个人养老金收益水平不确定性升高时，他们会减少股权投资；但是根据笔者分析，社会养老制度负担的增加并未明显改变投资家对有价证券的需求。

• 社会养老金与家庭储蓄：基于微观数据的分析

　　本部分中，我们使用家庭微观数据，定量分析社会养老制度对家庭储蓄行为的影响。笔者使用的家庭微观数据是庆应义塾大学面板数据设计及分析中心提供的《日本家庭面板数据调查》。

该调查最初叫《庆应义塾家庭面板数据调查》，始于2004年。以全国约4000户家庭（7000人）为对象，设计了很多主题，包括就业行为、贫困动态、家庭间实物资产转移的实际情况等，旨在从多角度进行广泛分析。2009年开始，与新增的《家庭面板数据调查》同时进行，此调查是针对全国4000人（包括男性和女性）展开的。除经济状况和就业状况，还侧重对教育、健康和医疗保健等展开调查。两项调查在2014年合并，变更为《日本家庭面板数据调查》。

数据结构和抽样特征等分别为：《庆应义塾家庭面板数据调查》是2004年开始的，《家庭面板数据调查》是2009年开始的；《庆应义塾家庭面板数据调查》在2007年和2012年添加了新项目。《庆应义塾家庭面板数据调查》的调查对象为20～69岁的男性和女性，《家庭面板数据调查》的调查对象为20岁以上的男性和女性。《庆应义塾家庭面板数据调查》和《家庭面板数据调查》的调查对象采用分层两阶段随机抽样的方法从全国各地选取，如果调查对象为已婚人士，还会为其配偶准备相同的调查项目。

我们的分析使用的基本都是2009—2017年的数据。对象家庭为在调查时回答上个月"有工作"或"完全没有工作"的家庭群体。家庭总数为8487户，其中45.7%的家庭提供了9年数据。表9-6总结了家庭属性的描述性统计。《日本家庭面板数据调查》中记录了详细的就业状况。男性的平均年龄为54.5岁，就业率为78.5%，就业人员中76.1%为公司职员（员工）[1]，职员中83.7%为正式员工，15.2%为非正式员工[2]。女性的平均年龄为53.2岁，就业率为58.1%，就业人员中77.2%

---

[1] 公司职员包括管理人员。

[2] 非正式员工中包括合同工、兼职工、临时工、派遣工等。

为公司职员，职员中不到三分之二，即65.9%为非正式员工。

表9-6 《日本家庭面板数据调查》的家庭属性：2009—2017年

项目	平均值	中位数
年龄（男性）	54.5	—
年龄（女性）	53.2	—
家庭成员	3.21	—
子女人数	1.1	—
有配偶家庭占比（%）	75.25	—
就业者占比（男性）（%）	78.5	—
自营业占比（男性）（%）	17.4	—
自由职业占比（男性）（%）	1.86	—
家族就业占比（男性）（%）	1.66	—
委托劳务、承包商占比（男性）（%）	3.52	—
公司职员占比（男性）（%）	76.1	—
正式员工占比（男性）（%）	83.73	—
非正式员工占比（男性）（%）	15.23	—
就业者占比（女性）（%）	58.11	—
自营业占比（女性）（%）	5.77	—
自由职业占比（女性）（%）	1.27	—
家族就业占比（女性）（%）	10.63	—
委托劳务、承包商占比（女性）（%）	5.29	—
公司职员占比（女性）（%）	77.24	—
正式员工占比（女性）（%）	32.67	—
非正式员工占比（女性）（%）	65.9	—
健康状态不佳占比（男性）（%）	15.25	—
健康状态不佳占比（女性）（%）	14.95	—
住房持有率（%）	80.32	—
有住房贷款的家庭占比（%）	30.54	—

续表

项目	平均值	中位数
对提取储蓄持谨慎态度的家庭占比 *（%）	71.75	—
对提取储蓄持谨慎态度的理由 *	—	—
为疾病和灾难做准备（%）	72.69	—
为意外的长寿准备生活基金（%）	46.14	—
为子孙留下遗产（%）	11.43	—
没有特定目的为求心安（%）	41.74	—
持有的不动产很难变现（%）	5.85	—
其他原因（%）	2.09	—
参加民间养老制度的家庭占比 *（%）	53.37	—
社会养老保险费的累计缴纳额 **	780.3	715
家庭实际税后年收入（%）	496.73	450
实际年消费支出合计（%）	347.3	312.1
实际金融资产余额（存款储蓄+有价证券）（%）	944.9	362.3
实际总实物资产余额（土地+住房）***（%）	1686.5	1345.8
实际净事务资产余额（土地+住房–房贷）***（%）	1167.1	800.8
储蓄率（%）	13.38	28.22
储蓄率（就业家庭）（%）	18.85	32.09
储蓄率（失业家庭）（%）	4.37	17.8

注：*仅为2017年的数值；**正数为社会养老保险费累计缴纳额的家庭的平均值和中位数，仅为2017年的数值；***仅是持有住房家庭的平均值、中位数。

资料来源：日本庆应义塾大学面板数据设计与分析中心《日本家庭面板数据调查》。

社会养老金与家庭储蓄：基准案例研究

我们通过估算储蓄函数，希望阐明社会养老制度对家庭储蓄的影响。2017年展开的意向调查，询问了家庭成员退休前的"养老金定期邮件"中记录的已缴纳的保费金额（累计金额）。我们认为未来领取的养老金数额与累积缴纳的保费数额是密切相关的，所以在这里我们使用社会养老保险费的累计缴纳金额作为养老金预期收益金额的代理变量，分析其对家庭储蓄行为的影响。

这里测算的储蓄函数是标准公式。被解释变量是家庭储蓄率，计算方法是根据调查前一个月的月总支出换算出年度消费支出，然后除以家庭上一年的税后收入，最后用1减去求出的消费率。解释变量为实际税后收入的倒数、金融资产余额除以年收入的比率、实物资产减去住房贷款后的净实物资产余额除以年收入的比率、不同性别回答健康状况不佳时取1的虚拟变量以及年度虚拟变量[①]。金融资产余额是存款储蓄与有价证券的总额。此外，实物资产金额为土地和住宅的预测市场价格总额。表9-7显示了实际金融资产余额、实际总实物资产余额、实际总实物资产余额减掉住房贷款后的实际净实物资产余额的平均值，分别为944.9万日元、1686.5万日元、1167.1万日元。每一项资产余额的平均值都远远高于中位数[②]。

此外，考虑到健康状况可能会对储蓄、消费行为产生影响，将受访者的健康状况也作为解释变量。如果健康状况不好，对旅行服务的需求就可能会减少。健康状况虚拟变量，是针对"您日常健康状况如何"这一提问，回答"不太好""不好"时取1的一个变量。回答"健康状况不佳"的男性与女性占比分别为15.3%、15%。健康状况虚拟变量也加入解释变量中。

储蓄率函数中使用的社会养老变量为社会养老保险费累计缴纳额除以税后年收入的比率。社会养老保险费累计缴纳额的信息只有2017年的可以使用，但很难仅从2017年信息的横截面数据中稳定地估计各解释变量对储蓄率的影响。因此，我们是按照两步走的方法，估算社会养老金对家庭储蓄率的影响。第1步，使用社会养老变量以外的其他所有解释变量测算储蓄率函数。第2步，将第1步计算出的储蓄率函

---

① 税后收入调整为用家庭成员的平方根除以等值年收入。
② 实际总实物资产余额、实际净实物资产余额的平均值、中位数是以持有住房家庭为对象计算的。

数残差作为被解释变量，社会养老金变量除以年收入的比率作为解释变量，进行回归分析，确认社会养老金对家庭储蓄率的影响。

表9-7显示了第1阶段中储蓄率函数的测算结果。测算方法采用的是豪斯曼检验中的固定效应模型。表中的第1列、第2列显示的是所有家庭的储蓄率函数。第1列是仅将金融资产作为解释变量的情况，第2类是将金融资产和实物资产都作为解释变量的情况。第3列和第4列是持有住房家庭的储蓄率函数测算结果。最后第5列是租房家庭的测算结果。最后一种情况是只将金融资产用作解释变量。

表9-7　储蓄函数的测算结果

项目	全部家庭		持有住房家庭		租房家庭
年收入倒数	−139.66*** （−38.92）	−135.3*** （−34.43）	−139.25*** （−35.72）	−132.86*** （−31.2）	−143.06*** （−16.2）
金融资产占收入比率	−0.014*** （−5.3）	−0.0134*** （−5）	−0.0128*** （−4.76）	−0.0122*** （−4.5）	−0.0292** （−2.03）
实物资产占收入比率	—	−0.0015 （−1.06）	—	−0.0025* （−1.72）	—
健康状况不佳 虚拟变量（男性）	−0.0311*** （−2.72）	−0.0338*** （−2.94）	−0.0379*** （−2.85）	−0.0404*** （−3.03）	0.0015 （0.07）
健康状况不佳 虚拟变量（女性）	−0.0011 （−0.11）	−0.0001 （−0.01）	−0.0054 （−0.47）	−0.0046 （−0.4）	0.0119 （0.46）
2010年虚拟变量	0.0062 （0.64）	0.0088 （0.9）	0.0002 （0.02）	0.0043 （0.39）	0.0329* （1.88）
2011年虚拟变量	0.0147 （1.47）	0.0168* （1.69）	0.0085 （0.74）	0.0108 （0.95）	0.0488*** （2.68）
2012年虚拟变量	0.0125 （1.25）	0.0151 （1.52）	0.0142 （1.29）	0.0176 （1.62）	0.0037 （0.15）
2013年虚拟变量	0.0169* （1.66）	0.018* （1.76）	0.0064 （0.55）	0.0081 （0.7）	0.0571*** （2.65）
2014年虚拟变量	0.0243** （2.37）	0.0258** （2.51）	0.0117 （1.01）	0.0137 （1.18）	0.0742*** （3.34）
2015年虚拟变量	0.0232** （2.1）	0.023** （2.07）	0.0124 （0.98）	0.0122 （0.96）	0.0584*** （2.57）

续表

项目	全部家庭		持有住房家庭		租房家庭
2016 年虚拟变量	0.0394*** （3.76）	0.0407*** （3.86）	0.0316*** （2.65）	0.0337*** （2.79）	0.0602*** （2.82）
常数项	0.8025*** （47.96）	0.7852*** （44.92）	0.8119*** （45.44）	0.7894*** （42.48）	0.7743*** （16.33）
决定系数	0.3022	0.2723	0.2840	0.2471	0.3889
样本数	29596	29194	24635	24258	4844

注：1. 括号内为t值。
　　2. *、**、***分别表示有效性水平为10%、5%、1%。
资料来源：作者根据公开资料整理。

　　我们来总结一下所有情况下通用的结果。年收入倒数的系数估算值均为明显的负数。这一结果意味着家庭储蓄的收入弹性大于1，这与基于宏观数据的分析结果是一致的。年收入增加1%，家庭储蓄增长超过1%，而消费增长不足1%。也就是说，如果比较储蓄和消费，我们就会发现，对于家庭来说，消费是必需品，储蓄是奢侈品。

　　金融资产占收入比率对储蓄率产生了明显的负面影响。金融资产增加，储蓄水平会明显下降。换言之，从对消费的影响来看，意味着金融资产的财富效应为明显的积极影响。资产效应的大小在0.0122到0.0292之间，可以认为这是与现有研究一致的合理估算值。另外，虽然实物资产占收入的比率为负，但只有持有住房的家庭才得出了有效的数值。对于持有住房的家庭来说，获得土地、住宅等实物资产时，会产生明显的减少储蓄、促进消费的效果。对于所有家庭，包括不持有住房的租房家庭来说，实物资产的财富效应是减弱的。系数估算值的绝对值小于金融资产，表明财富对实物资产消费的影响效果小于金融资产。与实物资产相比，金融资产的交易成本更低、流动性更强，所以财富效应更大。

　　此外，我们发现当男性健康状况不佳时，除了租房家庭外，储蓄率会大幅下降3%～4%①。

我们来看一下将根据第1阶段的储蓄率函数测算结果求出的残差作为被解释变量，将社会养老金变量作为解释变量时的回归分析结果。2017年，社会养老保险费累计缴纳额的平均值为780.3万日元（见表9-6）。表9-8的（1）表是仅将金融资产占年收入的比率作为解释变量时，养老金保险费缴纳金额占年收入比率的系数估算值，表9-8的（2）表是将金融资产占年收入比率、实物资产占年收入比率作为解释变量时，养老金保险费缴纳金额占年收入比率的系数估算值。以所有家庭和拥有住房家庭为对象进行的回归分析中，按照有无住房贷款分别进行了测算。每个面板的第1行显示了养老金保险费缴纳金额占年收入比率的系数估算值。

以所有家庭为对象的回归分析中，我们发现在所有家庭、有住房贷款家庭的两种情况下，养老费缴纳金额占年收入比率对储蓄率产生了明显的积极影响。此外，以拥有住房家庭为对象的回归分析中，我们发现在有住房贷款的情况下，养老费缴纳金额占年收入比率对储蓄率产生了明显的积极影响。系数估算值大小范围为0.0201至0.0443，特别是有住房贷款的家庭，养老费缴纳金额占年收入比率对储蓄率的影响较大。

养老费缴纳金额占年收入比率对储蓄率产生了明显的积极影响，这与上一节基于宏观数据分析的社会养老金与储蓄之间的关系结果是一致的。在基于微观数据的分析中，对于家庭来说，社会养老保险费

---

① 对于12个费用项目（收视费、房租、水电费、家具家居用品、数码家电、衣物鞋类、医疗保健、交通、通信、教育、文化和娱乐、其他杂费），我们测算了每项的消费支出函数，估算男性健康状况对消费支出的影响。推算的不同费用项目的消费支出函数条件如下。被解释变量为实际等价个人消费支出的对数值；解释变量为实际等价总消费支出的对数值、租房虚拟变量、费用项目价格除以消费物价指数（综合）得到的相对价格的对数值以及健康状况不佳时的虚拟变量。对数线性消费函数根据固定效应模型推算。随机效应托比模型应用于家具家居用品、数码家电的支出函数。我们发现，男性健康状况不佳的家庭，在房租、医疗保健方面的支出会明显增加，其他杂费支出会明显减少。

缴纳金额占年收入的比率反映了社会养老制度负担的增加，这也可以解释家庭储蓄率升高的原因。

表9-8　社会养老金对家庭储蓄率的影响

（1）仅将金融资产占年收入比率作为解释变量的储蓄率函数

项目	所有家庭			拥有住房家庭			租房家庭
	全部	无房贷	有房贷	全部	无房贷	有房贷	
所有家庭							
养老费用缴纳金额占年收入比率的系数估算值	0.0221** (2.12)	0.0098 (0.71)	0.0408*** (2.68)	0.0155 (1.23)	−0.0086 (−0.47)	0.0443*** (2.91)	0.021 (0.92)
对提取存款未持谨慎态度的家庭							
养老费用缴纳金额占年收入比率的系数估算值	0.0193 (1.4)	0.0197 (1.15)	0.0205 (0.89)	−0.0041 (−0.17)	−0.0246 (−0.67)	0.0232 (1.01)	0.0489 (1.47)
对提取存款持谨慎态度的家庭							
养老费用缴纳金额占年收入比率的系数估算值	0.0182 (1.62)	0.001 (0.07)	0.0441*** (2.72)	0.016 (1.26)	−0.0102 (−0.56)	0.0481*** (2.96)	0.0113 (0.47)
金融资产占收入比率的系数估算值	0.011*** (2.77)	0.0158*** (3.6)	0.0008 (0.08)	0.0083** (1.97)	0.0123** (2.48)	−0.0006 (−0.06)	0.0279** (2.08)

（2）将金融资产占年收入比率、实物资产占年收入比率作为解释变量的储蓄率函数

项目	所有家庭			拥有住房家庭		
	全部	无房贷	有房贷	全部	无房贷	有房贷
所有家庭						
养老费用缴纳金额占年收入比率的系数估算值	0.0201* (1.94)	0.0086 (0.63)	0.0378** (2.48)	0.0181 (1.58)	−0.0019 (−0.11)	0.0406*** (2.68)
对提取存款未持谨慎态度的家庭						
养老费用缴纳金额占年收入比率的系数估算值	0.0159 (1.16)	0.0173 (1.01)	0.0166 (0.73)	0.0097 (0.65)	0.0018 (0.09)	0.0184 (0.81)
对提取存款持谨慎态度的家庭						
养老费用缴纳金额占年收入比率的系数估算值	0.0168 (1.49)	0.0004 (0.03)	0.0411** (2.5)	0.0165 (1.3)	−0.0074 (−0.4)	0.0445*** (2.72)
金融资产占收入比率的系数估算值	0.0119*** (2.95)	0.0159*** (3.61)	0.0019 (0.16)	0.0098** (2.35)	0.013*** (2.75)	0.0004 (0)
实物资产占收入比率的系数估算值	−0.0029 (−0.59)	−0.0015 (−0.24)	−0.001 (−0.15)	−0.0037 (−0.71)	−0.0043 (−0.61)	−0.0104 (−0.41)

注：1. 括号内为t值。

2. *、**、***分别表示有效性水平为10%、5%、1%。

资料来源：作者根据公开资料整理。

社会养老金与家庭储蓄的关系：家庭对风险态度的重要性

如果社会养老资产收益存在不确定性，家庭会将社会养老资产视作风险资产并采取最优资产选择行为。上文介绍的前期研究也提供了支持这种家庭行为的实证结果。但是，由于社会养老资产的固有风险会对储蓄行为产生影响，因此家庭必须规避风险。因此，在评价社会养老资产风险对储蓄行为的影响时，家庭对于风险的态度就发挥了非常重要的作用。

那么，我们该如何测算家庭对风险的态度呢？本部分分析使用的面板数据调查中包含表明家庭对待风险态度的有用信息。在面板数据调查中，有一个问题直面家庭对于风险的态度，即"您认为自己对于提取存款是持谨慎态度吗"。如果家庭属于风险回避型，就会做出肯定回答。表9-6中，有71.75%的家庭回答"对提取存款持谨慎态度"，表明70%以上的家庭属于风险回避型。

此外，我们还提供了6个选项作为理由，表9-6显示了选择每项家庭的占比。有72.7%的家庭选择"为疾病和灾难做准备"，其次有46.1%的家庭选择"为意外的长寿准备生活基金"，接着有41.7%的家庭选择"没有特定的目的，只为求心安"。有不少家庭是出于预防性动机维持储蓄水平，从而对提取存款持谨慎态度的。

对于这类风险回避型家庭，养老费用缴纳金额占年收入的比率会对储蓄率产生怎样的影响呢？考虑到家庭对风险的态度不同，社会养老金对储蓄率的影响也会不同这一点，我们为回答"对提取存款持谨慎态度"的家庭创建了一个虚拟变量，结合与养老保险费缴纳金额占年收入比率变量的交叉项，进行了第2阶段的回归分析。此外，考虑到养老资产以外的金融资产和实物资产的财富效应可能会对家庭看待风险的态度产生影响，在解释变量中还增加了金融资产占年收入比率、实物资产占年收入比率以及回答"对提取存款持谨慎态度"家庭创建的虚拟变量之间的交叉项。表9-8比较了在对提取存款持谨慎态度和相反态度的家庭中，养老费用缴纳金额、金融资产、实物资产占年收入的比率对储蓄率的影响效果。

养老费用缴纳金额占年收入的比率对储蓄率产生了明显的积极影响，但其影响仅限于对存款持谨慎态度且有住房贷款的家庭。而且对于这些家庭来说，养老费用缴纳金额占年收入比率对储蓄率的影响效果是不容忽视的。养老费用缴纳金额占年收入比率的系数估算值范围为0.0411至0.0481，从绝对值来看大于金融资产占年收入比率对储蓄率的影响。

另外，对提取存款未持谨慎态度的家庭或者没有住房贷款，或租房家庭来说，养老保险费用缴纳金额占年收入的比率并未对储蓄率产生明显影响。但是，即使对于没有住房贷款的家庭来说，金融资产占年收入的比率也对储蓄率产生了明显的积极影响，其系数估算值在表9-7中有体现，根据储蓄函数求出的金融资产占年收入比率的系数估算值极为相近，抵消了金融资产对消费的正面资产效应。

社会养老与民间养老保险的需求

从上一部分的实证分析可知，对提取存款持谨慎态度且有住房贷款的家庭，过去累积缴纳的养老保险费的多少反映了对社会养老制度的负担程度。因此，养老保险费用占年收入的比率上升，家庭对社会养老制度脆弱性的认识就会加深，并采取行动提高储蓄率。此外，对提取存款持谨慎态度的家庭在进行资产选择时，预计会采取回避风险的行动。2017年进行的《日本家庭面板数据调查》询问了家庭参加的民间养老保险。我们创建了一个二元变量，即家庭参加了民间养老保险计为1，未参加计为0，并使用逻辑模型分析决定家庭对民间养老保险需求的因素[①]。我们关注的重点是，对提取存款持谨慎态度的家庭，对于民间养老保险的需求是否会增加呢？代表家庭经济状况的变

---

① 民间养老保险包括固定缴款养老保险（企业型）、固定收益企业养老保险、福利养老基金、其他企业养老保险（公司养老保险等）、国家养老基金、固定缴费养老保险（个人型）、个人养老保险和房产建设养老保险等。

量是家庭实际年收入、实际金融资产余额；代表家庭属性的变量是当健康状况不佳时计为1的虚拟变量。

此外，为了估计家庭社会养老和民间养老之间的关系，我们将家庭参加的社会养老保险信息也作为解释变量。具体而言，根据家庭加入的社会养老制度的种类，家庭可以分为以下7种类型[①]：①夫妇二人都参加福利养老保险、共济养老保险；②夫妇一方参加福利养老保险、共济养老保险，另一方为第三被保险人；③夫妇一方参加福利养老保险、共济养老保险，另一方仅参加基础养老保险；④夫妇一方参加福利养老保险、共济养老保险，另一方未参加；⑤夫妻双方仅参加基础养老保险；⑥夫妇一方仅参加基础养老保险，另一方未参加；⑦夫妻双方均未参加社会养老保险[②]。

表9-9记录了属于上述7种类型的家庭群体的特征。属于类型②的家庭最多，即夫妇一方参加福利养老保险、共济养老保险，另一方为第三被保险人，样本家庭中的半数都属于这一类型。其次是类型①，即夫妇二人都参加福利养老保险、共济养老保险，占比为22.6%。另外，对于每一种类型，还显示了夫妇支付的养老保险费累计缴纳金额的平均值，缴纳金额最多的是类型②2850.5万日元，其次为类型①1815.5万日元。

表9-9　日本社会养老保险的参加情况

类型	比率（%）	丈夫年龄（岁）	妻子年龄（岁）	养老保险费累积缴纳金额（万日元）
①夫妇二人都参加福利养老保险、共济养老保险	22.6	51.5	48.7	825.5

---

① 均为有配偶的家庭。

② 没有参加公共养老保险的人包括60岁以上停止缴纳保险费的人，或者领取伤残养老金的人，或者未申请基础养老保险的人。

续表

类型	比率（%）	丈夫年龄（岁）	妻子年龄（岁）	养老保险费累积缴纳金额（万日元）
②夫妇一方参加福利养老保险，共济养老保险，另一方为第三被保险人	50.1	51.3	49.4	850.5
③夫妇一方参加福利养老保险，共济养老保险，另一方仅参加基础养老保险	4.9	54.1	49.9	747.1
④夫妇一方参加福利养老保险，共济养老保险，另一方未参加	5.2	64.3	61.4	746.7
⑤夫妻双方仅参加基础养老保险	6.9	52.4	50.3	624.2
⑥夫妇一方仅参加基础养老保险，另一方未参加	2.5	64.9	57.0	694.4
⑦夫妻双方均未参加社会养老保险	6.8	68.7	66.5	598.8

资料来源：日本庆应义塾大学面板数据设计与分析中心《日本家庭面板数据调查》。

使用逻辑模型测算的决定民间养老保险需求因素的结果如表9-10所示。列出的数字是边际效应大小及其t值。家庭年收入越高，金融资产余额越大，参加民间养老保险的概率越高。此外我们还发现，对提取存款持谨慎态度的家庭，对民间养老保险的需求更强，在数量上的影响也很大。对提取存款持谨慎态度的家庭，参加民间养老保险的概率上升了8.07%。此外，由于家庭参加的社会养老保险不同，对民间养老保险的需求也会有很大差异。与夫妻双方都没有参加社会养老保险相比，参加社会养老保险时，家庭加入民间养老保险的概率会有何不同，表9-10显示了其分析结果。结果显示，类型②和类型①家庭参加民间养老保险的概率显著升高，其加入民间养老保险的概率分别上升了21.7%、17.9%。类型②和类型①的养老保险费累计缴纳额也高于其他类型，而且参加民间养老保险的概率也明显高于其他类型，由此我们可以认为，晚年后的不同类型的养老金收益规模会存在较大差异。

表9-10　决定民间养老保险需求的因素：逻辑分析

项目	系数估算值
对提取存款持谨慎态度的家庭	0.0807***
	（3.39）
家庭税后实际年收入	0.0004***
	（4.61）
实际金融资产余额	0.00005***
	（4.25）
参加公共养老制度的情况	
①夫妇二人都参加福利养老保险、共济养老保险	0.1794***
	（6.27）
②夫妇一方参加福利养老保险、共济养老保险，另一方为第三被保险人	0.2171***
	（8.73）
③夫妇一方参加福利养老保险、共济养老保险，另一方仅参加基础养老保险	0.0776
	（1.64）
④夫妇一方参加福利养老保险、共济养老保险，另一方未参加	0.1165**
	（2.38）
⑤夫妻双方仅参加基础养老保险	0.064
	（1.53）
⑥夫妇一方仅参加基础养老保险，另一方未参加	0.0922
	（1.55）
健康状况不佳虚拟变量（男性）	−0.0261
	（−1）
健康状况不佳虚拟变量（女性）	−0.0101
	（−0.36）
样本数	2567

注：1. 括号内为t值。

2. **、***分别表示有效性水平为5%、1%。

资料来源：作者根据公开资料整理。

对提取储蓄持谨慎态度的家庭属性分析

对提取存款持谨慎态度的家庭与持相反态度的家庭，对公共养老制度的评价是不同的，这一点也反映在家庭的储蓄行为中。本部分中，我们希望通过定量分析方法，探讨具有哪些属性的家庭对提取存款会持谨慎态度，以及这些家庭的特征是什么。

家庭规避风险的能力取决于其资产水平和收入水平，家庭的就业状况也会对家庭提取存款的态度产生影响。例如，如果未来失去工作的风险很高，那么家庭就会对提取存款非常谨慎。另外，对于除了养老金之外没有其他收入来源的家庭来说，除了靠提取存款维持晚年生活别无选择。

这里我们选取了影响家庭提取存款态度的3个因素，并对各因素的效果进行定量评估。我们先来解释一下3个因素。第一是表现家庭经济状况的因素，我们使用的是展示家庭实际年收入与有无住房贷款的虚拟变量；表示家庭属性的因素，使用的是在健康状况不佳时取1得出的虚拟变量。如上所述，家庭就业状况也是影响提取存款态度的重要因素，因此我们还将8种就业形态作为解释变量。8种就业形态是：①夫妻双方均为正式员工；②夫妻一方为正式员工，另一方为非正式员工；③夫妻双方均为非正式员工；④丈夫失业；⑤妻子失业；⑥夫妻双方为自由职业者；⑦夫妻一方为自由职业者；⑧夫妻一方为委托劳务、承包商[①]。

测算结果如表9-11所示，记录的数值为边际效应的大小及其t值。年收入的系数估算值均为明显的正数，收入水平越高，提取存款的态度越谨慎。另外，夫妻一方为自由职业者的情况下，提取存款的谨慎态度概率下降了10.1%。因此我们可以认为自由职业者具有创业精神，也可以认为他们更愿意承担风险。我们想要关注的是夫妻双方均为正式员工时，其系数估算值为明显的负数。也就是说，夫妻双方均为正式员工的情况下，对提取存款持谨慎态度的概率下降了11.5%。夫妻双方均为正式员工时，未来他们持续工作、获得稳定收入的可能性更高，因此未来失业、收入水平下降的概率就会降低，也就是就业风险会大大降低。因此，也就不需要维持高水平的预防性储蓄，从而会增加消费。

---

① 这里估算的对象家庭均为有配偶的家庭。

这一推算结果具有非常重要的意义。结果显示，对公共养老制度的脆弱性产生担忧的家庭，对冒险会更加谨慎，也会减少消费、激发储蓄的动力。如果这类家庭的就业模式转变为正式聘用，就可以增加消费。

表9-11 "对提取存款持谨慎态度"家庭的决定因素：逻辑分析

项目	系数估算值
收入变量	
家庭税后实际年收入	0.0001* (1.84)
就业状态	
夫妻双方均为正式员工	−0.1154** (−2.09)
夫妻一方为正式员工，另一方为非正式员工	−0.068 (−1.52)
夫妻双方均为非正式员工	−0.0846 (−1.27)
丈夫失业	−0.0685** (−2.26)
妻子失业	−0.007 (−0.22)
夫妻双方为自由职业者	−0.1014** (−2.33)
夫妻一方为自由职业者	−0.043 (−0.61)
夫妻一方为委托劳务、承包商	−0.1056* (−1.92)
健康状况	
健康状况不佳虚拟变量（男性）	−0.007 (−0.34)
健康状况不佳虚拟变量（女性）	−0.0138 (−0.6)
有无住房贷款	
有住房贷款的家庭	−0.0238 (−1.24)
样本数	2703

注：1. 括号内为 t 值。

2. *、**分别表示有效性水平为10%、5%。

资料来源：作者根据公开资料整理。

夫妻双方均为正式员工的家庭，能够从长远角度出发，制订和执行家庭的消费、储蓄计划，为应对未来不确定而进行预防性储蓄的动力也会降低。对提取存款持谨慎态度的家庭，其金融资产的财富效应较小，如果夫妻双方都能够被正式聘用，其金融资产的财富效应会提高，消费也会增加。

根据上述结论，得出的政策性含义是非常明确的，即日本想要摆脱消费不振的困境，就需要创造一个人们能够根据自己的意愿，作为正式员工被聘用的就业环境，这对政府来说是非常重要的问题。如表9-6所示，男性职工中83.73%为正式员工，而女性只有不到32.67%，说明女性劳动力作为正式员工被聘用的提升空间很大。下文中，我们将对决定妻子的劳动力供给因素进行定量分析，以找到能够激活女性劳动力的方法。

妻子劳动力供给行为分析

妻子劳动供给行为的特征是，丈夫的收入水平与妻子的就业率之间存在负相关关系，即道格拉斯－有泽法则，目前日本国内也进行了很多的实证分析。第7章，我们使用近期的宏观数据证实了道格拉斯－有泽法则在日本也是成立的。本部分中，我们使用分析家庭储蓄行为时的面板数据，对妻子的劳动供给行为进行定量分析。

本书在分析妻子的劳动供给行为时使用的面板数据有非常明显的特征，即可以获得与丈夫、妻子的就业状态相关的详细信息。分析对象中不包括自由职业者以及家族企业员工。也就是说，将夫妻双方的就业状态限定为没有工作的失业人员、正式员工以及非正式员工。原因是自由职业者的劳动供给行为与在职员工家庭是不同的。

妻子会根据丈夫的就业状况选择自己的劳动供给行为。也就是说，丈夫有没有工作、是否是正式员工，妻子会根据丈夫的就业状态决定自身的劳动供给行为。对于妻子来说，有3种劳动供给方式。第1种是不工作，第2种是以非正式聘用的方式提供劳务，第3种是以正式聘用的方式提供劳务。本分析中，通过将随机效应序数逻辑模型应用于面板数据，可以估算妻子的劳动供给函数。

　　妻子劳动供给函数的解释变量大致分为丈夫属性变量、妻子属性变量以及家庭整体属性变量。丈夫属性变量为丈夫的实际年收入、丈夫为正式员工的虚拟变量、丈夫为非正式员工的虚拟变量以及丈夫健康状况不佳时的虚拟变量。妻子属性变量为妻子健康状况不佳时的虚拟变量、妻子年龄①。家庭整体属性变量为子女人数、拥有住房时取1的虚拟变量、有住房贷款时取1的虚拟变量。此外，年度虚拟变量也作为解释变量。样本区间为2004—2017年。

　　表9-12总结了测算结果。表中记录了各解释变量对失业、非正式聘用、正式聘用概率的边际效应及t值。如果丈夫的实际年收入上升，妻子失业的概率也会上升，非正式聘用、正式聘用的概率会下降。这一结果也支持了道格拉斯-有泽法则。但是，从定量的角度看，丈夫年收入对妻子劳动供给的影响并不大。即使丈夫的年收入增加50万日元，妻子的失业概率也仅上升了0.6%。子女数量对妻子的劳动供给行为也产生了明显影响。子女数量增加1人，妻子的失业概率会上升1.39%，非正式聘用概率和正式聘用概率分别下降了0.6%、0.8%。此外，有住房贷款的家庭，妻子的失业概率下降了2.32%，非正式聘用概率和正式聘用概率分别上升了0.99%、1.33%。妻子的健康状况不佳时，失业概率上升2.99%，非正式聘用概率和正式聘用概率分别下降1.28%、1.71%。

---

① 妻子的年龄，有8个年龄组（30～34岁、35～39岁、40～44岁、45～49岁、50～54岁、55～59岁、60～64岁、65岁及以上）。

表9-12 基于序数逻辑模型的妻子就业选择分析

项目	失业概率	非正式聘用概率	正式聘用概率
丈夫年收入	0.0001*** (4.79)	−0.00006*** (−4.78)	−0.00007*** (−4.72)
子女数量	0.0139** (3.2)	−0.006*** (−3.18)	−0.008** (−3.19)
拥有住房	0.0183 (1.46)	−0.0078 (−1.46)	−0.0104 (−1.46)
有住房贷款	−0.0232*** (−2.56)	0.0099*** (2.56)	0.0133** (2.55)
丈夫为正式员工	−0.1151*** (−8.08)	0.0492*** (7.94)	0.0659*** (7.85)
丈夫为非正式员工	−0.0966*** (−7.13)	0.0413*** (7.04)	0.0553*** (6.96)
丈夫健康状况不佳虚拟变量	0.0097 (1.38)	−0.0041 (−1.38)	−0.0055 (−1.38)
妻子健康状况不佳虚拟变量	0.0299*** (4.2)	−0.0128*** (−4.16)	−0.0171*** (−4.18)
妻子年龄			
30~34岁	−0.0046 (−0.21)	0.0019 (0.21)	0.0026 (0.21)
35~39岁	−0.042* (−1.71)	0.018* (1.71)	0.0241* (1.7)
40~44岁	−0.1053*** (−4.23)	0.045*** (4.28)	0.0603*** (4.16)
45~49岁	−0.1388*** (−5.52)	0.0594*** (5.61)	0.0794*** (5.36)
50~54岁	−0.1171*** (−4.59)	0.0501*** (4.64)	0.067*** (4.49)
55~59岁	−0.0503* (−1.91)	0.0215* (1.91)	0.0288* (1.9)
60~64岁	0.0939*** (3.48)	−0.0402*** (−3.43)	−0.0538*** (−3.48)
65岁及以上	0.2754*** (9.88)	−0.1178*** (−9.41)	−0.1576*** (−9.59)
年度虚拟变量			
2005年虚拟变量	−0.0072 (−0.92)	0.0031 (0.92)	0.0041 (0.92)
2006年虚拟变量	−0.0111 (−1.26)	0.0047 (1.26)	0.0064 (1.26)

续表

项目	失业概率	非正式聘用概率	正式聘用概率
2007 年虚拟变量	−0.0223** （−2.38）	0.0096** （2.38）	0.0128** （2.38）
2008 年虚拟变量	−0.0373*** （−3.7）	0.016*** （3.67）	0.0214*** （3.69）
2009 年虚拟变量	−0.0528*** （−4.88）	0.0226*** （4.84）	0.0302*** （4.83）
2010 年虚拟变量	−0.0534*** （−4.72）	0.0229*** （4.7）	0.0306*** （4.67）
2011 年虚拟变量	−0.0591*** （−5.03）	0.0253*** （5）	0.0338*** （4.97）
2012 年虚拟变量	−0.0537*** （−4.49）	0.023*** （4.48）	0.0307*** （4.44）
2013 年虚拟变量	−0.0613*** （−5.15）	0.0262*** （5.11）	0.0351*** （5.1）
2014 年虚拟变量	−0.0777*** （−6.41）	0.0333*** （6.3）	0.0445*** （6.31）
2015 年虚拟变量	−0.0883*** （−7.15）	0.0378*** （7.02）	0.0505*** （7.02）
2016 年虚拟变量	−0.1017*** （−8.06）	0.0435*** （7.84）	0.0582*** （7.87）
2017 年虚拟变量	−0.1216*** （−9.34）	0.052*** （8.98）	0.0696*** （9.09）
样本数	25476	25476	25476

注：1. 括号内为 t 值。
　　2. *、**、***分别表示有效性水平为10%、5%、1%。
资料来源：作者根据公开资料整理。

　　有趣的是，丈夫的就业状况会影响妻子的就业状况。如果丈夫被正式聘用，妻子的失业概率会降低11.51%，妻子作为非正式员工被聘用的概率会上升4.9%，作为正式员工被聘用的概率会上升6.6%。如果丈夫年收入不变并且作为正式员工被聘用的话，妻子被正式聘用的概率也会升高，出现双职工家庭的概率也会增加。相对来讲，双职工家庭属于收入水平较高的家庭。2009—2017年，双职工家庭的税后实际收入为733万日元[1]。

综合目前的实证分析，如果夫妻均被正式聘用，成为双职工家庭，就能更容易地预测未来的消费计划，而且对提取存款的谨慎态度也能有所缓解。因此，即使家庭对于公共养老制度的脆弱性认识在不断提高，但是劳动收入能够维持稳定的消费水平，并且能够降低进行预防性储蓄的必要性。

• 本章小结

在本章中，我们利用宏观数据和微观数据，对家庭的储蓄行为与公共养老制度之间的关系进行了实证分析。下面我们来总结一下分析结果。与金融资产和实物资产不同，家庭并未将缴纳的社会养老费用视作资产，反而认为是反映家庭对社会养老制度负担的指标。因此，当社会养老保险费占收入的比重上升时，家庭会感觉社会养老制度负担加重，从而认识到社会养老制度自身的脆弱性。如果家庭对社会养老制度不信任，他们会采取行动提高储蓄率，以维持晚年生活的稳定。

此外，微观数据的分析显示，对提取存款持谨慎态度的家庭中，社养老保险费的缴纳金额会促进储蓄增加的作用更明显。也就是说，越是对风险敏感的家庭，越会增加预防性储备以减轻对社会养老制度的担忧。为了弥补社会养老金的不足，对提取存款持谨慎态度的家庭会倾向于参加民间养老，这也导致家庭储蓄率的进一步上升。正是因为这类家庭的储蓄增加行为，导致了消费不振。

本章的实证分析还提供了摆脱这种消费低迷的对策，即作为正式员工被聘用的重要性。被正式聘用、得到工作岗位，意味着可以获

---

[1]　大石比较了2006年和2016年妻子的就业率情况，发现丈夫年收入较高的阶层（700万～999万日元），25～34岁全职工作的双职工家庭也在增加。

得稳定的收入，制订的未来消费计划也可以在稳定的条件下得到执行。因此，也会尽可能地减少应对未来不确定性的预防性储蓄，并将其转化为消费，实现家庭消费的增加。在结语部分，我们想进一步探讨扩大消费的政策性问题，包括以正式聘用为主的就业促进政策等。

结语

众所周知，为了应对未来不确定性的增加，家庭会增加储蓄，这被称为"预防性储蓄"。1990年以来，日本家庭面临着众多风险。

特别是随着新冠肺炎疫情在全球的蔓延，全球经济系统出现了失灵。日本国内出生率的下降、老龄化的发展，也要求对社会保障制度进行改革。随着人口老龄化的进程不断加快，家庭开始担忧现行社会养老制度的可持续性。对于日本来说，老龄化不是一次性的冲击事件，而是日本经济固有的结构性不确定性因素。

在本书中，我们选取了社会保障制度中的养老制度，并结合微观数据，定量分析了社会养老制度改革是否足以维持家庭的晚年生活。另外还结合宏观、微观数据，探讨了社会养老金与家庭储蓄之间的关系。分析结果表明，对于日本社会养老制度改革，家庭普遍给予了好评。养老制度改革虽然降低了因养老金和保险不足担心晚年生活的发生概率，但是对制度改革的评价会因为户主年龄、家庭收入等所代表的家庭属性的不同存在差异。其中也有不少家庭对养老制度改革给予了负面评价，认为这些改革无助于稳定晚年生活。

此外，我们发现，缴纳的社会养老保险费用是反映家庭对社会养老制度负担的指标。如果养老费用占收入的比重上升，家庭会认为养老制度负担加剧，从而使家庭认识到社会养老制度的脆弱性。如果家庭对社会养老制度的信心动摇，他们就会采取行动提高储蓄率，以维持晚年生活的稳定。另外，微观数据分析显示，对提取存款持谨慎态度的家庭中，社会养老保险费的缴纳金额起到的促进储蓄增加的作用更明显，越是对风险敏感的家庭，越会增加预防性储备以减轻对社会养老制度的担忧。

正是因为这类家庭的储蓄增加行为，导致了消费不振，而消费不振又导致企业的长期悲观预期，进而使企业在设备投资时更加谨慎，导致日本经济停滞不前。

在结语中，我们通过重点关注家庭行为，考察新冠肺炎疫情蔓延对日本经济长期低迷产生的影响，并据此给出促进日本经济复苏的"处方"。

● 新冠肺炎疫情的蔓延及家庭行为

2020年，由于新冠肺炎疫情的蔓延，全球经济系统一度失灵。2020年第二季度美国国内生产总值同比下降32.9%，这是美国自1974年有季度统计数据以来最差的记录。

日本经济也不例外。2020年4月7日，埼玉、千叶、东京、神奈川、大阪、兵库、福冈7个都道府县宣布进入紧急状态，4月16日扩大至日本全国。日本政府要求公民自觉减少不必要的外出，要求学校停课，限制商场的开放，杜绝"三密"（密闭空间、密集人群、密切接触），经济活动几乎陷入瘫痪状态。2020年第二季度，日本国内生产总值同比下降28.1%，是第二次世界大战后的最大降幅。特别是旅游业、交通运输业、餐饮行业、娱乐业等销售额大幅减少。许多中小企业面临融资困境，面临经营困难的企业数量激增。

家庭方面，对经济状况的认识显著下降。日本内阁府《消费动向调查》中记录的消费者态度指数在2020年3月和4月均明显下降（见图1）。与上一个月相比，3月下降了7.4%，4月下降了9.3%。在消费者态度指数中，下降最明显的是就业环境。与上一个月相比，3月下降了11.6%，4月下降了12.9%，由此我们得知，对于家庭来说就业环境急剧恶化。5月以后，构成消费者态度指数的消费认知指数有所回升，但仍处于低水平运行。

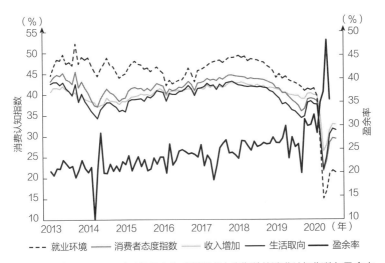

图1　2013年1月至2020年8月日本构成消费者态度指数的消费认知指数与盈余率
资料来源：日本内阁府《消费动向调查》、总务省统计局《家计调查》。

　　在这种情况下，家庭所处经济环境的不确定性大幅增加。特别是随着日本劳动力市场供需状况的恶化，就业风险也不断升高。2019年12月，有效用人比率为1，但在2020年7月下降至1.08，反映了用人数量的大幅减少。而且社会还出现了迄今未有过的新形式的就业风险，这是有史以来休业人数最多的一次。过去近一年时间，休业人数一直稳定在200万人左右，4月激增至597万人。休业人员指的是在调查期间有工作却没有在工作的人，与从业人员一起构成了就业人员。但是，休业人员不返回工作岗位，从劳动力市场退出转而成为非劳动人口的概率远远高于非正式员工转为非劳动人口的概率。2020年第二季度，非正式员工中转为非劳动人口的比率平均为2.5%，而休业人员转变为非劳动人口的比率上升至6.7%。

　　政策的不确定性也在增加。2020年1月，经济产业研究所发布的政策不确定性指数为98.7%，5月跃升为204.7%。

除了这些就业风险，劳动人口有可能感染新冠肺炎这种健康风险也在增加，导致家庭面临的不确定性增加。从之前的分析中我们发现，面对不断上升的不确定性，家庭会采取行动增加预防性储蓄，限制消费。图1显示了在职家庭的盈余率，2019年10月以后急速上升，2020年5月升至史无前例的48.2%（季节性调整值）[1]。

• 促进消费复苏的政策"处方"

改变就业形式

面对不断上升的不确定性，家庭会采取行动增加预防性储蓄，限制消费。那么我们需要采取什么样的措施来防止消费萎缩呢？正如我们在第9章中看到的，对提取存款持谨慎态度的家庭来说，为了让他们安心地执行消费计划，必须让他们作为正式员工被聘用。因此，在新冠肺炎疫情不断加剧的情况下，首先是要采取预防感染的政策，保护劳动者的身心健康，这发挥着非常重要的作用。

第9章中，我们介绍了与妻子的就业选择相关的实证分析，结果表明，女性被正式聘用有助于女性保持良好的健康状况。女性健康状况不佳时，被正式聘用的概率会下降1.71%。关于丈夫的就业选择行为，我们基于第9章中的面板数据，采用序数逻辑模型，对选择失业、非正式聘用、正式聘用三种就业形式的原因进行了定量分析。虽然没有足够的篇幅讨论模型估算结果，但估算结果表明，男性的健康状况对就业形式的选择有重要影响。男性健康状况不佳时，失业和非正式聘用的概率分别上升了3.2%、0.5%，正式聘用的概率下降了3.71%。预防感染政策对于保护劳动者的健康非常重要。只有保持长期健康，才能增加正式聘用的可能性。预防感染政策对于降低长期就

---

[1] 2020年4—6月，工薪阶层的消费支出中，同比降幅较大的项目为"衣服与鞋子"（-29.3%）、"文化和娱乐"（-24.9%）、"教育"（-16.7%），这些都是由于避免"三密"而减少的消费项目。

业风险至关重要。

第9章中，对提取存款持谨慎态度的家庭，将缴纳社会养老保险费用的多少视作养老制度的负担，因此为了减轻对养老制度的担忧，他们更倾向于增加预防性储蓄。这些对提取存款持谨慎态度的家庭，如果能够用更加积极的态度看待风险，就会减少预防性储蓄，扩大消费。

第9章的实证分析结果显示，双职工家庭对提取存款持谨慎态度的概率会较低。对于非正式员工来说，他们的工作期间、收入水平等存在较高的不确定性，但如果夫妻双方都能够被正式聘用，这样的就业风险可以大大降低。对于家庭来说，就业风险降低可以使他们更容易规划未来的生活，能够稳定地执行消费计划，这也与经济整体的消费增加有关。

政府的当务之急是建立良好的就业环境，使人们能够按照自己的意愿被正式聘用。日本总务省统计局《劳动力调查》显示，2019年，男性非正式员工、工人人数为691万人，其中有115万人（17%）是因为没有正式工作才作为非正式员工工作的。女性方面，有1475万人为非正式员工、工人，其中有121万人（8%）是因为没有正式工作才作为非正式员工工作的。因此，如果男女合计的236万非正式员工能够作为正式员工、工人被聘用，产生的拉动消费的效果将是非常大的。

此外，随着新冠肺炎疫情的扩散，休业人数激增，但是政府必须创造环境，让休业人员能够继续工作。为此就需要明确休业人员的属性。日本总务省统计局《劳动力调查》数据显示，2020年4月至6月的休业人员为411万人，其中因工作和业务关系休业的占38.7%，因为自己或者家庭原因休业的占27.3%。2019年同期，两个占比分别为9.5%、62%，可见在新冠肺炎疫情蔓延期间，人们休业并非出于自愿，而是遵循工作场所的要求。2019年4月至6月的休业人员中，年收入不满300万日元的占58.9%，2020年4月至6月占71.5%，上升了10%

以上。休业人员主要集中在低收入人群中，由于工作场所的要求不得不休息。正如我们已经看到的，休业人员丧失劳动热情，退出劳动力市场的概率要远远高于非正式员工。为了使这些低收入水平的休业人员维持稳定的消费水平，促使他们重返工作岗位是至关重要的。

对于2020年4月1日至9月30日紧急响应期间的就业调整补贴，政府采取了专项措施，提高了休业津贴的补贴率。考虑到休业人员数量一直高水平运行，所以有必要维持这些特殊的专项措施，营造一个休业人员可以转为从业人员的环境。通过执行这些措施，维持就业水平，从而能够促进消费的稳定增长。

建立国民可信赖的社会养老制度

减少未来的不确定性对于促进消费的稳定增长是非常重要的。如果未来的不确定性下降，家庭就会减少预防性储蓄，从而稳定地执行已经确定的消费计划。家庭所处环境的不确定性有很多种，近年来备受关注的是政策不确定性。根据第8章中介绍的森川正之的研究，我们认为，对于家庭来说，养老制度是不确定性最高的政策，而且对家庭生活影响最大的政策不确定性也是养老制度。现行的社会养老制度对家庭来说充满不确定性，也被认为是对人们生活影响最大的制度。因此，对于政府来说，政策方面最重要的任务就是为公众提供可信赖的社会养老制度体系框架。

2004年的养老制度改革，是一项伴随着各种噪声引入的改革。改革之初，日本政府宣称，通过采用固定保费水平和宏观经济浮动相结合的方式，可以确保收入替代率水平超过50%。然而在随后的财务核查中发现，根据未来经济状况的变化，部分家庭的收入替代率水平会低于50%。特别是对于年轻一代来说，收入替代率水平的降幅会更大。

财务核查的结果是以日本未来的各种经济形势为假设得出的，要想准确理解其中的内容，需要很多的专业知识。

日本政府必须以通俗易懂的方式向公众解释财务核查的结果，这是因为，家庭可能并不真正了解其自身的社会养老金收益水平。在第9章中，我们使用2017年《日本家庭面板数据调查》数据，询问退休人员其退休前的计划和退休后的实际情况之间是否存在较大差异。在受访的1412户家庭中，回答差异很大的家庭接近半数，占比为49.1%。在回答差异很大的家庭中，73.1%的家庭认为，发生这种背离的原因主要是实际养老金收益水平与他们认为的收益水平存在很大差异。因此，以简单明了的方式向公众展示未来社会养老制度框架是非常重要的。除此之外，还有必要提供一个场景，向公众解释未来社会养老制度的运作模式及其结果。

在2019年的财务核查中，此类信息显示在"估算方案"中，提供了两个方案。方案一是正在考虑扩大职工保险适用范围，分3种情况对员工保险的适用范围进行了分析：①取消现行的企业规模要求；②取消现行的工资要求、企业规模要求；③适用于所有有一定工资收入的员工，每种情况都是确保养老金收益水平的有效措施。此外，还计算了每种情况下的收入替代率。

方案二分析了延长保费缴费期及选择开始领取养老金的时期的影响。延长保费缴费期是指将基础养老金的缴费年限由现行的40年延长至45年，将参加福利养老制度的年龄由现在的70岁延长至75岁，并分别进行了探讨。另外，将开始领取养老金的年龄上限由现在的70岁调整至75岁，针对这种情况也进行了测算。方案B的测算结果显示，延长保费缴费期以及推迟开始领取年龄等选项，有利于保证养老金的收益水平，可以显著提高收入替代率。

因此，2019年的财务核查中包含有关未来养老制度改革方向和结果（特别是对未来养老金收益水平的预测）方面的有益信息。为了重拾家庭对于社会养老制度的信心，必须以简单明了的方式向公众披露上述信息，并且在公众之间形成对改革方向的共识。

2020年5月颁布的《养老金改革法》是一项基于2019年的财务核查结果，对社会养老制度进行改革的具体法案，被认为是一项有助于建立稳定的社会养老制度的政策举措。

该法案的主要内容包括：①放宽兼职人员参加福利养老金的条件，由原来的501人以上企业调整为51人以上企业；②放宽在职养老金标准，由现行的28万日元调整至47万日元；③开始领取年龄上限推迟至75岁；④企业型固定缴款养老金和个人型固定缴款养老金的参保上限分别上调5岁。《养老金改革法》是上述方案一和方案二的综合体，如估算方案所示，可以说是确保养老金收益水平的有益改革。此外，社会养老金也不会削弱老年人的工作积极性。因此，我们可以认为《养老金改革法》有望减轻人们对于社会养老制度的担忧。

然而，为了使《养老金改革法》影响家庭行为，促使他们减少养老储蓄、增加消费，还需要通过通俗易懂的方式向公众展示《养老金改革法》下的养老金财政的未来发展趋势，以及人们获得的养老金收益水平会如何变化，而且必须在公众之间分享社会养老制度改革的长期结果。通过这种方式，才有可能建立起公众信赖、收益与负担水平平衡的社会养老制度。

• 日本经济振兴机制

截至上一部分的讨论，我们强调了通过恢复公众对社会养老制度的信心以及消除导致家庭消费萎缩的风险，从而促使他们减少预防性储蓄、增加消费的重要性。那么为了恢复公众对社会养老制度信心而进行的改革，会通过怎样的方式实现经济复苏呢？下面我们来讨论一下宏观层面的发生机制。

有很多研究将社会保障体系纳入包括生命周期型家庭在内的一般均衡模型中，并通过模拟分析评估财政政策、社会保障制度改革的效果。在日本，布劳恩与乔尼斯、北尾、伊姆罗霍格等人都是按照这种方式展开研究的。例如，北尾在劳动力市场和资本市场内生化的一般均衡模型下，定量评估了社会养老制度改革如何影响日本经济。对于未来的人口结构，使用的是日本国立社会保障与人口问题研究所发布的《日本未来人口预测》，假设社会养老金减少三分之一的前提下求出稳定状态，与养老制度改革前的稳定状态进行比较，明确其变化过程和特征。

我们认为，公众对于社会养老制度信心的恢复、家庭预防性储蓄的减少会对整个经济产生连锁反应。虽然基于目前为止的实证分析结果进行模拟分析超出了本书的范围，但我们还是将其发生机制与传统的模型进行了比较。

假设对提取存款持谨慎态度的家庭减少了预防性储蓄，并将其用于消费。第9章表9-8的信息可用于计算有住房贷款家庭的消费增加程度。如果对提取存款持谨慎态度的家庭转变态度，则累积养老保险费用缴纳金额的边际储蓄倾向将会下降0.0261（即0.0445-0.0184）。由于养老保险费用累积缴纳金额的平均值为780.3万日元，因此家庭每年的消费增加为20.4万日元（即0.0261×780.3）[1]。此外，在没有住房贷款的家庭中，如果对提取存款持谨慎态度的家庭转变态度，不再通过追加金融资产增加预防性储蓄的话，消费会增加20.4万日元（即0.0130×1566.7）。对于租房家庭来说，也不需要再通过追加金融资产增加预防性储蓄，所以他们的消费也会增加13.4万日元（即0.0279×480.1）[2]。

根据《家计调查》中的家庭分布信息得知，有住房贷款的家庭占比为39.5%，无住房贷款的家庭占比为40%，出租家庭的占比为

---

[1]　2017年没有住房贷款家庭的金融资产平均值为1566.7万日元。

[2]　2017年租房家庭的金融资产平均值为480.1万日元。

20.4%。使用这些数据，根据2017年日本的家庭总数进行计算，各类型家庭的消费增加总额为108928亿日元。由于2017年家庭最终消费支出为2946729亿日元，因此消费将增长3.7%[①]。这个数字表明，对于整个经济而言，预防性动机储蓄的作用不可忽视。

即使在传统模式下，如果人们对社会养老制度恢复信心、减少预防性储蓄的话，消费也会增加。但是利率水平的上升对资本积累产生了负面影响。本书的模型中，除了传统分析角度，还有一些新角度，即由于消费的增长，企业对于经济前景的长期预测会有所改善，从而增加设备投资。设备投资的增加会与传统方式下的资本积累减少相互抵消。由于我们认为设备投资的利率弹性不大，所以从结果来看，设备投资是增加的。随着设备投资的增加，最先进的技术会应用于新的生产设备中，生产效率也有望提高。此外，如果打开了人们被正式聘用的道路，他们规避风险的倾向也会减弱，消费也有望进一步增长。

总之，如果能够重拾家庭对社会养老制度的信心，家庭的消费增速是有望稳步提高的。此外，消费增速的稳定上升将带动企业长期经济前景的改善和资本投资的复苏。这样一来，家庭和企业对未来的预期就会好转，围绕日本经济的"闭塞"感也会消除。

• **本章小结**

随着新冠肺炎疫情的不断蔓延，家庭最关心和担心的事情就是疫情还会持续多久。被这种不安驱使的家庭自然会对他们的消费行为持谨慎态度。在这种不确定性不断增加的情况下，政府最重要的任务，就是要尽可能地向公众提供正确的新冠肺炎疫情感染情况以及对于未来前景的正确预测，以减轻家庭的不安情绪。

---

① 这个数值是假设所有对提取存款持谨慎态度的家庭都转变态度的数值，也可以认为是没有预防性储蓄情况下，消费增长的最大值。

　　财务核查中使用的估算方法可作为展望未来的有效手段。假设几种与新冠肺炎疫情结束相关的场景，并通过简单的方式展示每种场景会对民众的生活产生怎样的影响，经济活动会如何推进。当然，准确预测未来疫情的发展变化情况是很难的，但在传染病专家和经济学家的帮助下，本着一切向前看的态度向公众提供信息，并且在公众之间形成共识也是非常重要的。

　　正如我们已经看到的，看不到未来的方向使家庭笼罩在一种"闭塞"感之中。然而无论现状如何，营造一个长期可行的愿景目标才有助于打破这种局面。目前最紧迫的任务是，政府要为家庭提供并且执行能够攻克新冠肺炎疫情冲击的愿景，但从长期来看，还是需要建立一个公众可信赖、能够形成共识的社会保障制度。如果这些政策能够付诸实践，则能够为家庭营造一个可以放心消费的社会环境，也有助于消除长期围绕日本经济的"闭塞"感。

附录

• **附录1　出口函数的推导**

　　在本附录中，我们制定了企业的出口行为模型并推导出口函数。旨在实现利润最大化的企业，会将生产的产品销往国内外市场。虽然企业面临的生产要素市场为完全竞争市场，但在产品市场上，其行为方式却表现为古诺垄断[①]企业。企业在国内外市场面临着下倾需求曲线。海外市场的需求曲线如式（A–1）所示。

$$Q_E = f\left(\frac{p_E}{e}, p_W, Y_W\right) \tag{A-1}$$

　　式中，Q_E代表对进口商品的需求，p_E代表以日元为基础的出口价格，p_W代表以美元为基础的世界价格，e代表日元汇率。此外，Y_W代表进口国收入水平。其他国家市场的需求不仅受日本企业出口价格的影响，也受其他国家竞争对手供应的替代品价格（p_W）影响。由于需求函数在价格和收入方面具有零阶同质性，所以其他国家市场需求曲线如式（A–2）所示。

$$Q_E = f\left(\frac{p_E}{e p_W}, \frac{Y_W}{p_W}\right) \tag{A-2}$$

　　同样，国内市场的需求曲线如式（A–3）所示。

$$Q_D = f(p_D, Y_D) \tag{A-3}$$

[①]　古诺垄断又称古诺双寡头垄断，，或称古双寡头模型。它是早期的寡头模型，由法国经济学家古诺于1838年提出。古诺寡头垄断模型是纳什均衡应用的最早版本，通常被作为寡头理论分析的出发点，其结论可以很容易地推广到三个或三个以上的寡头厂商的情况中去。——译者注

式中，Q_D表示国内需求，p_D表示国内价格，Y_D表示国内收入。

面对海外市场式（A-2）、国内市场需求曲线为式（A-3）的企业i，会实现国内销售（Q_{iD}）和海外销量（Q_{iE}）的利润最大化。如式（A-4）所示。

$$p_E Q_{iE} + p_D Q_{iD} - C_i\left(T_i, r_i, w_i, p_{M,i}\right)\left(Q_{iE} + Q_{iD}\right) - \phi\left(A_i\right) Q_{iE} \quad （A-4）$$

第3项是生产成本，用单位生产成本函数$C_i\left(T_i, r_i, w_i, p_{M,i}\right)$乘以国内外销量。单位生产成本是全要素生产率（$T_i$）的递减函数，资本租赁价格（$r_i$）、工资率（$w_i$）和原材料价格（$p_{M,i}$）的递增函数。假设生产技术有一级同质性，单位生产成本不取决于产量。第4项是与贸易相关的成本，假设由于规模经济，与贸易相关的单位成本是企业总资产的递减函数。

古诺式寡头垄断企业会在考虑其他企业国内外市场销量情况下，谋求自身国内外市场销量利润的最大化。海外销量、国内销量的一阶条件可用如式（A-5）所示。

$$p_E\left(-\frac{1}{\eta}\right)\frac{Q_{iE}}{Q_E} + p_E = C_i\left(T_i, r_i, w_i, p_{M,i}\right) + \phi\left(A_i\right)$$
$$p_D\left(-\frac{1}{\theta}\right)\frac{Q_{iD}}{Q_D} + p_D = C_i\left(T_i, r_i, w_i, p_{M,i}\right)$$
（A-5）

式中，η表示海外需求价格弹性 $\eta = -\left(\dfrac{\partial Q_E}{\partial\left(\frac{p_E}{e p_W}\right)}\right)\left(\dfrac{\left(\frac{p_E}{e p_W}\right)}{Q_E}\right)$，

θ表示国内需求价格弹性 $\theta = -\left(\dfrac{\partial Q_D}{\partial p_D}\right)\left(\dfrac{p_D}{Q_D}\right)$。

根据式（A-5），i企业对整个其他国家需求、日本国内需求的占比可用如式（A-6）所示。

$$\frac{Q_{iE}}{Q_E} = \eta \left(1 - \frac{C_i(T_i, r_i, w_i, p_{M,i})}{p_E} - \frac{\phi(A_i)}{p_E} \right)$$

$$\frac{Q_{iD}}{Q_D} = \theta \left(1 - \frac{C_i(T_i, r_i, w_i, p_{M,i})}{p_D} \right) \quad （A-6）$$

企业 i 的海外市场占有率，是由价格成本利润 $\frac{p_E}{C_i(T_i, r_i, w_i, p_{M,i})}$ 和贸易相关的实际单位成本决定的。价格成本利润越高，贸易相关的实际单位成本越低，企业 i 的海外市场占有率越高。根据式（A-6）得出企业 i 的出口函数如式（A-7）所示。

$$Q_{iE} = f \left(Q_E, \frac{p_E}{C_i(T_i, r_i, w_i, p_{M,i})}, \frac{\phi(A_i)}{p_E} \right) \quad （A-7）$$

式中，Q_E 代表对进口商品的总需求，将式（A-2）代入式（A-7）后，出口函数可以换算为如式（A-8）所示。

$$Q_{iE} = f \left(\frac{Y_w}{p_W}, \frac{p_E}{e p_W}, \frac{p_E}{C_i(T_i, r_i, w_i, p_{M,i})}, A_i \right) \quad （A-8）$$

由此可见，企业 i 的出口，是进口国实际收入水平 $\frac{Y_w}{p_W}$、总资产 A_i、价格成本利润的递增函数，实际汇率 $\frac{p_E}{e p_W}$ 的递减函数。

本附录详细介绍了书中使用变量的创建方法。目标企业为在东京证券交易所第一部上市的企业，包括通用机械、电气设备和运输设备行业。主要数据来源是日本经济数据库中的非合并财务报表。

企业 i 在 t 年的全要素生产率（T_{it}）表示如式（A-9）、式（A-10）所示。

$$\ln(T_{it}) = (\ln X_{it} - \overline{\ln X_t}) - \sum_t \frac{1}{2}(S_{jit} + \overline{S_{Jt}})(\ln J_{it} - \overline{\ln J_t}), t = 1 \quad （A-9）$$

$$\ln(T_{it}) = (\ln X_{it} - \overline{\ln X_t}) - \sum_j \frac{1}{2}(S_{jit} + \overline{S_{Jt}})(\ln j_{it} - \overline{\ln J_t})$$

$$+ \sum_{s=2}^{t} (\overline{\ln X_s} - \overline{\ln X_{s-1}}) - \sum_{s=1}^{t} \sum_j \frac{1}{2}(\overline{S_{Js}} + \overline{S_{J,s-1}})(\overline{\ln J_s} - \overline{\ln J_{s-1}}), t \geq 2$$

（A-10）

式中，X_{it}代表i企业t年的实际产量，J_{it}代表i企业t年的生产要素投入j。S_{jit}代表i企业t年生产要素投入j的成本份额。变量上方的横线（—）代表行业平均值。全要素生产率对数值通过实际生产量、三大生产要素投入量以及各自的成本份额计算。

下面，我们将解释构成全要素生产率变量的创建方法。名义生产量（pX）的计算方法是销售额+（期末产品库存-期初产品库存）+（期末半成品库存-期初半成品库存）。实际生产量（X）的计算方法是用名义产量除以不同行业的企业商品价格指数（日本银行）。劳动投入量（L）的计算方法是员工人数乘以每年工时数。每年工时数取自日本内阁府《国民经济核算》，是产业的基础数值。工资率（w）的计算方法是劳动力成本（支付的工资+返还的退休工资备用金+福利费用）除以劳动投入量。

名义原材料费用（$p_M M$）是原材料费用、外包制造费用、电力燃料费用、广告宣传费用、运输存储费用成本的总和。名义附加值（$p_V V$）是用名义产量减去名义原材料费用。即式（A-11）成立。

$$p_V V = pX - p_M M \qquad (A-11)$$

式中，p_V是附加值平减指数，V是实际附加值。使用不同行业的国内生产总值平减指数（日本内阁府）作为附加值平减指数，求出实际附加值。实际原材料成本（M）是用实际产量减去实际附加值。

原材料价格是用名义原材料成本除以实际原材料成本。

资本成本（rK）是资本租赁价格（r）与总资本存量（K）的乘积。总资本存量，使用的是神户大学萩原泰治教授和松林洋一教授创建的系列内容。他们根据永久盘存法，创建了2000年定价的个别企业的实际资本存量。资本租赁价格如式（A-12）所示。

$$r = q\left(i + \delta - \frac{\dot{q}}{q}\right) \qquad （A-12）$$

式中，q代表投资产品价格，$\frac{\dot{q}}{q}$代表投资产品价格变动率，使用的是日本银行提供的企业物价指数中的不同需求阶段、不同用途的指数（投资产品）。资本存量实际消耗率（δ），是用日本内阁府提供的民间资本存量系列中的净报废额除以资本存量。此外，投资产品价格和消耗率都是行业基础值。名义贷款利息率（i）的计算方法是用支付的利息和折扣费除以短期借款、长期借款、公司债券和应收票据贴现余额之和。

各生产要素（劳动力、原材料、资本）的成本份额是用各自的名义成本除以总成本（$wL + p_M M + rK$）。此外，价格成本利润的计算方法如式（A-13）所示。

$$PCOST = \frac{pX}{wL + p_M M + rK} \qquad （A-13）$$

名义出口额（$p_E Q_E$）使用的是日本经济数据库中的出口销售额。实际出口额（Q_E）是用名义出口额除以日本银行提供的不同行业出口价格指数（p_E）。

世界收入（Y_w）是按照日本不同行业对世界不同地区的出口额计算的国内生产总值的加权平均值。世界收入也可以按不同产业计算。世界价格（p_W）用日本银行提供的不同产业进口物价指数表示。汇率（e）使用的是名义有效汇率指数（日本银行）。

负债率（$DEBT$）是用总负债除以总资产。实际资产（A）是用总资产除以不同行业的企业物价指数。

"金融机构借贷态度DI"（$LEND$），来自日本银行《全国企业短期经济观测调查》，用回答金融机构借贷态度宽松的企业比例减去金

融机构借贷态度谨慎的企业比例。可以按不同行业、不同企业规模
（大型企业、中型公司、中小公司）求出。

对外部资金依存度（*EXTFIN*），是从设备投资中减去企业经营活
动产生的现金流（*CFLOW*），再除以设备投资的比率。设备投资是有
形固定资产的变动部分加上折旧费用的金额。

另外，*CFLOW*=主营业务收入+折旧费+（期末应付票据和应付
账款–期初应付票据和应付账款）–（期末应收票据和应收账款–期初
应收票据和应收账款）–（期末半成品库存–期初半成品库存）–应交
税费。

• 附录2　边际q型设备投资函数的推导

企业在资本积累公式的约束下，确定最优的设备投资和劳动投入，以实现由净现金流量贴现现值的预期值定义的企业价值最大化。企业价值可以用式（A–14）表示。

$$E_t\left[\sum_{i=0}^{\infty}\mu_{t+i}\left\{p_{t+i}\left(F(K_{t-1+i},N_{t+i})-G(I_{t+i},K_{t-1+i})\right)-w_{t+i}N_{t+i}-p_{t+i}^I I_{t+i}\right\}\right]$$

（A–14）

式中，K_{t-1}表示（$t-1$）期的期末资本存量，I_t表示t期设备投资，N_t表示t期劳动投入，p_t^I表示t期投资产品价格，p_t表示t期产品价格，w_t表示t期工资率，R_{t+1}表示从t期开始到下一期的利息率，$\mu_{t+j}=\prod_{i=1}^{j}(1+R_{t+i})^{-1}$（$j=1,2,\cdots$）·$\mu_t=1$表示折扣系数，$E_t[\quad]$表示在$t$期信息条件下的预期值。

式（A–14）中的$F(K_{t-1+i},N_{t+i})$是生产函数，$G(I_{t+i},K_{t-1+i})$是设备投资调整成本函数。假设生产函数和设备投资调整成本函数均有一阶同质性。资本积累公式可用式（A–15）表示。

$$K_t=(1-\delta)K_{t-1}+I_t \qquad （A–15）$$

其中，δ表示资本消耗率。

假设设备投资调整成本函数为2阶函数式（A–16）。

$$G(I_t,K_{t-1})=\frac{\alpha_1}{2}\left(\frac{I_t}{K_{t-1}}-\theta\right)^2 K_{t-1} \qquad （A–16）$$

式中，α_1表示投资调整成本参数$\alpha_1>0$。

上述问题可以用随机动态规划法进行求解。如果用价值函数$V_t(K_{t-1})$表示t期的最大化的企业价值，则以下贝尔曼方程式成立。如式（A–17）所示。

$$V_t(K_{t-1}) = \text{Max}\left[D_t + E_t[(1+R_{t+1})^{-1}V_{t+1}(K_t)]\right]$$
$$\text{s.t.}K_t = (1-\delta)K_{t-1} + I_t \tag{A-17}$$

D_t表示t期的现金流量，可用式（A-18）表示。

$$D_t = p_t(F(K_{t-1}, N_t) - G(I_t, K_{t-1})) - w_t N_t - p_t^I I_t \tag{A-18}$$

根据贝尔曼公式，计算t期设备投资和t期劳动投入的一阶条件，可以得到式（A-19）、式（A-20）。

$$p_t \frac{\partial G}{\partial I_t} + p_t^I = E_t\left[\left(1+R_{t+1}\right)^{-1}\frac{\partial V_{t+1}}{\partial K_t}\right] \tag{A-19}$$

$$p_t \frac{\partial F}{\partial N_t} = w_t \tag{A-20}$$

式（A-19）的左边表示进行1单位设备投资时的边际成本，右边表示进行1单位设备投资时的边际收益。使用式（A-16）调整成本函数，式（A-19）还可以表达如式（A-20）。

$$\frac{I_t}{K_{t-1}} = \theta + \frac{1}{\alpha_1}\left[\frac{E_t\left[\left(1+R_{t+1}\right)^{-1}\frac{\partial V_{t+1}}{\partial K_t}\right]}{p_t^I} - 1\right]\frac{p_t^I}{p_t} \tag{A-21}$$

式（A-21）右边的 $\dfrac{E_t\left[\left(1+R_{t+1}\right)^{-1}\frac{\partial V_{t+1}}{\partial K_t}\right]}{p_t^I}$ 表示现在进行1日元设备投资时，上升的企业价值的增加部分，边际$q(Mq_t)$被称为设备投资收益率指标。

使用包络定理得出式（A-21）。

$$\frac{\partial V_t}{\partial K_{t-1}} = p_t\left(\frac{\partial F}{\partial K_{t-1}} - \frac{\partial G}{\partial K_{t-1}}\right) + E_t\left[\left(1+R_{t+1}\right)^{-1}(1-\delta)\frac{\partial V_{t+1}}{\partial K_t}\right] \tag{A-22}$$

由于式（A–22）在前1期 $\left(\dfrac{\partial V_{t+1}}{\partial K_t}\right)$ 也成立，因此可以将未来成立的式（A–22）逐次代入边际 q 的决策公式中，得出 Mq_t 的公式如式（A–23）所示。

$$Mq_t = \frac{1}{p_t^I} E_t \left[\sum_{j=1}^{\infty} \mu_{t+j} \left(1-\delta\right)^{j-1} p_{t+j} \left(\frac{\partial F}{\partial K_{t+j-1}} - \frac{\partial G}{\partial K_{t+j-1}} \right) \right] \quad (\text{A–23})$$

式（A–23）对应的是第3章中的式（3–5）。

因此，设备投资函数还可以如式（A–24）所示。

$$\frac{I_t}{K_{t-1}} = \theta + \frac{1}{\alpha_1} \left[Mq_t - 1 \right] \frac{p_t^I}{p_t} \quad (\text{A–24})$$

式（A–24）对应的是第3章中的式（3–4）。

附录3 边际*q*的创建方法

在本书中，边际*q*是依据亚伯和布兰查德的方法创建的。边际*q*由总利润（即营业盈余加折旧费）除以上一期期末资本存量所得的利润率（π_t）、折扣系数（$r_t = \dfrac{1-\delta}{1+R_t}$，$\delta$为资本消耗率、$R_t$为借款利率）构成。利润率和折扣系数的差分变量的随机过程可以用2阶向量自回归（VAR）模型进行描述。如式（A–25）所示。

$$\Delta \pi_t = a_1 \Delta \pi_{t-1} + a_2 \Delta_{t-2} + a_3 \Delta r_{t-1} + a_4 \Delta r_{t-2} + \varepsilon_{1t}$$
$$\Delta r_t = b_1 \Delta \pi_{t-1} + b_2 \Delta_{t-2} + b_3 \Delta r_{t-1} + b_4 \Delta r_{t-2} + \varepsilon_{2t} \quad (A\text{–}25)$$

式中，ε_{1t}、ε_{2t}分别代表各方程式的误差项。式（A–25）用矩阵显示为式（A–26）。

$$\Delta Z_t = A \Delta Z_{t-1} + \begin{pmatrix} \varepsilon_{1t} \\ 0 \\ \varepsilon_{2t} \\ 0 \end{pmatrix} \quad (A\text{–}26)$$

式中，

$$\Delta Z_t = \begin{pmatrix} \Delta \pi_t \\ \Delta \pi_{t-1} \\ \Delta r_t \\ \Delta t_{t-1} \end{pmatrix}, \quad A = \begin{pmatrix} a_1 & a_2 & a_3 & a_4 \\ 1 & 0 & 0 & 0 \\ b_1 & b_2 & b_3 & b_4 \\ 0 & 0 & 1 & 0 \end{pmatrix}$$

此时，用第3章中式（3–5）表示的边际*q*还可以写成式（A–27）[1]。

---

[1] 使用年度数据计算边际*q*时，包括当期利润率。其原因是小规模设备投资的实现周期较短，计划的制订和施行几乎同步。

$$Mq_t = \frac{\pi_t}{1-r_t} + \frac{\pi_t}{\left(1-r_t\right)^2} b'\left(I-r_t A\right)^{-1} A\Delta Z_t + \frac{r_t}{1-r_t} a'\left(I-r_t A\right)^{-1} A\Delta Z_t$$

（A-27）

式中，

$$a = \begin{pmatrix} 1 \\ 0 \\ 0 \\ 0 \end{pmatrix}, \quad b = \begin{pmatrix} 0 \\ 0 \\ 1 \\ 0 \end{pmatrix}$$

我们用式（A-25）表示的VAR模型测算了制造业的13种行业，根据所得系数参数并基于式（A-27）计算边际q[①]。边际q较高的产业为精密机械、电气设备和通用机械行业。每个行业在抽样期间的平均值为1.9、1.517和1.497。相反，边际q平均值小于1的行业包括初级金属（0.795）、纸浆和造纸（0.862）以及石油煤炭制品（0.867）、有色金属（0.903）、运输设备（0.941）、纤维（0.992）。为了验证边际q的稳健性，我们将VAR模型的阶数规定为1，用式（A-27）重新计算了边际q。

比较1阶和2阶条件下边际q（整个制造业）的平均值发现，几乎没有差异，因此可以说边际q是稳健的，不受VAR模型阶数的影响。根据面板数据计算的边际q，与图3-1根据收集的数据计算的边际q的变动是极为相似的。第1次石油危机后大幅下跌，此后除了20世纪90年代初期、全球金融危机后的2008年和2009年，一直呈现上升趋势。

本附录详细介绍了第3章中使用的变量的创建方法。用于分析的企业面板数据，根据日本政策投资银行《企业财务数据库》构建。价格数据取自日本内阁府《国民经济核算》。目标企业为制造企业，抽样区间为1970—2014年。

[①] 在推算VAR模型时，排除了每个行业中低于2.5%和高于97.5%利润率、折扣系数。

边际q及其相关数据

π_t表示t期总利润率。用营业收入加上折旧费，再除以期初实际总资本存量。

δ表示总资本存量消耗率。资本消耗率的计算方法是，用有形固定资产（不包括土地）报废额除以有形固定资产（不包括土地，包括累计折旧费）。另外，分母中的有形固定资产为期初和期末的平均值。对于各企业来说，假定在抽样期间资本消耗率是恒定的，使用抽样平均值。

R_t表示t期借款利率。用利息费用和折扣费用除以计息负债（短期借款、长期借款、公司债券和应收票据贴现余额之和）。分母中的计息负债为期初和期末的平均值。

设备投资、资本存量及其相关数据

名义设备投资额取自有形固定资产明细表。实际设备投资额的计算方法是名义设备投资额除以日本内阁府《国民经济核算》中的固定资本形成总额平减指数p_t^I。实际总资本存量是使用实际设备投资，根据永久盘存法计算。如式（A–28）所示。

$$K_t = I_t + (1-\delta)K_{t-1} \qquad （A–28）$$

式中，K_t表示t期期末资本存量，I_t表示t期的实际设备投资额，基准样本期的期初实际资本存量用式（A–29）计算。

$$K_0 = \frac{I_1}{\delta + g} \qquad （A–29）$$

式中，I_1表示1970年的实际设备投资额，δ表示资本消耗率，g表示各企业在样本期，实际设备投资额的平均增长率。如式（A–30）所示。

$$g = \frac{(\ln I_T - \ln I_1)}{T-1} \qquad （A–30）$$

T表示抽样期间数。

回归分析使用的其他变量

CF_t表示t期现金流量。现金流量的计算方法如下：

主营业务收入+折旧费+（期末应付票据和应付账款–期初应付票据和应付账款）–（期末应收票据和应收账款–期初应收票据和应收账款）–（期末半成品库存–期初半成品库存）–应交税费

计算CF_t/K_{t-1}时，用CF_t除以生产平减指数（日本内阁府）。

A_t表示t期期末总资产，D_t表示t期期末总负债，S_t表示t期销售额，$STDGRW_t$表示过去3年实际销售额增长率的标准偏差。实际销售额的计算方法是用名义销售额除以生产平减指数。

生产成本及与全要素生产率相关的数据

总成本（C_t）是销售成本与销售管理费用的总和。利润用包括折旧在内的一般概念定义，因此总成本是扣除折旧费之后的部分。

全要素生产率增长率$\Delta\ln TFP_t$可以用如式（A–31）进行计算。

$$\Delta\ln TFP_t = \Delta\ln X_t - S_t^K \Delta\ln K_{t-1} - S_t^L \Delta\ln L_t - S_t^M \Delta\ln M_t \quad （A–31）$$

其中，X_t表示t期总产值，是净增长的产品库存加入销售额。另外，实际销售额X_t的计算方法是用总产值X_t除以产出平减指数。M_t表示t期中间投入额，是制造成本和销售管理费用中包含的材料成本。由于销售管理费用未划分为材料成本、人工成本和资本成本，所以按材料成本在制造成本中的占比进行计算。实际中间投入量（M_t）是用中间投入额M_t除以日本内阁府《国民经济核算》中的中间投入平减指数。

L_t表示t期劳动投入，是用员工数乘以日本内阁府《国民经济核算》中的年工作时间。

L_t表示t期人工成本。人工成本是制造成本和销售管理费用中包含的人工费的总和。与销售管理费用中的材料成本一样，销售管理费用中的人工成本也是按人工成本在制造成本中的占比进行计算。

K_t表示t期资本成本。资本成本是从总产值中减去中间投入额、人工成本。即，$K_t=X_t-M_t-L_t$。

S_t^K表示资本分配率。K/X的t期和（$t-1$）期的平均值。

S_t^L表示劳动分配率。L/X的t期和（$t-1$）期的平均值。

S_t^M表示中间投入分配率。M/X的t期和（$t-1$）期的平均值。

参考文献

Abel, A.B. and O. Blanchard (1986) "The Present Value of Profits and Cyclical Movements in Investment," *Econometrica*, Vol.54, No.2, 239-273.

Acemoglu, D. and A. Scott (1994) "Consumer Confidence and Rational Expectations:Are Agents' Beliefs Consistent with the Theory?" *Economic Journal*, Vol.104, No.422, 1-19.

Aghion, P., Bechtold, S., Cassar, L., and H.Herz (2018) "The Causal Effects of Competition on Innovation:Experimental Evidence," *Journal of Law, Economics, and Organization*, Vol.34, No.2, 162-195.

Aguila, E. (2011) "Personal Retirement Accounts and Saving," *American Economic Journal:Economic Policy*, Vol.3, No.4, 1-24.

Ahearne, A.G. and N. Shinada (2005) "Zombie Firms and Economic Stagnation in Japan," *International Economics and Economic Policy*, Vol.2, 363-381.

Ahmed, M.I. and S.P. Cassou (2016) "Does Consumer Confidence Affect Durable Goods Spending during Bad and Good Economic Times Equally?" mimeographed.

Almeida, H., Campello, M., and M.S.Weisbach (2004) "The Cash Flow Sensitivity of Cash," *Journal of Finance*, Vol.59, No.4, 1777-1804.

Amiti, M. and D.E. Weinstein (2011) "Exports and Financial Shocks," *Quarterly Journal of Economics*, Vol.126, No.4, 1841-1877.

Asano, H., Ito, T., and D.Kawaguchi (2013) "Why Has the Fraction of Contingent Workers Increased? A Case Study of Japan," *RIETI Discussion Paper Series*, 11-E-021.

Attanasio, O. P. and A.Brugiavini (2003) "Social Security and Households Saving," *Quarterly Journal of Economics* Vol.118, No.3, 1075-1119.

Attanasio, O. P. and S. Rohwedder (2003) "Pension Wealth and Household Saving: Evidence from Pension Reforms in the United Kingdom," *American Economic Review*, Vol.93, No.5, 1499-1521.

Aw, B. Y., Chung, S., and M. J. Roberts (2000) "Productivity and Turnover in the Export Market: Micro-level Evidence from the Republic of Korea and Taiwan (China) ," *World Bank Economic Review*, Vol.14, No.1, 65-90.

Bachmann, R. and S. Elstner (2015) "Firm Optimism and Pessimism, " *European Economic Review*, Vol.79, 297-325.

Baker, S. R., Bloom, V., Davis, S. J., and S. J. Terry (2020) "COVID-Induced Economic Uncertainty, " NBER Working Paper, No.26983.

Baldwin, J.R. and E. Gu (2003) "Export-Market Participation and Productivity Performance in Canadian Manufacturing, " *Canadian Journal of Economics*, Vol.36, No.3, 634-657.

Banerjee, R., Kearns, J., and M. Lombardi (2015) " (Why) Is Investment Weak? " *BIS Quarterly Review* (Mar.) , 67-82.

Barsky, R.B. and E.R. Sims (2012) "Information, Animal Spirits, and the Meaning of Innovations in Consumer Confidence, " *American Economic Review*, Vol.102, No.4, 1343-1377.

Bates, T.W., Kahle, K.M., and R. M. Stulz (2009) "Why Do U.S. Firms Hold So Much More Cash Than They Used to? " *Journal of Finance*, Vo.64, No.5, 1985-2012.

Baum, C.F., Caglayan, M., Stephan, A., and O. Talavera (2008) "Uncertainty Determinants of Corporate Liquidity, " *Economic Modelling*, Vol.25, No.5. 833-849.

Baumol, W. J. (1952) "The Transactions Demand for Cash: An Inventory Theoretic Approach, " *Quarterly Journal of Economics*, Vol.66, No.4, 545-556.

Bernanke, B. (2005) "The Global Savings Glut and the U.S. Current Account Deficit, " Sandridge Lecture, Virginia Association of Economists, Richmond.

Bernard, A.B. and J.B. Jensen (1995) "Exporters, Jobs, and Wages in U.S. Manufacturing: 1976-87, " *Brookings Papers on Economic Activity: Microeconomics*, 67-112.

Bernard, A.B. and J.B. Jensen (1999) "Exceptional Exporter Performance: Cause, Effect, or Both? " *Journal of International Economics*, Vol.47, No.1, 1-25.

Bernard, A.B. and J. Wagner (2001) "Export Entry and Exit by German Firms, " *Weltwirtschaftliches Archiv / Review of World Economics*, Vol.137, No.1, 105-123.

Bernard, A. B. and J. B. Jensen (2004a) "Exporting and Productivity in the USA," *Oxford Review of Economic Policy*, Vol.20, No.3, 343-357.

Bernard, A.B. and J.B. Jensen (2004b) "Why Some Firms Export?" *Review of Economics and Statistics*, Vol.86, No.2, 561-569.

Bernard, A.B., Jensen, J. B., Redding, S.J., and P.K. Schott (2007) "Firms in International Trade," *Journal of Economic Perspective*, Vol.21, No.3, 105-130.

Bernheim, B. D. (1987) "The Economic Effects of Social Security: Toward a Reconciliation of Theory and Measurement," *Journal of Public Economics*, Vol.33, No.3, 273-304.

Berry, S. and M. Davey (2004) "How Should We Think about Consumer confidence?" *Bank of England Quarterly Bulletin*, Vol.44, No.3, 282-290.

Blanchard, O.J. (1993) "Consumption and the Recession of 1990-1991," *American Economic Review*, Vol.83, No.2, 270-274.

Bloom, N., Davis, S., Foster, L., Lucking, B., Ohlmacher, S., and I. Saporta-Eckstein (2018) "Business Level Expectations and Uncertainty," mimeographed.

Bottazzi, R., Jappelli, T., and M. Padula (2006) "Retirement Expectations, Pension Reforms, and their Effect on Private Wealth Accumulation," *Journal of Public Economics* Vol.90, No.12, 2187-2212.

Bram, J. and S. C. Ludvigson (1998) "Does Consumer Confidence Forecast Household Expenditure? A Sentiment Index Horse Race," *Public Economic Review* (Federal Reserve Bank of New York), Vol.4, No.2, 59-78.

Braun, A.R. and D.H. Joines (2015) "The Implications of a Graying Japan for Government Policy," *Journal of Economic Dynamics and Control*, Vol.57, 1-23.

Bricogne, J. C., Fontagne, L., Ganlier, G., Taglioni, D., and V. Vicard (2012) "Firms and the Global Crisis: French Exports in the Turmoil," *Journal of International Economics*, Vol.87, No.1, 134-146.

Brufman, L., Martinez, L., and R. P. Artica (2013) "What Are the Causes of the Growing Trend of Excess Savings of the Corporate Sector in Developed Countries? An Empirical Analysis of Three Hypothesis," Policy Research Working Paper, No.6571, World Bank.

Bryant, W.D.A. and J. Macri (2005) "Does Sentiment Explain Consumption?" *Journal of Economics and Finance*, Vol.29, No.1, 97-111.

Buca, A. and P. Vermeulen (2015) "Corporate Investment and Bank-dependent

Borrowers during the Recent Financial crisis," European Central Bank Working Paper, No.1859.

Bulan, L. T. (2005) "Real Options, Irreversible Investment and Firm Uncertainty: New Evidence from U.S. Firms," *Review of Financial Economics*, Vol.14, No.3-4, 255-279.

Bussiere, M., Ferrara, L., and J. Milovich (2015) "Explaining the Recent Slump in Investment: the Role of Expected Demand and Uncertainty," Banque de France Working Papers, 571.

Caballero, R., Kashyap, N., and T. Hoshi (2008) "Zombie Lending and Depressed Restructuring in Japan," *American Economic Review*, Vol.98, No.5, 1943-1977.

Campa, J. and L. Goldberg (1995) "Investment in Manufacturing, Exchange Rates and External Exposure," *Journal of International Economics*, Vol.38, No.3-4, 297-320.

Carroll, C. D., Fuhrer, J. C., and D. W. Wilcox (1994) "Does Consumer Sentiment Forecast Household Spending? If So, Why?" *American Economic Review*, Vol.84, No.5, 1397-1408.

Chen, C., Senga, T., Sun, C., and H. Zhang (2018a) "Uncertainty, Imperfect Information, and Learning in the International Market," RIETI Discussion Paper Series, 18-E-010.

Chen, C., Senga, T., Sun, C., and H. Zhang (2018b) "Expectation Formation and Firm Activities: New Evidence from a Business Outlook Survey in Japan," RIETI Discussion Paper Series, 18-E-059.

Chor, D. and K. Manova (2012) "Off the Cliff and Back? Credit Conditions and International Trade during the Global Financial Crisis," *Journal of International Economics*, Vol.87, No.1, 117-133.

Clerides, S., Lach, S., and J. Tybout (1998) "Is Learning by Exporting Important? Micro-dynamic Evidence from Columbia, Mexico and Morocco," *Quarterly Journal of Economics*, Vol.113, No.3, 903-947.

Coibion, O., Gorodnichenko, Y., and S. Kumar (2018) "How Do Firms Form their Expectations? New Survey Evidence," *American Economic Review*, Vol.108, No.9, 2671-2713.

David, J.M. , Hopenhayn, H., and V. Venkateswaran (2016) "Information,

Misallocation, and Aggregate Productivity,"*Quarterly Journal of Economics*, Vol.132, No.2, 943-1005.

Dekle, R. (2003)"The Deteriorating Fiscal Situation and an Aging Population,"in Blomstrom, M., Corbett, J., Hayashi, F., and A. Kashyap (eds.) *Structural Impediments to Growth in Japan*. University of Chicago Press, Chicago, 71-88.

Delavande, A. and S. Rohwedder (2011)"Individuals' Uncertainty about Future Social Security Benefifi ts and Portfolio Choice,"The RAND Labor and Population Working Paper, WR-782.

De Loecker, J. (2011)"Product Differentiation, Multiproduct Firms, and Estimating the Impact of Trade Liberalization on Productivity,"*Econometrica*, Vol.79, No.5, 1407-1451.

De Loecker, J. and F. Warzynski (2012)"Markups and Firm-level Export Status,"*American Economic Review*, Vol.102, No.6, 2437-2471.

Diamond, P. A. and J. A. Hausman (1984)"Individual Retirement and Savings Behavior,"*Journal of Public Economics*, Vol.23, No.1-2, 81-114.

Dittmar, A., Mahrt-Smith, J., and H. Servaes (2003)"International Corporate Governance and Corporate Cash Holdings,"*Journal of Financial and Quantitative Analysis*, Vol.38, No.1, 111-133.

Dittmar, A. and J. Mahrt-Smith (2007)"Corporate Governance and the Value of Cash Holdings,"*Journal of Financial Economics*, Vol.83, No.3, 599-634.

Dixit, A. K. and R. S. Pindyck (1994) *Investment and Uncertainty*, Princeton, New Jersey:Princeton University Press.

Doi, T. and T. Ihori (2009) *The Public Sector in Japan: Past Developments and Future Prospects*, Cheltenham, UK:Edward Elgar.

Doi, T., Hoshi, T. and T. Okimoto (2011)"Japanese Government Debt and Sustainability of Fiscal Policy,"*Journal of the Japanese and International Economies*, Vol.25, No.4, 414-433.

Döttling, R., Gutiérrez, G., and T. Philippon (2017)"Is There an Investment Gap in Advanced Economies? If So, Why?"mimeographed.

Douglas, P. H. (1934) *The Theory of Wages*, Macmillan, New York.

Eggertsson, G.B., Mehrotra, N. R., and J.A. Robbins (2016)"A Model of Secular Stagnation:Theory and Quantitative Evaluation,"NBER Working Paper, 23093.

280

Feenstra, R.C., Li, Z., and M. Yu (2014) "Exports and Credit Constraints under Private Information: Theory and Evidence from China," *Review of Economics and Statistics*, Vol.96, No.3, 729-744.

Feldstein, M. (1974) "Social Security, Induced Retirement and Aggregate Capital Accumulation," *Journal of Political Economy*, Vol.82, No.5, 357-374.

Feldstein, M. and A. Pellechio (1979) "Social Security and Household Accumulation: New Microeconometric Evidence," *Review of Economics and Statistics*, Vol.61, No.3, 361-368.

Feldstein, M. (1996) "Social Security and Saving: New Time Series Evidence," *National Tax Journal*, Vol.49, No.2, 151-164.

Feng, J., Lixin, H., and H. Sato (2011) "Public Pension and Household Saving: Evidence from Urban China," *Journal of Comparative Economics*, Vol.39, No.4, 470-485.

Forslid, R. and T. Okubo (2011) "Are Capital Intensive Firms the Biggest Exporters?" RIETI Discussion Paper, 11-E-014.

Gale, W. G. (1998) "The Effect of Pension Wealth on Household Wealth: a Reevaluation of Theory and Evidence," *Journal of Political Economy*, Vol.106, No.4, 706-723.

Gennaioli, N., Ma, Y., and A. Shleifer (2015) "Expectations and Investment," *NBER Macroeconomics Annual*, 30, 379-431.University of Chicago Press.

Gordon, R. J. (2016) The Rise and Fall of American Growth: *The US Standard of Living since the Civil War*, Princeton University Press.

Gruber, J.W. and S.B.Kamin (2015) "The Corporate Saving Glut in the Aftermath of the Global Financial Crisis," International Finance Discussion Papers, No.1150, Board of Governors of the Federal Reserve System.

Guiso, L. and G. Parigi (1999) "Investment and Demand Uncertainty," *Quarterly Journal of Economics*, Vol.114, No.1, 185-227.

Guiso L., Jappelli, T., and M. Padula (2009) "Pension Risk, Retirement Saving and Insurance," EUI Working Papers, ECO 2009/18.

Guiso, L., Jappelli, T., and M. Padula (2013) "Pension Wealth Uncertainty," *Journal of Risk and Insurance*, Vol. 80, No.4, 1057-1085.

Gustman, A. L., and T. L. Steinmeier (1998) "Effects of Pensions on Savings: Analysis with Data from the Health and Retirement Study," NBER Working

Paper, No.6681.

Gutiérrez, G. and T. Philippon (2017) "Investment-less Growth:An Empirical Investigation," *Brookings Papers on Economic Activity*, 89-174.

Haddad, M., Harrison, A., and C. Hausman (2010) "Decomposing the Great Trade Collapse:Products, Prices and Quantities in the 2008-2009 Crisis," NBER Working Paper, No.16253.

Hagiwara, T. and Y. Matsubayashi (2019) "Capital Accumulation, Vintage, and Productivity:The Japanese Experience" *The Singapore Economic Review*, Vol.64, No.3, 747-771.

Hallward-Driemeier, M., Iarossi, G., and K. L. Sokoloff (2002) "Exports and Manufacturing Productivity in East Asia:A Comparative Analysis with Firm-level Data," NBER Working Paper, 8894.

Hamaaki, J. (2010) "The Effects of the 1999 Pension Reform on Household Asset Accumulation in Japan: A Test of the Life-Cycle Hypothesis," *In Essays on the Behavioral Effects of Social Security and Taxation: Evidence from Japanese Micro Data*, Ph. D Dissertation, University of Tokyo, 40-79.

Han, S. and J. Qiu (2007) "Corporate Precautionary Cash Holdings," *Journal of Corporate Finance*, Vol.13 No.1, 43-57.

Hansen, G.D. and S. Imrohoroglu (2016) "Fiscal Reform and Government Debt in Japan: A Neoclassical Perspective," Review of Economic Dynamics, Vol.21, 201-224.

Hashimoto, M. (1993) "Aspects of Labor Market Adjustment in Japan," *Journal of Labor Economics*, Vol.11, No.1, Pt.1, 136-161.

Hayashi, F. (1982) "Tobin's Marginal q and Average q:A Neoclassical Interpretation," *Econometrica*, Vol.50, No.1, 213-224.

Hayashi, F. and E.C. Prescott (2002) "The 1990s in Japan: A Lost Decade," *Review of Economic Dynamics*, Vol.5, No.1, 206-235.

Hole, A. R. (2007) "Fitting Mixed Logit Models by Using Maximum Simulated Likelihood," *Stata Journal*, Vol.7, No.3, 388-401.

Horioka, C. Y. and W. Watanabe (1997) "Why Do People Save? A Micro-Analysis of Motives for Household Saving in Japan," *Economic Journal*, Vol.107, No.442, 537-552.

Horioka, C.Y. and Y. Niimi (2020) "Was the Expansion of Housing Credit in Japan

Good or Bad? " *Japan and the World Economy*, Vol.53.

Hoshi, T. and T. Ito (2012) "Defying Gravity: How Long Will Japanese Government Bond Prices Remain High? " NBER Working Paper, No.18287.

Hosono, K., Takizawa, M., and K. Tsuru (2015) "The Impact of Demand Shock on the Employment of Temporary Agency Workers:Evidence from Japan during the Global Financial Crisis, " *Seoul Journal of Economics*, Vol.28, No.3, 265-283.

Hosono, K., Miyakawa, D., and M. Takizawa (2019) "Cash Holdings: Evidence from Firm-Level Big Data in Japan, " *Keizai Bunseki (Economic Analysis)* , No.200, 135-164.

Houseman, S. N. (2001) "Why Employers Use Flexible Staffing Arrangements: Evidence from an Establishment Survey, " *Industrial and Labor Relations Review*, Vol.55, No.1, 149-170.

Hubbard, R.G. (1998) "Capital-Market Imperfections and Investment, " *Journal of Economic Literature*, Vol.36, No.1, 193-225.

Iacovone, L. and V. Zavacka (2009) "Banking Crises and Exporters: Lesson from the Past, " World Bank Policy Research Working Paper, 5016.

mai, K. (2016) "A Panel Study of Zombie SMEs in Japan: Identification, Borrowing and Investment Behavior, " *Journal of the Japanese and International Economies*, Vol.39, 91-107.

Imrohoroglu, S., Kitao, S., and T. Yamada (2017) "Can Guest Workers Solve Japan's Fiscal Problems, " *Economic Inquiry*, Vol.55, No.3, 1287-1307.

Ito, A., Watanabe, T., and T. Yabu (2011) "Fiscal Policy Switching in Japan, the U.S., and the U.K." *Journal of the Japanese and International Economies*, Vol.25, No.4, 380-433.

Jensen, M. C. and W. H. Meckling (1986) "Theory of the Firm:Managerial Behavior, Agency Costs and Ownership Structure, " *Journal of Financial Economics*, Vol.3, No.4, 305-360.

Kaihatsu, S. and N. Shiraki (2016) "Firms' Inflation Expectations and Wage-setting Behaviors, " Bank of Japan Working Paper Series, No.16-E-10.

Katayama, H., Lu, S., and J. R. Tybout (2009) "Firm-level Productivity Studies: Illusions and a Solution, " *International Journal of Industrial Organization*, Vol.27, No.3, 403-413.

Keynes, J.M. (1936) The General Theory of Employment, Interest and Money. Harcourt Brace, London. 塩野谷祐一訳 (1995)『雇用・利子および貨幣の一般理論』東洋経済新報社。

Khan, A. and T. Senga (2019) "Firm-level Uncertainty and Cash Holding: Theory and Firm-level Empirical Evidence," *Keizai Bunseki (Economic Analysis)*, No.200, 164-185.

Kikuchi, S., Kitao, S., and M. Mikoshiba (2020) "Heterogeneous Vulnerability to the COVID-19 Crisis and Implications for Inequality in Japan," RIETI Discussion Paper Series, 20-E-039.

Kimura, F. and K. Kiyota (2006) "Exports, FDI and Productivity of Firm: Dynamic Evidence from Japanese Firms," *Review of World Economics*, Vol.142, No.4, 695-719.

Kitagawa, A., Ohta, S., and H. Teruyama (2018) *The Changing Japanese Labor Market*, Singapore: Springer.

Kitao, S. (2015) "Fiscal Cost of Demographic Transition in Japan," *Journal of Economic Dynamics and Control*, Vol.54, 37-58.

Kitao, S. (2018) "Policy Uncertainty and Cost of Delaying Reform: The Case of Aging Japan," *Review of Economic Dynamics*, Vol.27, 81-100.

Kletzer, K. and P. Bardhan (1987) "Credit Markets and Patterns of International Trade," *Journal of Development Economics*, Vol.27, No.1-2, 57-70.

Koga, M. and H. Kato (2017) "Behavioral Biases in Firms' Growth Expectations," Bank of Japan Working Paper Series, No.17-E-9.

Kohara, M. (2010) "The Response of Japanese Wives' Labor Supply to Husbands' Job Loss," *Journal of Population Economics*, Vol.23, No.4, 1133-1149.

Kose A., Ohnsorge, F. L., Ye, L. S., and E. Islamaj (2017) "Weakness in Investment Growth: Causes, Implications and Policy Responses," Policy Research Working Paper, No.7990, World Bank Group.

Kotlikoff, L. J. (1979) "Testing the Theory of Social Security and Life Cycle Accumulation," *American Economic Review*, Vol.69, No.3, 396-410.

Kwan, A. and J. Cotsomitis (2006) "The Usefulness of Consumer Confidence in Forecasting Household Spending in Canada:A National and Regional Analysis," *Economic Inquiry*, Vol.44, No.1, 185-197.

Kwon, H. U., Narita, F., and M. Narita (2015) "Resource Reallocation and Zombie

Lending in Japan in the 1990s," *Review of Economic Dynamics*, Vol.18, No.4, 709-732.

Leahy, J. V. and T. M. Whited (1996) "The Effect of Uncertainty on Investment: Some Stylized Facts," *Journal of Money*, Credit and Banking, Vol.28, No.1, 64-83.

Leimer, D. R. and S. D. Lesnoy (1982) "Social Security and Private Saving:New Time Series Evidence," *Journal of Political Economy*, Vol.90, No.3, 606-629.

Levchenko, A., Lewis, L., and L. Tesar (2010) "The Role of Financial Factors in the Great Trade Collapse: A Skeptic's View," *University of Michigan*, mimeographed.

Lewis C., Pain, N., Strasky, J., and F. Menkyna (2014) "Investment Gaps after the Crisis," OECD Economics Department Working Papers, No.1168.

Ludvigson, S. C. (2004) "Consumer Confidence and Consumer Spending," *Journal of Economic Perspectives*, Vol.18, No.2, 29-50

Manova, K., Wei, S-J., and Z. Zhang (2011) "Firm Exports and Multinational Activity under Credit Constraints," NBER Working Paper, 16905.

Massenot, B. and Y. Pettinicchi (2018) "Can Firms See into the Future? Survey Evidence from Germany," *Journal of Economic Behavior and Organization*, Vol.145, 66-79.

Mayer, T. and G. I. P. Ottaviano (2008) "The Happy Few:The Internationalisation of European Firms," *Intereconomics*, Vol.43, No.3, 135-148.

McDonald, R. and D. Siegel (1986) "The Value of Waiting to Invest," *Quarterly Journal of Economics*, Vol.101, No.4, 707-728.

Miller, M.H. and D.Orr. (1966) "A Model of the Demand for Money by Firms," *Quarterly Journal of Economics*, Vol.80, No.3, 413-435.

Morikawa, M. (2018) "Measuring Firm-level Uncertainty: New Evidence from a Business Outlook Survey," RIETI Discussion Paper Series, 18-E-030.

Morikawa, M. (2019a) "Uncertainty over Production Forecasts: An Empirical Analysis Using Monthly Quantitative Survey Data," *Journal of Macroeconomics*, Vol.60, 163-179.

Morikawa, M. (2019b) "Firms' Subjective Uncertainty and Forecast Errors," RIETI Discussion Paper Series, 19-E-055.

Morikawa, M. (2019c) "Policy Uncertainty and Saving Attitude:Evidence from a

Survey on Consumers, " *Journal of Consumer Affairs*, Vol.53, No.3, 1297-1311.

Muûls, M. (2008) "Exporters and Credit Constraints: A Firm Level Approach, " mimeographed.

Nishimura G. K., Nakajima, T., and K.Kiyota (2005) "Does Natural Selection Mechanism Still Work in Severe Recessions? -Examination of the Japanese Economy in the 1990s, " *Journal of Economic Behavior and Organization*, Vol.58, No.1, 53-78.

Ogawa, K. and K. Suzuki (2000) "Uncertainty and Investment:Some Evidence from the Panel Data of Japanese Manufacturing Firms, " *The Japanese Economic Review*, Vol.51, No.2, 170-192.

Ogawa, K. (2003) "Financial Distress and Employment:The Japanese Case in the 90s, " NBER Working Paper, 9646.

Ogawa, K. (2007) "Debt, R&D Investment and Technological Progress:A Panel Study of Japanese Manufacturing Firms' Behavior during the 1990s, " *Journal of the Japanese and International Economies*, Vol.21, No.4, 403-423.

Ogawa, K. and J. Wan (2007) "Household Debt and Consumption:A Quantitative Analysis Based on Household Micro Data for Japan, " *Journal of Housing Economics*, Vol.16, No.2, 127-142.

Ogawa, K. (2015) "What Do Cash Holdings Tell Us about Bank-Firm Relationship? A Case Study of Japanese Firms, " in Watanabe, T., Uesugi, I. and A. Ono (eds.) *The Economics of Interfirm Networks*, Springer, 213-233.

Ogawa, K. and I. Tokutsu (2015) "Hysteresis in Japanese Export Market:A Dynamic Random-Effect Probit Approach to Panel Data of Japanese Machinery-manufacturing Firms, " RIETI Discussion Paper Series, 15-E-031.

Ogawa, K., Saito, M., and I. Tokutsu (2017) "Did Divine Wind Rescue Japan out of the Lost Decade ? " *Journal of the Japanese and International Economies*, Vol.44, 39-51.

Ogawa, K., Sterken, E., and I. Tokutsu (2019) "Why Is Investment So Weak Despite High Profitability? A Panel Study of Japanese Manufacturing Firms, " RIETI Discussion Paper Series, 19-E-009.

Okumura, T. and E. Usui (2014) "The Effect of Pension Reform on Pension-Benefit Expectations and Savings Decisions in Japan, " *Applied Economics*, Vol.46, No.14, 1677-1691.

Ono, Y. and D. G.Sullivan (2013) "Manufacturing Plants' Use of Temporary Workers:An Analysis Using Census Microdata," *Industrial Relations*, Vol.52, No.2, 419-443

Opler, T., Pinkowitz, L., Stulz, R. M., and R. Williamson (1999) "The Determinants and Implications of Corporate Cash Holdings," *Journal of Financial Economics*, Vol.52, No.1, 3-46.

Peek J. and E. S. Rosengren (2005) "Unnatural Selection: Perverse Incentives and the Misallocation of Credit in Japan," *American Economic Review*, Vol.95, No.4, 1144-1166.

Pindyck, R.S. and A. Solimano (1993) "Economic Instability and Aggregate Investment," NBER Macroeconomics Annual, 8, 259-303.

Pinkowitz, L., and R. Williamson (2001) "Bank Power and Cash Holdings:Evidence from Japan," *Review of Financial Studies*, Vol.14, No.4, 1059-1082.

Pinkowitz, L., Stulz, R.M., and R. Williamson (2003) "Do Firms in Countries with Poor Protection of Investor Rights Hold More Cash?" NBER Working Paper, 10188.

Rajan, R. G. and L. Zingales (1998) "Financial Dependence and Growth," *American Economic Review*, Vol.88, No.3, 559-586.

Ronci, M. (2005) "Trade Finance and Trade Flows: Panel Data Evidence from 10 Crises," Wang, J-Y. and M. Ronci (eds.) *Access to Trade Finance in Times of Crisis*, (Washington, DC: International Monetary Fund).

Ruffin, R.J. (2003) "Oligopoly and Trade: What, How Much, and for Whom?" *Journal of International Economics*, Vol.60, No.2, 315-335.

Sakai, K., Uesugi, I., and T. Watanabe (2010) "Firm Age and the Evolution of Borrowing Costs:Evidence from Japanese Small Firms," *Journal of Banking and Finance*, Vol.34, No.8, 1970-1981.

Sakuragawa, M. and K. Hosono (2011) "Fiscal Sustainability in Japan," *Journal of the Japanese and International Economies*, Vol.25, No.4, 434-446.

Sekine, T., Kobayashi, K., and Y. Saita (2003) "Forbearance Lending:The Case of Japanese Firms," *Monetary and Economic Studies*, Vol.21, No.2, 69-92.

Silverman, B.W. (1986) *Density Estimation for Statistics and Data Analysis*, Chapman and Hall.

Slavov, S., Gorry, D., Gorry, A., and F. N. Caliendo (2017) "Social Security and Saving: An Update, " NBER Working Paper, No.23506.

Starr, M. (2012) "Consumption, Sentiment, and Economic News, " *Economic Inquiry*, Vol.50, No.4, 1097-1111.

Summers, L. H. (2014) "US Economic Prospects: Secular Stagnation, Hysteresis, and the Zero Lower Bound, " Business Economics, Vol.49, No.2, 65-73.

Tanaka, M., Bloom, N., David, J.M., and M. Koga (2020) "Firm Performance and Macro Forecast Accuracy, " *Journal of Monetary Economics*, Vol.114, 26-41.

Teruyama, H., Goto, Y., and S. Lechevalier (2018) "Firm-Level Labor Demand for and Macroeconomic Increases in Non-Regular Workers in Japan, " *Japan and the World Economy*, Vol.48, 90-105.

Tobin, J. (1956) "The Interest Elasticity of the Transactions Demand for Cash, " *Review of Economics and Statistics*, Vol.38, No.3, 241-247.

Todo.Y. (2011) "Quautitative Evaluation of Determinants of Export and FDI:Firm-Level Evidence from Japan, " *The World Economy*, Vol.34, No.3, 355-381.

Tokui, J. and T. Miyagawa (1991) "Price Competitiveness and the Investment Behavior in Japanese Manufacturing Industries, " JDB Discussion Paper Series, No.9105.

Tomiura, E. (2007) "Foreign Outsourcing, Exporting and FDI:A Productivity Comparison at the Firm Level, " *Journal of International Economics*, Vol.72, No.1, 113-127.

Tsuchiya, Y. (2014) "Are Consumer Sentiments Useful in Japan? An Application of a New Market-Timing Test, " *Applied Economics Letters*, Vol.21, No.5, 356-359.

Van Santen, P. (2018) "Uncertain Pension Income and Household Saving, " *Review of Income and Wealth*, Vol.65, No.4, 908-929.

Vidal, M. and L. M. Tigges (2009) "Temporary Employment and Strategic Staffing in the Manufacturing Sector, " *Industrial Relations*, Vol.48, No.1, 55-72.

Wakasugi, R., Ito, B., and E. Tomiura (2008) "Offshoring and Trade in East Asia:A Statistical Analysis, " Asian Economic Papers, Vol.7, No.3, 101-124.

Yokoyama, I., Higa, K., and D. Kawaguchi (2018) "Adjustments of Regular and Non-Regular Workers to Exogenous Shocks:Evidence from Exchange Rate Fluctuation, " Bank of Japan Working Paper Series, No.18-E-2.

アルバート安藤・山下道子・村山淳喜 (1986)「ライフサイクル仮説に基づく消費・貯蓄の行動分析」『経済分析』第101号。

有沢広巳 (1956)「賃金構造と経済構造低賃金の意義と背景」中山伊知郎編『賃金基本調査』東洋経済新報社、40–57ページ。

麻生良文・何立新 (2001)「公的年金と家計資産」『経済研究』第52号、第4巻、348-358ページ。

土居丈朗 (2001)「貯蓄率関数に基づく予備的貯蓄仮説の検証」ESRI Discussion Paper、No.1。

深尾京司 (2012)『「失われた20年」と日本経済』日本経済新聞出版社。

福田慎一・粕谷宗久 (2012)「経済危機下での経営再建 2000 年代前半の日本の経験」青木玲子・浅子和美編『効率と公正の経済分析』ミネルヴァ書房、93-119ページ。

福田慎一 (2015)『「失われた20年」を超えて』NTT出版。

福田慎一 (2017)「企業の資金余剰と現預金の保有行動」『フィナンシャル・レビュー』第132号、3-26ページ。

福田慎一 (2018)『21世紀の長期停滞論』平凡社新書。

藤岡あゆみ (2016)「消費者意識指標が家計の消費支出に与える影響」大阪大学大学院経済学研究科提出 修士論文。

玄田有史編 (2017)『人手不足なのになぜ賃金が上がらないのか』慶應義塾大学出版会。

濱秋純哉 (2013)「予期された所得変化に消費は反応するか? —公的年金の支給開始を事例とする分析—」ESRI Discussion Paper No.298。

浜田宏一・原田泰編著 (2004)『長期不況の理論と実証』東洋経済新報社。

浜田宏一・堀内昭義・内閣府経済社会総合研究所編 (2004)『論争 日本の経済危機 長期停滞の真因を解明する』日本経済新聞社。

原田泰・岩田規久男編著 (2002)『デフレ不況の実証分析 日本経済の停滞と再生』東洋経済新報社。

早川英男 (2016)『金融政策の「誤解」』慶應義塾大学出版会。

肥後雅博・須合智広・金谷信 (2001)「最近の家計貯蓄率とその変動要因について」日本銀行調査統計局 Work Paper01-4。

堀敬一・安藤浩一・齋藤誠 (2010)「日本企業の流動性資産保有に関する実証研究—上場企業の財務データを用いたパネル分析」『現代ファイナンス』No.27, 3-24ページ。

星岳雄・アニル・K・カシャップ (2013)『何が日本の経済成長を止めたのか』日本経済新聞出版社。

祝迫得夫 (2010)「マクロの企業貯蓄と近年の日本企業の資金調達の動向」『経済研究』第6巻、第1号、18-32ページ。

岩本光一郎・新関剛史・濱秋純哉・堀雅博・前田佐恵子・村田啓子 (2015)「『家計調査』個票をベースとした世帯保有資産額の推計」『経済分析』第189号、63-95ページ。

岩本康志・尾崎哲・前川裕貴 (1995)「『家計調査』と『国民経済計算』における家計貯蓄率動向の乖離について (1) ―概念の相違と標本の偏りの問題の検討―」『フィナンシャル・レビュー』第35号、1-32ページ。

神林龍 (2017)『正規の世界・非正規の世界 現代日本労働経済学の基本問題』慶應義塾大学出版会。

小林慶一郎・加藤創太 (2001)『日本経済の罠 なぜ日本は長期低迷を抜け出せないのか』日本経済新聞出版社。

小林慶一郎・森川正之編著 (2020)『コロナ危機の経済学』日本経済新聞出版。

小原美紀 (2001)「専業主婦は裕福な家庭の象徴か？ 妻の就業と所得不平等に税制が与える影響」『日本労働研究雑誌』第493号、15-29ページ。

駒村康平・渋谷孝人・浦田房良 (2000)『年金と家計の経済分析』東洋経済新報社。

厚生労働省 (2005)『厚生年金・国民年金 平成16年 財政再計算結果 (報告書)』厚生労働省年金局数理課。

権赫旭・金榮愨・深尾京司 (2008)「日本のTFP上昇率はなぜ回復したのか：『企業活動基本調査』に基づく実証分析」RIET ディスカッション・ペーパー 08-J-050。

前田佐恵子 (2015)「家計の金融資産・負債について」『フィナンシャル・レビュー』第122号、80-102ページ。

宮川努・淺羽茂・細野薫編 (2016)『インタンジブルズ・エコノミー 無形資産投資と日本の生産性向上』東京大学出版会。

森川正之 (2010)「企業業績の不安定性と非正規労働―企業パネルデータによる分析―」RETI ディスカッション・ペーパー 10-J-023。

森川正之 (2013)「政策の不確実性と企業経営」RIETI ディスカッション・ペーパー 13-J-043。

森川正之 (2014)『サービス産業の生産性分析 ミクロデータによる実証』日本評論社。

森川正之 (2016)「政策の不確実性：企業サーベイに基づく観察事実」RIETI ポリシー・ディスカッション・ペーパー 16-P-005。

村上雅俊・四方理人・駒村康平・稲垣誠一 (2012)「正確な年金知識の獲得と年金制度に対する信頼度の分析」『季刊家計経済研究』No.96、78-88 ページ。

村田啓子 (2003)「ミクロデータによる家計行動分析―将来不安と予備的貯蓄―」日本銀行金融研究所 IMES Discussion Paper Series 2003-J-9。

長井毅 (2007)「社会保険料負担の推移と家計への影響に関する一考察」『季刊家計経済研究』No.75、44-54ページ。

長町理恵子・勇上和史 (2015)「労働時間統計の整合性と世帯の労働時間の分析」『フィナンシャル・レビュー』第122号、103-129 ページ。

中村純一・福田慎一 (2013)「問題企業の復活：『失われた 20 年』の再検証」花崎正晴・大瀧雅之・隋清遠編『金融システムと金融規制の経済分析』勁草書房、193-218ページ。

中村純一 (2017a)「日本企業の設備投資はなぜ低迷したままなのか―長期停滞論の観点からの再検討―」『経済分析』第193号、51-82 ページ。

中村純一 (2017b)「日本企業の資金余剰とキャッシュフロー使途―法人企業統計調査票データに基づく規模別分析―」『フィナンシャル・レビュー』第 132号、27-55 ページ。

中西泰夫・乾友彦 (2007)「規制緩和と産業のパフォーマンス」CEI Working Paper Series 2007-3、Center for Economic Institutions、一橋大学経済研究所。

中嶋邦夫 (2004)「公的年金に対する国民の意識―新たな視点からの分析―」『ニッセイ基礎研 Report』2-7ページ。

中山光輝 (1997)「個人の貯蓄行動と公的年金制度の経済効果」『フィナンシャル・レビュー』第44号、73-112 ページ。

西岡慎一・馬場直彦 (2004)「わが国企業の負債圧縮行動について：最適資本構成に関する動学的パネル・データ分析」日本銀行ワーキングペーパーシリーズ、No.04-J-15。

西沢和彦 (2008)『年金制度は誰のものか』日本経済新聞出版社。

野口悠紀雄 (1982)「わが国公的年金の諸問題」『季刊現代経済』autumn、18-33ページ。

小川一夫 (1991)「所得リスクと予備的貯蓄」『経済研究』第42巻、第2号、139-152ページ。

小川一夫 (1992)「家計の資産形成と公的年金」『国民経済雑誌』第166巻、第1号、75-100ページ。

小川一夫 (2003)『大不況の経済分析 日本経済長期低迷の解明』日本経済新聞社。

小川一夫 (2007a)「金融危機と設備投資 1990年代における日本の経験」林文夫編『金融の機能不全』(経済制度の実証分析と設計 第2巻) 勁草書房、35-63ページ。

小川一夫 (2007b)「金融危機と雇用調整 1990年代における日本の経験」林文夫編『金融の機能不全』(経済制度の実証分析と設計 第 2 巻) 勁草書房、125-149ページ。

小川一夫・万軍民 (2007)「過剰債務と消費行動 ミクロデータに基づく実証分析」林文夫編『金融の機能不全』(経済制度の実証分析と設計 第2巻) 勁草書房、151-186ページ。

小川一夫 (2008)「メインバンクの財務状況と企業行動：中小企業の個票データに基づく実証分析」『経済研究』Vol.59、No.1、1-15ページ。

小川一夫 (2009)「バランスシートの毀損と実物経済：1990年代以降の日本経済の実証分析」池尾和人編『不良債権と金融危機』「バブル / デフレ期の日本経済と経済政策」シリーズ 慶應義塾大学出版会、345-386ページ。

小川一夫・関田静香 (2015)「年金制度改正と老後不安：家計のミクロデータによる分析」『季刊社会保障研究』第51巻、第1号、86-98ページ。

小川一夫 (2018)「日本経済の期待成長率とアベノミクス」『商工金融』1月号、6-27ページ。

小川一夫 (2019)「設備投資の収益性の反応はなぜ低下したのか―長期パネルデータによる分析―」『証券アナリストジャーナル』第57巻、第8号、16-24ページ。

大石亜希子 (2017)「1980 年代半ば以降の雇用共稼ぎの増加とその背景」『日本労働研究雑誌』第689号、4-16ページ。

太田清・桜井俊行 (1995)「公的年金への期待と貯蓄行動、老後の就業予定― 1994 年郵政研究所アンケート調査による分析―」郵政総合研究所月報。

大野太郎・中澤正彦・菊田和晃・山本学 (2015)「家計の税・社会保険料の比較」『フィナンシャル・レビュー』第122号、40-58ページ。

大瀧雅之 (2008)『平成長期不況 政治経済学的アプローチ』東京大学出版会。

齊藤誠・白塚重典 (2003)「予備的動機と待ちのオプション：わが国のマクロ家計貯蓄データによる検証」『金融研究』第22巻、第3号、1-22ページ。

佐野晋平・多田隼士・山本学 (2015)「世帯調査の方法と調査世帯の性質―世帯構成、年収、学歴に関する比較―」『フィナンシャル・レビュー』第122号、4-24ページ。

佐々木基彦・橘木俊詔 (1985)「公的年金制度が世代別貯蓄率と資産形成に与えた影響」『季刊社会保障研究』第21巻、59-71ページ。

佐々木隆文・佐々木寿記・胥鵬・花枝英樹 (2016)「日本企業の現金保有と流動性管理―サーベイ調査による分析―」『現代ファイナンス』No.37、19-48ページ。

サマーズ、ローレンス・バーナンキ、ベン・クルーグマン、ポール・ハンセン、アルヴィン (2019)『景気の回復が感じられないのはなぜか 長期停滞論争』山形浩生編、世界思想社。

嶋谷毅・川井秀幸・馬場直彦 (2005)「わが国企業による資金調達方法の選択問題：多項ロジット・モデルによる要因分析」日本銀行ワーキングペーパーシリーズ No.05-J-3。

鈴木亘 (2008)「公的年金と貯蓄率―平成11年金改正による再計測―」『学習院大学 経済論集』第45巻、第3号、199-210ページ。

多田隼士・三好向洋 (2015)「家計収入の把握」『フィナンシャル・レビュー』第122号、25-39ページ。

高山憲之・舟岡史雄・大竹文雄・有田富美子・上野大・久保克行 (1990)「家計の貯蓄と就労等に関する経済分析―公的年金との関係に焦点をあてて―」『経済分析』第121号、1-51ページ。

竹田陽介・小巻泰之・矢嶋康次 (2005)『期待形成の異質性とマクロ経済政策』東洋経済新報社。

武内真美子 (2004)「女性就業のパネル分析―配偶者所得効果の再検証―」『日本労働研究雑誌』第527号、76-88ページ。

田中賢治 (2019)「堅調な企業収益と低調な設備投資のパズル」『経済分析』第200号、63-100ページ。

田代毅 (2017)『日本経済 最後の戦略 債務と成長のジレンマを超えて』日本

経済新聞出版。

富永健司 (2016)「2008 年以降の日本企業の現預金保有比率の決定要因」財政総合政策研究所、『ファイナンス』3 月号、77-83ページ。

宇南山卓・米田泰隆 (2018)「日本の『家計調査』と『国民経済計算 (SNA)』における家計貯蓄率の乖離」『フィナンシャル・レビュー』第134号、191-205ページ。

八代尚光・平野大昌 (2010)「輸出ブーム期における輸出企業のパフォーマンスと投資行動」RIETI ポリシー・ディスカッション・ペーパー、10-P-005。

吉川薫 (1982)「公的年金は個人貯蓄を減少させるか?」『ESP』4月号、70-76ページ。